本丛书得到何东先生独资赞助

This series of books is financially supported exclusively
by Mr. Eric Hotung.

20世纪中国文物考古发现与研究丛书

两周考古

赵丛苍　郭妍利／著

文物出版社

一　丰镐遗址（西周）

二　周原青铜器窖藏出土折觥（西周）

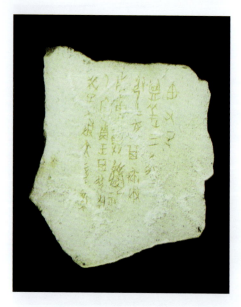

三　岐山凤雏出土甲骨（西周）

四　郑韩故城出土青铜莲鹤方壶（春秋）

五　雨台山楚墓出土彩绘木雕鸭形漆豆（战国）

六　燕下都东城夯土基址（战国）
七　中山王墓出土青铜山字形器（战国）

20世纪中国文物考古发现与研究丛书

序 / 张文彬

　　俗称"锄头考古学"的田野考古学的诞生以及中国考古学学科体系的基本完善，由此而引起的古物鉴玩观赏著录向科学的文物学的转变，是20世纪中国学术与文化界的大事。它从材料与方法两个方面彻底刷新了持续了数千年之久的中国古代史学传统，不但为中国学术界和文化界开拓出更加广阔的研究天地，也为一切关心中华民族悠久历史和灿烂文明的人们不断地提供了可贵的精神滋养和力量源泉。

　　仰古、述古、探古，进而考古，向来为我国传统文化中一个明显的学术特点。先秦时期诸子百家发其端，汉代司马迁撰写《史记》，北魏郦道元作注《水经》。他们对相关的遗迹遗物，尽可能地做到亲自考察和调查，既能辨史又可补史。这种寻根追源的治学态度，为后世学术上的探古、考古树立了榜样。此后，山河间的访古和书斋式的究古相继开展，特别是对古器物的研究，成了唐、宋时期的文化时尚。不少学者热衷于青铜铭文、碑刻、陶文、印章等古文字的考释，进而有了对器物的辨伪鉴定、时代判断、分类命名等，逐渐兴起了一门新的学问——金石学，涌现出许多著名的古器物鉴赏家和收藏家。只是囿于当时的历史条件，金石学家们无法了解所见文物的出土地点和情况，也难以涉及史前时代漫长的演进历程，因而长期以来始终脱离不了考证文字和证经补史的窠臼。即使如此，他们的艰辛努力和取得的成绩，还是为推动我国传统文化的发展起到了积极作用，并且在事实上也为中国考古学和中国文物学的起步铺设了最早的一段道路。

20 世纪初，近代考古学由西方传入。中国学者继承金石学的研究成果，学习并运用西方考古学方法，开始从事田野考古，通过历史物质文化遗存，探寻和认识古代社会，揭示人类社会发展规律。早在 1926 年，中国学者就自行主持山西南部汾河流域的调查和夏县西阴村史前遗址的发掘。随后，我国学者同美国研究机构合作，有计划地发掘周口店遗址，发现了北京猿人。从 1928 年起全 1937 年，连续十五次发掘安阳殷墟遗址，取得了较大收获，引起了国内外学术界的重视。自 20 世纪 50 年代以后，随着国家大规模经济建设的进行，田野考古勘探、调查和科学发掘工作在全国范围内蓬勃有序地开展，许多重要的典型遗址和墓地被揭露出来，重大发现举世瞩目。它们脉络清晰，层位分明，文化相连，不仅弥补了某些地域上的空白，而且衔接了年代上的缺环，为研究中国古代史、文化史、科学史以及其他学科领域，提供了珍贵、丰富的实物资料，极大地影响着人文社会科学诸多学科专业的研究与发展。这段时间被学术界称为中国考古学的黄金时代。在马列主义理论指导下，具有中国特色的考古学理论体系和方法论逐渐形成。有关研究成果不仅极大地改变和丰富了人们对中国文明起源、中国古史发展等重大问题的认识，同时也扩展了中国文物的研究领域和研究方式。可以说，考古学的发展与进步，直接影响到文物学的形成与发展，而且影响到全社会对文化遗产重要作用的认识以及世界学术界对中国古代文明的重新认识。

从20世纪80年代开始，文物界就中国文物学的创立，逐渐取得共识，在共同探讨的基础上，初步形成了学科体系。不少学者发表了有关论文，出版了专著，就文物的历史价值、科学价值、艺术价值以及在社会主义的物质文明与精神文明建设中如何对文物进行有效保护、合理利用发表意见。这些研究成果已获得学术界的赞同。

在这世纪之交和千年更替之际，对中国考古学和中国文物事业作一次世纪性的回顾和反思，给予科学的总结，是许多学者正在思考和研究的问题。如果能通过梳理20世纪以来重大发现和研究成果，透视学科自身成长的历程，从而展望未来发展的方向，以激励后来者继续攀登科学高峰，无疑是一件很有意义的事。为此，经过酝酿、商讨和广泛征求意见，我们约请一批学者（其中有相当多的中青年学者）就自己的专长选择一个专题，独立成篇，由文物出版社编辑出版一套《20世纪中国文物考古发现与研究丛书》，并以此作为向新世纪的献礼。

从某种意义上说，《20世纪中国文物考古发现与研究丛书》是一套学科发展史和学术研究史丛书。其内容包括对20世纪考古与文物工作概况的综合阐述；对一些重要的考古学文化和古代区域文化研究情况的叙述；对文物考古的专题研究；对重要的文物考古发现、发掘及研究的个例纪实。

此套丛书的内容面广，而且彼此关联。考虑到各选题在某些内容上难免会有重叠或复述，因此在编撰之初，我们要求各选题之间互有侧重，彼此补充，以期为读者了解 20 世纪中国考古学和文物学的发展提供更多的视角。

我国的文物与考古工作，虽在 20 世纪得到了迅速发展，但仍有许多重大学术问题需要进一步探索。我们主持编辑这套丛书，除了强调材料真实，考释有据，写作态度严谨求实外，也不回避以往在工作或研究上曾经产生的纰漏差错和不足之处，以便为今后的工作和研究提供借鉴。虽然我们尽了很大努力，但限于水平，各篇仍很难整齐划一。由于组稿和作者方面的困难和变化，一些计划之中的题目也未能成书。这些不周之处，敬请专家、学者和广大读者批评指正。

在丛书编印过程中，我们得到了文物、考古界的广泛支持。何东先生在出版经费上给予了热情帮助。在此，一并深表感谢。

2000 年 6 月于北京

目　录

插 图 目 录

前言

公元前 1046 年，周武王克商，都镐，周王朝正式建立。周王分封诸侯，建立藩卫，以屏周室。公元前 771 年，犬戎入侵，周幽王被杀，西周遂告灭亡。周平王即位，迁都洛阳，是为东周。东周时期，王室衰微，诸侯争霸，卿大夫专权。公元前 221 年，秦王一扫六合，秦王朝建立。周朝天下历 800 余年，习惯上称这一时期为两周时期。

与两周考古学相关的学术活动，可追溯到金石学时期。20世纪初，近代考古学传入中国，以田野发掘为获取资料主要手段的实现以及考古学理论与方法的全面应用，给该方面研究赋予科学的意义，作为中国考古学重要组成部分的两周考古，从此与中国考古学学科的发展同步前进。

20世纪有关两周的考古发现层出不穷，成果丰硕，为复原两周时期的历史面貌及相关问题的研究发挥了积极作用。

西周政治统一，考古学文化表现出基本相同的格局。东周时期，列国纷起，与当时的政治、经济、文化形势相适应，考古学文化显示突出的地域性特色。在《20世纪中国文物考古发现与研究丛书》中，对业已成系列的楚文化、秦文化等有专门介绍，本书则对两周考古学文化作总括的叙述，以求反映该时期考古学文化的基本情况。

限于篇幅，本书显然不足以述及两周考古学的方方面面，书中所反映的，仅是有关该时期考古发现与研究的主要内容。

　　本书主体内容的设置，共分三个部分。第一部分发展简史中，分阶段对每一时期的主要考古收获及进展作了简述，企望起到鸟瞰全局的作用；第二部分重在展现一些重要考古发现及资料；第三部分对两周考古所取得的主要研究成果进行阐述。几个方面互相呼应，便于读者对一个世纪以来两周考古学的发展与主要成就有多方位的读解。

　　两周考古学所取得的成就当然是有目共睹的，但以学术发展的大势观之，某些方面还存在着差距，有待进一步努力。因此我们于主体内容之后又列很小的篇幅，对两周考古学的现状及今后的发展，提出一些个人的认识和想法，不一定成熟，供大家讨论和批评。

　　本书所使用的资料，基本截止于 2000 年。

一 发展简史

两周考古学的发展历程，大致可分为三个阶段。

（一）古器物学的研究和小范围 考古调查与发掘阶段

此阶段是从金石学的产生到新中国成立。与两周考古学密切相关的金石学，其研究对象主要是吉金石刻，偏重于文字的考释和图形的著录，以达证经补史之目的。金石学形成于北宋时期，在清代达到鼎盛，金石学的发展为两周青铜器的研究奠定了基础。

金石学中有关青铜器及铭文的著作达百余种，从中可反映出古器物的研究方法和成果。现存最早的有系统的古器物图录当推北宋吕大临所著的《考古图》，该书收录的所有图形都注明了款识、大小、比例、容量、重量、出土地和收藏地，并附有作者的考释。其后30年，王黼所撰的《宣和博古图》，除沿用《考古图》的方法外，对铜器的定名、分类也作了相应的研究。清代金石学极为兴盛，就研究方法而言，不仅沿用了宋代存目、录文、临摹、鉴识、分区、探寻源流等方法，还进行了断代、书目、通纂、追溯发展史以及一些综合性的研究。乾隆年间的"御纂"四书（《西清古鉴》、《宁寿鉴古》、《西清续鉴甲编》和《西清续鉴乙编》）收录了4000余件清宫所藏铜器。

钱坫所著的《十六长乐堂古器款识考》著录并考释了商周秦汉铜器摹绘的图像和铭文。程瑶田在《考工创物小记》中将《考工记》和一些文献与当时出土的器物相比较，进而探讨了古代的车制、戈戟、钟磬等问题。阮元和朱为弼撰写了《积古斋钟鼎彝器款识》，仿《历代钟鼎彝器款识法帖》体例，注重铜器、铭文的拓本，且对之进行释文、考证。同时，还有些学者进行专门性研究，如刘喜海的《清爱堂家藏钟鼎彝器款识法帖》、吴荣光的《筠清馆金文》、徐同柏的《从古堂款识学》、吴式芬的《捃古录金文》、吴大澂的《愙斋集古录》、方浚益的《缀遗斋彝器款识考释》等著作专注铜器的铭文；而刘喜海的《长安获古编》、吴云的《两罍轩彝器图释》、曹载奎的《怀米山房吉金图》、潘祖荫的《攀古楼彝器款识》、吴大澂的《恒轩所见所藏吉金录》、端方的《陶斋吉金录》和《陶斋吉金续录》则注重铜器的图像；吴大澂的《说文古籀补》、《字说》，孙诒让的《古籀拾遗》、《古籀余论》则收录了金文和铭刻资料；冯云鹏、冯云鹓所辑的《金石索》和吴大澂的《权衡度量实验考》为综合性的金石著作。总而言之，金石学关于两周时期的研究，主要集中于青铜器方面的收录和考释。

20 世纪 20 年代，中国考古学诞生，之后进行了两周时期文化遗存的考古调查、发掘和研究。1929～1930 年，北平研究院史学研究会和北京大学考古学会等单位合作组建的"燕下都考古团"，对燕下都遗址作了调查和发掘。1932～1933 年，中央研究院历史语言研究所在郭宝钧主持下，发掘了河南浚县辛村卫国贵族墓地。这是我国首次进行的大型墓葬发掘，初步了解了西周时期贵族墓地的形制、埋葬习俗。1933～1935 年，北平研究院史学研究会考古学组在徐旭生率领下，在陕西渭河流域的宝鸡、凤翔、长安等地进行调查和发掘，发现有仰韶文化遗址和周秦、汉代墓葬。后来，苏秉琦对宝鸡斗鸡台沟东区的周秦墓葬进行了整理和分期研究，首次运用器物形态学方法分析了先周到西周的墓葬，并结合葬式、工艺技术等方面，将周秦墓葬进行区分，提出探索周文化渊源的线索[1]。苏氏的研究方法是中国考古学中考古类型学的第一次尝试，取得了突破性的成果。1935～1937 年，郭宝钧主持发掘了河南汲县山彪镇和辉县琉璃阁战国魏墓，后来他依据记录底稿进行报告的整理和研究，并结合文献记载，探讨了列鼎制度[2]。1939～1943 年，日本人原田淑人、关野雄等调查发掘了河北邯郸赵王城和山东曲阜灵光殿遗址、齐临淄故城、滕国故城和薛国故城。20 世纪 40 年代，由于战争的原因，田野考古工作几乎处于停顿阶段；但也偶见重要文物的发现，如长沙子弹库楚墓战国中期帛书以及陈家大山楚墓出土的战国中期人物龙凤帛画等。

与此同时，青铜器的研究也颇有成效。首先是一些重要青铜器的发现。1923 年，在山西浑源李峪村发现战国早期铜器群。同年，河南新郑李家楼春秋晚期墓被盗，出土了以莲鹤方壶为代表的一大批"新郑彝器"。之后几年，在安徽寿县陆续出土了一批战国铜器。1928～1930 年在河南洛阳金村大墓出土了众多战国铜器，洛阳马坡发现了西周早期"令"、"臣辰"诸器。1931～1938 年，安徽寿县李三孤堆楚王墓几次被盗，一些有铭楚国铜器被发现。青铜器研究发展到新的阶段。30 年代，罗振玉著成《三代吉金文存》（20 卷），收集商周容器与兵器、乐器及其他杂器共 4835 器的铭文，可视为商周金文集大成之作。旅居日本的郭沫若认识到铜器断代的必要性，编

著了《两周金文辞大系》（1932 年）和《两周金文辞大系图
录》（1934 年）。在两书中，郭氏创立了著名的标准器断代法，
建立了西周铜器的科学体系，还对东周铜器作了国别研究；并
初步总结出青铜器及其铭文的地域特征，首次提出了铜器研究
的分区研究方法。1946 年，陈梦家的《中国铜器概述》一书
出版，从时代、地域、分类、国族、形制、纹饰、铭辞、文
字、铸造和鉴定方面对中国青铜器作了综述。1941 年，容庚
的《商周彝器通考》（上、下二册）出版。该书图文并茂，总
结了此前中国青铜器研究的主要成果，加以科学的概括、归纳
和升华。容氏的《金文编》（十四卷）和《金文续编》（十四
卷）也是享誉海内外的著作，准确地收录和考释了当时所搜集
的商周秦汉时期金文。

　　总而言之，新中国成立前的两周考古工作处于初创阶段。
对青铜器的研究经历了金石学的考释著录到新中国建立前的分
期、分区等方面的综合研究，并逐渐融入到中国考古学的范畴
中。田野考古工作基本限于一些零散的调查和较小规模的发
掘，且集中于一定范围内的遗址和墓葬，对其文化面貌有一定
程度了解，为以后中国考古学发展奠定了基础。

（二）考古资料的积累和初具
规模的研究阶段

　　此阶段从 20 世纪 50 年代初到 70 年代后期。这一时期，
随着新中国经济建设的发展，为配合基建所进行的抢救性发掘
成为该时期考古工作的重点，田野工作在全国大范围内展开，
并逐步开展了一些主动性的考古发掘。

两周都城考古有较大收获。1951 年，苏秉琦率领中国科学院考古研究所陕西考古发掘团奔赴西安沣河两岸，在客省庄、马王村、斗门镇一带调查、发掘。1955～1957 年和 1961～1962 年又在沣西地区进行了两次大规模的调查和发掘，发现了从仰韶到东周时期的遗存，认定该地是文献记载中的丰京和镐京所在。随后，《沣西发掘报告》建立了该地区先秦文化序列和西周时期的文化分期，为研究西周时期诸文化的分期断代树立了标尺。1976 年，陕西周原考古队发掘了周原遗址，在岐山凤雏和扶风召陈发现了西周时期的大型夯土基址。在岐山凤雏的大型夯土基址中，还发现了 1.7 万余片卜骨、卜甲，其中 300 余片上有西周刻辞。同时，在周原发现多处西周时期的手工业作坊和青铜器窖藏。除周原外，关中其他地区也发现一些重要铜器窖藏，出土了利簋、何尊、伯㦷鼎等重要青铜器。1973～1977 年，考古工作者对北京琉璃河西周燕国都城进行勘探、试掘，初步廓清了西周燕都的范围，确认了燕国始封地。

这一阶段，对东周列国城址进行了广泛勘察和重点发掘，主要的诸侯国都城大部分被发现。工作重点在于寻找城郭的范围，城墙的营建、使用、废弃时间，宫殿区和手工业区的分布，以及城门与街道的位置等。经过发掘的列国都城有洛阳东周王城（1954 年始）、侯马晋都（1956 年始）、易县燕下都（1958 年始）、咸阳秦都（1959 年始）、凤翔秦雍城（1959 年始）、临潼秦栎阳城（1964 年始）、新郑郑韩故城（1964 年始）、齐临淄故城（1964 年始）、赵邯郸故城（1972 年始）、平山中山灵寿城（1974 年始）、荆州楚纪南城（1975 年始）、曲阜鲁城（1977～1978 年）。

除了都城外，这一阶段还对一些重要的建筑和一般性城址做了调查发掘工作。20世纪60年代在湖北蕲春毛家嘴发现了面积达5000平方米以上的木构建筑遗存，揭示出与北方地区截然不同的干栏式木构楼房特征。在丰镐遗址、北京琉璃河、邯郸龟台寺发现了北方地区流行的土窑式和半地穴式房屋基址。此外，新中国成立初期即进行的全国第一次文物大普查中还发现许多东周时期的一般城址，如1977～1978年在登封告城北调查发现了春秋战国时期的阳城遗址。

两周墓葬有较多发现。在资料积累的基础上，基本建立起了墓葬的分期年代，并对埋葬习俗与规律等作了探索。20世纪五六十年代在沣西张家坡附近进行了大规模发掘，获得数百座墓葬、车马坑和马坑资料，初步建立了从灭商以前到西周末年的文化序列。1956～1957年，在河南三门峡上村岭发掘了一处虢国贵族墓地，包括200多座墓和3座车马坑、1座马坑，其中M1052规模最大，为虢国太子墓。五六十年代在磁县下潘汪、界段营做了许多工作。1961～1962年，河南淮阳泥河村一个池塘中出土六件西周早期青铜器，为了解西周初年陈国始封地望及西周陈国贵族墓地提供了重要线索。1964年，在洛阳庞家沟、下瑶村等地发掘了300多座西周墓葬，出土一批青铜器、瓷器和陶器，墓葬明显呈现出周人墓和殷遗民墓两类特征，对于研究洛阳地区西周墓葬的分期以及与丰镐地区墓葬的比较研究提供了重要材料。1973～1977年，在北京房山琉璃河乡黄土坡村发掘了200余座大、中、小型西周墓葬，青铜器的铭文证实了文献中召公封燕的记载，并证明此处应是西周时期燕侯家族及其宗室的墓地。1975年在北京昌平白浮村清理的三座西周木椁墓，则是一处西周早中期燕国贵族墓。

1967 年和 1972～1973 年在甘肃灵台白草坡村及其附近，发掘了 10 多座西周墓和一座车马坑，根据铜器上多种不同的族徽和铭文，知其墓主分别为潶伯、㵣伯，该处墓地为研究西北地区诸侯国与周王朝的关系提供了线索。1974 年始，在陕西宝鸡市南郊的茹家庄、竹园沟一带发掘了西周时期㢭伯墓及陪葬墓、车马坑，这处墓地反映出与西周文化和其他文化的交流。1959 年，在安徽屯溪西郊发掘了两座西周中期土著贵族墓，土墩墓的墓葬形制和随葬的大量原始瓷器、铜器表现出鲜明的地方特点，奠定了南方土墩墓研究的基础。20 世纪 70 年代，长江下游地区土墩墓的大量发掘，为其分期和族属的断定增添了新资料，中原风格的青铜礼器、兵器与原始瓷器、陶器共存，表明了周文化和南方土著文化之间的交流。

东周墓葬的材料也比较多。1950～1952 年，在河南辉县琉璃阁、赵固和固围村等地发掘一批战国中期魏国贵族墓葬和车马坑，出土了许多精美的铜器。研究者系统地介绍考古材料，还结合历史文献探讨了当时的礼制[3]，这是学界对三晋地区高级贵族墓的首次讨论。1954 年，苏秉琦率中国科学院考古研究所人员在洛阳中州路发掘了 260 座墓葬，这批墓葬为探索东周王城的位置及布局情况提供了重要的资料。1959 年，《洛阳中州路（西工段）》报告出版，该报告是两周考古研究中的重要创举。第一，运用分型定式法，对这批墓葬的随葬品进行了分组、分期，为东周墓葬的分期断代建立了重要标尺，其成果至今仍被沿用。在此基础上，从考古学内涵上区分了西周与东周两大时期的遗存。第二，在年代分期的基础之上，通过比较各项考古遗存间的变化，得出在春秋战国之际考古学文化面貌发生显著变化的结论，并说明此为重大社会变动的反映，从年代学的研究上升到探索社会发展面貌的高度。第三，作者在对这批墓葬的分类过程中，注意到各型墓葬在不同期别发生的不同现象和某些现象的转移情况，通过排比发现了以鼎为中心的礼器随时间推移在各类墓葬中变化消长的现象，进而把握住了该时代社会等级关系及其演变的脉搏。这对揭示春秋战国之际的社会变革具有重要的意义[4]。1966 年，在东周王城东北部的洛阳玻璃厂清理了包括哀成叔墓在内的 10 座墓葬。50 年代北京怀柔东周墓、贾各庄战国墓的发掘和研究，树立了东周时期燕义化墓葬分期的标尺，至今仍是相关考古研究中分期断代的主要依据。1959～1963 年、1973 年发掘的山西侯马上马晋国墓地，1964～1966 年、1972～1973 年发掘的山东临淄崖头春秋齐国大墓及殉马坑，1974 年发掘的河北平山战国中山王墓，1977～1978 年发掘的山东曲阜鲁国故城墓葬，分别提供了晋国、齐国、中山国、鲁国的重要墓葬材料，有助于探讨东周时期各国的葬俗。1955 年，安徽寿县蔡侯墓出土了一批青铜器，其形态纹饰显示出与中原同类器的联系。这一时期，发现了许多楚国墓葬，如长沙和衡阳 540 多座楚墓（1951～1956 年发掘）、河南信阳长台关 1 号和 2 号楚墓（1957～1958 年发掘）、湖北江陵望山、沙冢战国楚墓（1965 年发掘）、江陵雨台山楚国墓地（1973～1976 年发掘）、当阳赵家湖楚墓（1973～1979 年发掘）等，提供了东周时期楚国贵族埋葬习俗的重要资料。

在大量的墓葬材料基础上，一些地区如中原地区的墓葬编年序列逐渐建立。学者们认识到两周时期北方地区和南方地区葬俗葬制的差别，对西周墓葬进行了分区研究，初步分为以丰镐和周原为代表的陕西地区、以洛邑为代表的成周地区、以江苏丹徒和屯溪为代表的土墩墓流行区等，各区之间差异明显。东周时期，列国文化在墓葬上的差别也体现出来，洛阳地区周墓，三晋墓葬，齐鲁、燕国墓葬，中山国、曾国和蔡国墓葬，南方楚墓、关中秦墓等，表现出不同的墓葬形制、葬具和随葬品。学术界还从墓地布局、墓葬形制和随葬品组合等方面综合探讨当时的丧葬习俗和礼制，如陈公柔将墓葬材料和文献记载结合，研究了战国时期丧葬制度的礼仪和名物制度[5]。俞伟超和高明系统地分析了周代用鼎制度及其变化，进而探讨了以列鼎制度为核心的周代礼乐制度所反映当时的等级制度及其变化过程[6]。

该时期发现的两周时期与生产技术有关的遗存和各种手工业遗址，反映了当时的生产技术。20 世纪 60 年代，在河南信阳孙砦遗址清理了一处大型养鱼坑池遗址，表明西周时的人已掌握了人工养鱼技术。70 年代中期，在周原发现了多处西周时期的手工业作坊，包括铸铜、制陶、制骨、制玉石等作坊遗址。1973～1979 年在洛阳北窑村西发现了一处西周铸铜遗址，面积近 28 万平方米，这是成周地区一处重要的官营铸铜手工业作坊。铜矿遗址发现重要的有辽宁林西大井古铜矿遗址和湖北大冶铜绿山铜矿遗址。

东周列国都城冶铁遗址亦不断发现，重要的有河北兴隆战国时期燕国冶铁遗址、河南郑韩故城东城西南部的战国铸铁作坊、登封阳城南垣外的战国铸铁作坊。此外，铁器发现不断增多，包括虢国墓地出土的西周晚期铜柄铁剑、甘肃灵台景家庄春秋早期秦墓出土的铜柄铁剑、湖南长沙杨家山春秋晚期楚墓出土的白口生铁和退火碳钢制品、江苏六合程桥春秋晚期吴墓中出土的块炼铁和生铁制品、河南洛阳水泥制品厂出土的展性铸铁制品、湖北大冶铜绿山铜矿遗址出土的铁质采掘工具等。

在周边地区发现了一些土著文化遗存。1950年，裴文中率领东北考古发掘团发掘了吉林西团山石棺墓地，首次发现了与中原地区不同的考古学文化遗存。60年代，通过对内蒙古赤峰夏家店遗址的发掘，分辨出分布于内蒙古东南部和辽宁西部的夏家店下层文化和夏家店上层文化，随后内蒙古宁城南山根石棺墓的发掘，加深了人们对两种文化的了解和辨别。还有黑龙江白金宝遗址、辽宁朝阳魏营子文化遗址和墓地、吉林永昌星星哨水库等西团山文化墓地、辽宁二道河子石棺墓等遗存，使人们了解了东北地区的青铜文化面貌。西北地区发掘的辛店文化、寺洼文化、卡约文化等遗存，使学术界初步认识了该地区青铜文化的面貌、特征及其发展历程。此外，在陕西城固、四川彭县、湖南宁乡、江苏丹徒、辽宁喀左发现了商周时期的青铜器窖藏，其文化内涵显示出地方特征和受中原文化影响的情况。

此外，一些重要的文字材料反映了许多重要的史实。西周甲骨在山西洪洞坊堆西周遗址（1954年发掘）和张家坡遗址（1954年发掘）、北京昌平西周墓（1975年发掘）、陕西岐山凤雏大型基址（1977年发掘）和扶风齐家村（1979年发掘）等遗址都有发现，有字者共计301片，总字数1030个。学者们的研究工作涉及到西周甲骨的文字释读、特征（包括与殷商甲骨的异同）、分期、族属、史实内容、方国等方面。"周公东征"、"营建洛邑"这些周初重大事件和一些重要的官名、人名、方国、地名、水名以及周人月相等，在西周甲骨中皆见记载。在全国各地发现的两周铜器，其中多有长篇铭文，从侧面证实了"殷人尚质，周人尚文"的说法。20世纪六七十年代发掘与整理的侯马盟书，丰富了对春秋时期盟誓制度的认识，有助于了解盟誓礼仪的内容和程序。

从整体上看，这一阶段两周考古的主要特点是：在资料大量积累的基础上，基本上建立了两周墓葬的分期编年，继而初步了解了两周文化的基本面貌和发展规律；两周城址的勘察与发掘取得不少成果，大致廓清了城址的布局和面貌；逐步开展周边地区两周遗存的发掘和研究，对周边文化和列国文化的认识，经历了一个由辨识其考古学文化面貌特征，到逐步转向建立各地文化谱系的过程；一些文字资料和手工业作坊遗址反映了当时的重要史实和经济发展水平；不少学者运用考古资料与文献记载相结合的方法进行社会文化方面的探索，以探讨当时的等级制度和礼仪制度。总的来看，这一阶段仍处于资料积累过程，研究内容如城址和墓葬研究方面，基本上限于个别的城址与墓地的分析，尚缺少全面性的分析考察。

（三）考古资料再积累和较深入的综合研究阶段

从 20 世纪 70 年代末 80 年代初至今，两周考古进入一个全新发展阶段，工作深度和广度大为增强，达到前所未有的局面。这一阶段又可分为前、后两段。

1. 第三阶段前段（20 世纪 70 年代末至 80 年代末）

70 年代末，随着"文化大革命"的结束，一股新的思想解放的热潮席卷全国，考古学的研究气氛亦相应活跃起来，带有学术目的有计划的考古发掘和研究开始增多，1981 年起进行的第二次全国文物普查获得了丰富的田野资料。在此基础上，各地文化谱系基本建立，开始了综合性的深入研究。

城址的发现和研究获得了相当大的成果。1989 年，用遥感手段探测出周原地区有古代城墙，并经考古钻探、试掘，推定该城可能是文献中记载中太王迁岐的岐邑。在沣西一带，发现了十几处西周时期的夯土基址，为探索丰邑的布局提供了重要线索。1983 年，陕西省考古研究所发掘了陕北清涧李家崖古城，该遗存提供了商周时期北方地区方国的资料。1979 年以来，山西曲沃曲村—翼城天马遗址的多次发掘，对晋国早期历史的研究意义重大，为探索晋国早期都城"唐"的所在地提供了线索。1981～1986 年，中国社会科学院考古研究所等单位对北京房山琉璃河遗址的董家林古城进行了全面勘察和局部解剖，初步认定其是西周时期的燕都。同时，天津市集中力量对含先燕文化的围坊、张家园遗址进行了发掘。

对东周城址作了较全面勘察，并对有些重要遗址作了发掘。河北省文物研究所围绕赵邯郸故城、易县燕下都故城和中山灵寿故城开展工作，了解了三座城址的形状、布局、创建年代等。侯马晋都新田除进行了全面钻探外，又重点发掘了呈王古城、北坞古城和以宗庙建筑群为中心的祭祀遗址，基本弄清了该城址的概貌和布局。1977～1978 年，对曲阜鲁故城进行了全面的钻探和试掘，随后出版了《曲阜鲁国故城》。80 年代初，陕西省考古研究所对秦都雍城作了勘探，发掘了马家庄 1、2、3 号建筑遗址。1984～1986 年，对山东滕县薛国故城进行了钻探和试掘，初步搞清了大、小城的始建年代。1988 年，在安徽寿县发现战国末期楚都寿春的城垣遗址。1981 年全国文物大普查中，发现了大量的东周城址，总数达 400 余座[7]。大批新资料的发现，丰富了人们对东周城市的认识。

80 年代，两周墓葬新材料层出不穷，并发现了一些重要的墓葬。在沣西张家坡发掘了 400 余座大、中、小型西周墓，其中最重要者为井叔家族墓地，为西周墓葬制度的研究提供了珍贵资料。在周原黄堆一带，发现了一批西周时期的贵族墓葬和车马坑。在宝鸡竹园沟、纸坊头发掘了 22 座西周墓和车马坑，铜器铭文显示这是一处弢伯、弢季家族墓，对研究弢国地望、弢氏家族世系及弢国与周围其他方国的关系非常重要。1981～1986 年间，在北京房山琉璃河乡黄土坡村发掘了 300 余座西周燕国墓葬和 30 余座车马坑，在发掘中成功地清理出拆卸零乱的车子，并将已朽烂的漆器清理取出后完整地复原，显示了发掘与研究水平的提高。该墓地的 M1193 颇引人注意，随葬青铜器克盉、克罍以及兵器上的"匽侯舞"、"匽侯舞昜"铭文具有重要学术价值。该墓地出土的青铜器铭文说明这里是西周时期燕侯家族墓地，证实了周王册封召公于燕的记载，并说明了董家林古城的燕都性质。80 年代前期，在河北元氏西张村西周墓中出土了史料价值极高的青铜器群，其铭文记载了邢侯与戎、軝国作战的史实。临淄齐故城发掘 430 多座西周到战国时期的墓葬，随葬品演变规律明显，对于齐墓分期年代的建立、齐墓葬制度和齐文化研究，均具有重要价值。河南平顶山薛庄乡滍阳岭多次出土的青铜器以及考古钻探发掘结果表明，这里是应国贵族及其后裔的墓地，为研究周初的分封制度提供了佐证。在山西天马—曲村遗址中发掘了几百座西周墓，对研究西周时期晋文化面貌、晋国早期历史以及晋国都城所在地有重要意义。

这一阶段发现了相当多的东周墓葬。通过勘探、试掘，已基本弄清秦公陵区的范围和布局。历 10 年之久于 1986 年完成发掘的秦公 1 号大墓，是迄今所发掘先秦墓葬中最大的一座，出土木椁是已知周秦时代最高等级的葬具，黄肠题凑的使用为目前所见年代最早的实物例证。1987 年在太原金胜村发掘了1000 多座东周墓，其中 251 号春秋大墓所提供的信息尤为丰富，为研究春秋时代晋国的丧葬制度、晋国的政治和历史等提供了珍贵资料。在晋都新田浍河南岸的上马墓地发掘的 1300余座墓，是典型的"族坟墓"墓葬。河南光山宝相寺发掘的黄君孟夫妇墓和光山城关镇发掘的黄季佗父墓，为研究春秋时期江淮地区小国君主和贵族的葬制、随葬品提供了第一手资料。在临淄故城附近发掘的四座东周大墓，反映了齐国贵族的葬俗。曲阜鲁国故城发掘的 130 多座东周墓，可分为甲、乙两组，反映了周文化和土著文化的关系。在山东临沂凤凰岭发掘了一座春秋墓，随葬品丰富，有殉人和陪葬者。在长江下游宁镇地区丹徒大港至谏壁沿江山脉，发掘了北山顶、青龙山、王家山、荞麦山、烟墩山等春秋时期高级贵族墓，为研究江南地区墓葬制度、族属、国别等提供了珍贵而翔实的资料；随葬的大量青铜器、原始瓷器和陶器的特征，反映出这些墓葬是吴国国君和吴国贵族墓葬。1982 年发掘的浙江绍兴狮子山 306 号战国初期墓，虽遭破坏，但仍出土 1200 余件随葬品。这是首次发现的越国贵族墓，出土的两件徐国铜器，为研究徐、吴、越三国关系提供了难得的资料。楚墓和楚系墓葬发掘之数量依然居高，重要者如湖北随州擂鼓墩 1 号和 2 号墓、湖北江陵天星观战国楚墓、河南淅川下寺春秋楚墓、河南淮阳平粮台战国晚期楚车马坑、江陵马山 1 号楚墓、湖北九店和荆门包山楚墓、湖北当阳曹家巷 5 号楚墓和赵家巷 4 号楚墓、湖南临澧九里楚墓群和雨台山 21 号墓、河南淮阳马鞍冢战国楚墓及其陪葬坑，这些大型楚墓为研究楚墓葬制葬俗提供了新的宝贵资料。

在四川新都马家发掘的大型木椁墓是蜀国陵墓的首次发现，具有浓厚巴蜀风格的巨大独木棺和巴蜀式青铜礼器、兵器反映了典型的晚期巴蜀文化特征，并显示出与楚文化和中原文化的紧密联系。在北京延庆军都山玉皇庙的专题调查和发掘，使学术界了解到山戎文化遗存的分布范围和埋葬习俗，基本上明确了山戎文化的特征和属性，为研究燕山地区青铜文化及其与周边文化的关系提供了丰富的资料。在内蒙古凉城县毛庆沟、饮牛沟、西沟畔等地，发现了以随葬鄂尔多斯式青铜器等为特点的北方民族墓葬。夏家店上层文化重要的发现有内蒙古宁城县小黑石沟墓地和敖汉旗周家地墓地。黑龙江平江墓葬和肇源卧龙遗址、吉林农安北山墓地等的发现对东北青铜文化序列的构建非常重要。云南呈贡天子庙墓地的发掘为滇文化的研究增添了新材料。福建建瓯发现的西周晚期至春秋早期的铜编钟、甬钟，折射出吴越文化的影响。而云南楚雄万家坝的79座墓和祥云县大波那的一座大型木椁铜棺墓，反映了各自的地方特色。

先周文化及其相关遗址的调查与发掘有不少收获，沣西、武功郑家坡、扶风北吕和刘家村、长武碾子坡、岐山王家嘴等遗址的考古发现，为先周文化的探讨提供了基础性资料。学者们对先周文化及其渊源进行了积极探索。

80年代，在河南温县西张计村出土了万余件书写盟辞的石圭片和石简片，其数量远远超过侯马盟书，为研究东周时期的盟誓制度、历史、古文字和书法艺术增添了新的实物例证。包山楚墓、天星观楚墓等出土的竹简，记载了有关卜筮、遣策、司法文书等方面的内容。

1988～1989 年，在江西瑞昌铜岭发现大型古铜矿遗址，其使用年代从商代沿用到东周。大量东周墓葬中出土的青铜器，反映了当时熔模法、失蜡法、嵌错工艺的发达。一些遗址发现的熔炉残壁、陶模范及其加工工具提供了青铜器铸造流程的资料。

综上所述，这一阶段两周考古有如下特点：（1）中原地区的考古学谱系基本建立，以沣西和中州路的年代序列为断代标尺。（2）对城址和墓葬进行了综合研究，初步探索了其变化规律和特征，尤其是各地高级贵族大墓的发掘和研究成果显著。（3）伴随周边地区考古发现的不断增多，对周边诸考古学文化的内涵、特征达成基本的共识。（4）研究工作将周文化和封国、列国文化研究相结合，不仅发掘工作集中在这些地区，而且有较多学者从宏观的角度对各个地区的文化及其互动关系进行了探讨。西周文化大致可分为华北和江南两大块，东周列国文化地域特征明显[8]，其中以中原文化、楚文化的研究最为深入、系统，基本建立起墓葬年代学；而其他如巴蜀文化、滇文化、秦文化等，仍处于资料积累和文化内涵与文化面貌的识别阶段。（5）区域文化研究中，出现了考古学与历史学、民族学、文学、语言学、科技史学等多学科交叉研究的趋势，从而将研究课题从原来以研究物质文化为主，扩展到制度、风俗、精神文化研究方面。（6）尽管这一阶段有不少重要考古发现，但由于工作重心主要在考古资料的整理和文化谱系的建立方面，因而尚缺乏一些重大课题和专题的深入研究。

2．第三阶段后段（20 世纪 90 年代至今）

这一时期，两周考古在以配合基建为主进行工作的同时，展开了有学术目的和专题研究的重点发掘。重大考古发现迭出。陕西镐京遗址五号宫殿的发掘，弥补了丰镐建筑方面资料的不足。周原考古队在陕西扶风云塘西南发掘出一组西周建筑基址群，并于齐家村发现了宽近 10 米的道路遗迹，为全面认识周原遗址内涵提供了新线索。在三门峡李家崖发现了虢国都城上阳城，这是西周都城中为数不多的布局清楚的城址。河北满城要庄和南小汪西周遗址反映了周人和周文化的扩张。郑韩故城内发现了埋有 334 件青铜器的窖藏，发现 39 座马坑，对确定郑国社稷的位置甚为重要。在齐故城东墙外的齐陵镇后李官庄发掘一座春秋时期的大型车马坑，内殉 10 车 32 马。经过对滕州薛国故城的复探和试掘，发现了小城内还有两个更小的城垣，可能为宫城所在。北京琉璃河燕国都城的宫殿区东南祭祀坑内，出土了一片带有"成周"字样的甲骨，意义重大。通过对北京房山区窦店古城、蔡家庄古城、广阳古城等的试掘和勘察，弄清了其布局和范围，为燕中都的确定提供了重要材料。共同的十字形街道布局或许是燕国城址的一种模式。通过对湖北潜江龙湾遗址的勘探和试掘，了解了春秋时期楚国的大型离宫分布，有助于确定纪南城的布局和性质。陕西商洛丹凤县古城村战国商鞅封邑遗址发现的城墙和建筑材料等，为商鞅封邑研究提供了确凿的证据，有助于秦国历史及相关问题的研究。

这一阶段所获得的墓葬材料十分丰富。河南鹿邑太清宫长子口墓出土了大量的青铜器、乐器和瓷器，是难得的商末周初墓葬材料。1999 年郑州洼刘遗址发掘了 70 多座西周早期的墓葬和两座车马坑，出土器物具有商末遗风和西周早期特点，填补了中原地区该时期资料的空白，为寻找管国遗存提供了线索。三门峡上村岭发掘西周晚期虢国国君墓葬，出土了大量各类珍贵文物，其中玉茎铜芯柄铁剑、铁刃铜戈是迄今中原地区发现的年代最早的人工铁制品，金腰带饰、缀玉面罩、成组玉佩饰以及西周墓中罕见的毛织衣物、皮马甲、皮盾、玉遣册等引人注目。山西天马—曲村共发掘 17 座晋侯及其夫人墓，出土了大量的青铜器、玉器等，是研究晋国公墓制度和晋国历史的重要材料。河南平顶山发掘出西周至春秋时期的应国墓群，应侯墓和贵族墓出土的青铜器铭文记述了墓主身份，反映了应国为寻生存曾经与申国、邓国联姻结盟对抗强敌的史实，出土陶器变化特征明显，对建立应国考古学编年有重要意义。河北葛家庄发掘的 200 多座墓葬和 20 多座车马坑及其出土物，对研究西周邢国的葬制具有重要意义。山东莒县西大庄发现的一座西周晚期至春秋早期墓葬，随葬器物具有明显的地方特色和王权象征。

　　河南南阳桐柏县月河 1 号春秋晚期养国贵族墓的发掘，有助于了解当时小诸侯国文化及其与周边文化的关系。山东淄博临淄区齐陵镇田齐王陵的大规模调查，商王村战国晚期墓葬和相家村战国大墓以及海阳县嘴子前春秋大墓出土的丰富文物，极大地推动了齐文化研究的深入。山东长清仙人台遗址发掘六座西周晚期到春秋晚期邿国贵族墓葬，是研究邿国历史的珍贵材料。甘肃礼县大堡子山秦公墓地的发掘为先秦陵寝制度的探讨增添了新资料。陕西宝鸡渭滨区益门村 2 号春秋墓出土的众多纯金器、金铁和金铜合成器、玉器以及铜器、串饰等[9]，是东周考古的重大收获之一。陕西陇县店子秦人墓地[10]是一处规模较大、延续时间长（东周至秦统一）、保存完好的秦国国人墓地。咸阳塔儿坡秦墓年代从战国晚期延续到秦代，是研究此时期秦国乃至秦代当地葬俗和历史的珍贵材料。山西长子发掘的一座大型积石积炭竖穴墓，对研究三晋的历史及当时的葬俗和葬制等具有较高价值。东周时期的楚墓仍有不少发现。河南淅川丹江库区发掘多座大型楚国贵族墓葬，出土许多重要的青铜器和玉器。湖北荆门郭店一号墓出土较多数量楚简。荆门郭家岗楚墓出土保存完好的女尸，是迄今我国发现的最早古尸。长江下游发掘的苏州真山大墓和绍兴印山越王陵虽经严重盗掘，几无随葬器，但其墓葬结构和葬具给我们展示了吴越王室的葬俗和葬制。江苏邳州九女墩二号墓的发掘为吴文化的研究提供了新资料。宁镇地区发掘了相当多的中小型土墩墓，有助于了解土墩墓的形制及其所反映的等级关系。成都发现的大型船棺——独木棺合葬墓，展现了公元前5世纪古蜀国王族的埋葬方式。重庆涪陵小田溪发现了大批战国墓，其中93M9随葬品丰富，系巴人首领墓，据此断定其地为巴人王族墓地。重庆云阳李家坝战国中晚期墓随葬的铜器，有巴蜀、楚、越特征，反映了多种文化的交流。沈阳郑家洼子6512号战国早期墓，代表了辽河流域以曲刃短剑为特征的一种地区性文化类型[11]。内蒙古和林格尔发现一处东周氏族墓地，反映出强烈的草原文化色彩[12]。广东博罗横岭山300多座先秦墓葬的发掘与研究，建立起岭南地区商至战国时期的墓葬序列。

　　20世纪80年代在皖南曾发现古矿冶遗址。80年代末90年代初，重点发掘了皖南南陵江木冲、刘家井、西边冲三处炼铜遗址，出土的冰铜锭说明当时已掌握了采冶硫化铜矿技术。江西瑞昌铜岭矿冶遗址，继80年代两次发掘后，90年代又进行了三次发掘，发现了世界上最早的选矿用的木溜槽。山西侯马铸铜遗址出土的5万多块各种陶范和夏县禹王城区内发现的一处古代冶炼铸造作坊，为研究铸铜技术提供了重要资料。

1996 年夏商周断代工程的正式启动，成为这一阶段两周考古研究水平的一个重要标志，有力地促进了两周考古学的发展。多学科的联合攻关是中国考古学史的一个重要创举，参加工程的学者有来自考古学、历史学、古文字学、天文学、测年学等学科领域的 170 多人，共设 9 个课题 44 个专题。其阶段性的成果表明，多学科的合作成果斐然、前景光明，为中国文明探源工程的启动积累了经验。夏商周断代工程解决了许多争议性问题，促进了相关课题的研究。如对先周文化的认识，岐山王家嘴遗址的发掘显示出商文化的消退、先周文化的出现与壮大过程以及商时期陕西地区多种文化的交错分布；郑家坡遗址的发现深化了先周文化的分期与年代研究。沣西 H18 的发现使先周文化与西周文化区分开来，同时可以建立周文化和先周文化的连续发展序列。琉璃河遗址的考古成果使西周燕国文化的研究达到了更深的层次，确定了城址的年代、燕国的始封年代、燕国墓地的公墓性质等。晋侯墓地的发掘和研究印证了史书记载的晋侯世系。

随着现代科学技术的发展和对外交流的增加，用科技手段进行考古研究成为两周考古工作的一个显著趋向。除夏商周断代工程中用 ^{14}C、加速器、树木年轮法和天文计算法外，其他自然科学手段在考古研究中也得到广泛的应用。用遥感、探地雷达寻找古代遗址；用化学、物理方法去分析遗物的成份、结构以明白当时的技术水平、技艺特征，进而探求考古学文化之间的关系；通过对动物、植物、地质面貌的分析，复原古代人类的生活环境，进一步了解人与自然的关系。

这一阶段，两周考古学研究的广度和深度大为拓展。首先是各地区包括周边地区的考古学文化谱系基本建立，对其基本文化面貌和特征有了相当程度的认识。同时，考古简报和报告能比较及时、客观地报道发掘情况，而且更多地注意了遗址的分布及其规律，并结合当时的地理环境，进而探索一些社会史层次的内容，如《张家坡西周墓地》（中国大百科全书出版社1999年版）、《洛阳北窑西周墓》（文物出版社1999年版）、《三门峡虢国墓》（文物出版社1999年版）等，在这方面有较好的体现。在此基础上，开展了两周考古学文化的综合研究。王巍对半个世纪来夏商周考古学的发展历程、主要成果及发展方向进行了概括性论述[13]。区域文化的研究日渐深入，研究重点从中原周文化区扩展到周文化的各亚文化区，如齐鲁、燕、秦、楚、吴越等。学者们对各区域文化间的动态关系及各自的发展脉络及源流进行探讨，有些学者进一步上升到国别史的研究，探索各诸侯国与中原王朝及周边文化的关系。对青铜文化的全面研究方兴未艾，如李伯谦通过对青铜文化的不同发展阶段、不同的青铜文化分布区的研究，论证了中国青铜文化的结构体系[14]；孙华对中原青铜文化系统的基本特质、文化结构及其发展等做了系统分析[15]；杨菊华从文化的角度宏观地分析了中国青铜器的发展轨迹[16]。

城址和墓葬方面的研究愈加深入。对两周都城的发展脉络、布局特征、分布规律等方面做了相当多的纵向和横向的深入研究，并据此探讨了当时的社会历史背景以及对后代所产生的影响。对方国城址和非都城性质的城址进行了分类和复原研究，为探究当时动荡的社会局势之原因提供了新的视角和素材。各地出土的墓葬数目大增，而且重要墓葬多有发现。对墓葬制度做了系统的综合研究，弄清了各地区墓葬变化的一般脉络，并对全国范围内的墓葬作了大的文化圈的划分，如三晋中原系、楚系、秦系墓葬等，从中窥探各诸侯国的势力消长。对不同等级的墓葬做全面分析，印证了《周礼》中有关"公墓"和"邦墓"的记载，同时还利用这些材料讨论了当时的社会阶层和社会结构。孙华综合分析了周代前期的周人墓地，归纳为四个类型，进而探索了当时的埋葬习俗[17]。学者们还对陪葬的车马、用玉、礼器等进行研究，论证了当时的礼乐制度和宗教信仰等，如赵化成利用考古资料，重新考证了周代棺椁制度的具体内容及其兴衰演变[18]。

总而言之，这一阶段的两周考古学在配合基建做好考古工作的同时，注重以学科理论带动考古研究，有明确的课题研究目的和方法，重大课题、专题研究项目增多，且取得了一批具有学术分量的成果。考古工作减少了偶然性、盲目性。在大量材料积累的基础上，从微观与宏观的角度进行多视角的分析，并注意吸收应用国外的考古学研究方法。综合性研究进一步加强和深入，又反过来指导和促进了考古工作的进展。

注　释

[1] 苏秉琦《斗鸡台沟东区墓葬》，北平研究院史学研究所 1948 年版。

[2] 郭宝钧《山彪镇与琉璃阁》，科学出版社 1959 年版。

[3] 中国科学院考古研究所《辉县发掘报告》，科学出版社 1956 年版。

[4] 俞伟超、张忠培《苏秉琦考古学论述选集·编后记》，文物出版社 1984 年版。

[5] 陈公柔《士丧礼、既夕礼中所记载的丧葬制度》，《考古学报》1956 年第 4 期。

[6] 俞伟超、高明《周代用鼎制度研究》，《北京大学学报》（哲学社会科学版）1978 年第 1、2 期，1979 年第 1 期。

[7] 许宏《东周城市考古的初步研究》，《刘敦愿先生纪念文集》，山东大学出版社 1998 年版。

［8］如中国社会科学院考古研究所编著的《新中国的考古发现和研究》（文物出版社 1984 年版，第 281～317 页）总结了以墓葬材料为主的各区域文化的特征；李学勤在《东周与秦代文明》（文物出版社 1984 年版）中将东周列国分为七个文化圈。

［9］宝鸡市考古工作队《宝鸡市益门村二号春秋墓发掘简报》，《文物》1993 年第10 期。

［10］陕西省考古研究所《陇县店子秦墓》，三秦出版社 1998 年版。

［11］白云翔《20 世纪中国考古发现述评》，《二十世纪中国百项考古大发现》，中国社会科学出版社 2002 年版，第 55 页。

［12］侯峰《和林格尔发现春秋战国氏族墓地》，《中国文物报》1999 年 12 月 1 日1 版。

［13］王巍《夏商周考古学五十年》，《考古》1999 年第 9 期。

［14］李伯谦《中国青铜文化的发展阶段与分区系统》，《华夏考古》1990 年第 2期。

［15］孙华《中原青铜文化系统的几个问题》，《中国考古学的跨世纪反思》（下），商务印书馆 1999 年版，第 305～334 页。

［16］杨菊华《中国青铜文化的发展轨迹》，《华夏考古》1999 年第 1 期。

［17］孙华《周代前期周人墓地》，《远望集》（上），陕西人民美术出版社 1998 年版。

［18］赵化成《周代棺椁多重制度研究》，《国学研究》第 5 期，1998 年。

二 重大发现

20世纪两周时期的考古发现十分丰富，这里对其中的一些重要发现加以介绍。

（一）城址

1. 西周城邑遗址

（1）丰镐遗存

史书记载文王作丰，武王都镐。镐为西周都城，与西周王朝相始终。丰邑距镐京甚近，且西周时朝丰邑一直保存着周王宗庙，西周诸王亦常居丰处理国政，因而史家向来丰镐并称。周幽王被杀后，宫室被焚。随后平王东迁，丰镐二京衰落。

据考古发现，丰镐遗址在今西安市西南约25公里沣河中游东西两岸的马王镇、斗门镇一带，总面积约10平方公里。丰邑在沣河西岸的客省庄、马王村、张家坡、大原村、冯村、曹家寨、西王村一带，面积约6平方公里。镐京在今沣河东岸、滈河故道南岸，斗门镇花园村，普渡村至洛水村郿邬岭的高阜地带，面积达4平方公里。

丰镐遗址发现一定数量的大型夯土建筑基址，应是当时的宫室建筑。沣西发现的14座大型基址，主要分布在马王村、客省庄一带，其中4号夯土基址平面呈T形，面积为1826.98

平方米，使用年代为西周早中期之交至晚期偏早阶段，在其附近发现陶水管铺设的排水设施和残瓦。在夯土范围内还发现一条宽约 10～15 米，现长 200 米的路。

沣东建筑基址主要分布在官庄村、斗门镇、下泉村砖厂和花楼子等地，目前发现 10 余处夯土基址及大量建筑用材。五号夯土基址[1]最大，台基高 1.5～1.8 米，中心部位高 5 米，面积约 3393 平方米。坐落其上的五号宫室建筑坐北朝南，长 59 米，宽 23 米，面积 1357 平方米，由主体建筑和左右两翼的附属建筑组成，整体布局呈工字形。根据其规模及营建方式来看，当为天子宫寝类的建筑。五号基址东南约 600 米处，钻探发现一段壕沟，呈东南—西北方向，形成于西周初年，废弃于西周晚期或稍后。这一壕沟是否为镐京城的防护沟，有待进一步认识。此外在靠近壕沟处，发现四节西周时期的五角形陶水管道，东西走向，西高东低，应为城内的排水设施。

在遗址区的张家坡、马王村、新旺村、下泉村、斗门镇等地，发现不少铜器窖藏[2]。1961 年发现的张家坡铜器窖藏出土铜器 53 件，有铭文的 32 件，非一家所作之器，有些是姬姓的媵器。1973 年在马王村发现的铜器窖藏埋有铜器 25 件，有铭文的 10 件铜器，大都是一个名为"卫"的人所作。沣西发现的铜器窖藏，都出土有西周中晚期的器物，说明窖藏的时代均较晚，推测这些铜器可能是西周末年犬戎之乱，奴隶主贵族仓皇出走时被埋入地下的。

遗址中还发现小型房屋居址、水井、陶窑[3]以及刻字卜骨[4]等，并发现有铸铜和制造骨、角器的遗迹。

丰镐遗址目前已发现 1100 多座西周墓葬和数十座车马坑，

其中属丰邑范围的张家坡到大原村一带，墓葬数量达千余座；镐京普渡村、花园村北、斗门镇东南的墓葬有百余座。

从沣河两岸丰富的考古发现看，这里应当就是丰京、镐京之所在。遗憾的是至今尚未有城垣遗迹发现，其都城形制、王陵及宫殿布局等，目前仍不清楚。

（2）周原遗址

据史书记载，周人在古公亶父时，受北方戎狄族侵扰，被迫迁徙。他们渡漆沮，越梁山，止于岐下，看到"周原膴膴，堇荼如饴"（《诗·大雅·绵》），便在此分田筑室，设宫立庙，营筑城郭，这里遂成为周人早期的都邑。后来文王、武王迁都丰、镐，但终西周一朝周原仍然是当时重要的政治中心，是西周王室宗庙和王室重臣采邑所在地。西周末年，西戎入侵，周原沦为废墟。

周原位于今陕西岐山、扶风两县北部，包括岐山京当和扶风法门、黄堆三乡镇的一部分，面积约 50 平方公里。遗址范围内周文化遗存非常密集（图一）。

在周原遗址，迄今没有发现具有都邑性质的较大城址。1989 年，在贺家村进行遥感物探，遥感图片显示出地下有一古城堡的夯土墙基，总面积 94.5 万平方米。该古城为太王迁岐之岐邑的可能性是很大的。

周原遗址发现多处大型建筑基址，其周围多分布手工业作坊和墓葬，并发现西周重要铜器窖藏。建筑群以北的黄堆乡是一处西周高级贵族墓地。

岐山京当乡凤雏村发现了一组大型西周建筑基址[5]。该基址（称为甲组建筑）坐北朝南，面积约 1479 平方米，夯土台基高约 1.3 米。屋顶覆盖芦苇、麦草，并施板瓦、筒瓦于屋

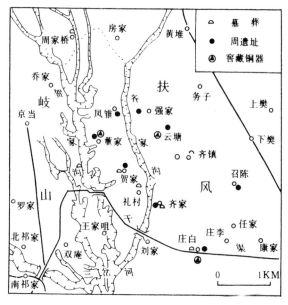

图一　周原遗址分布图

脊及檐口。墙表及室内地面均抹有细沙、白灰、黄土混合而成的"三合土"面。这个高台建筑群颇似"四合院"式，由影壁、门道、东西门塾、前堂、中院、前室、东西小院、后室、东西厢房、回廊等部分组成，并以门道、前堂、后室为中轴线，两侧东西对称，各配置八间厢房，以回廊相连接，形成一前后两进、东西对称的封闭式建筑。前堂为整个建筑的主体，面阔六间、进深三间。整个基址群发现两处排水管道。其中一条管道为东西走向，在后庭从西小院经过廊、东天井、东厢房向外流出，用陶水管套接而成；另一条为南北走向，从中院经东塾流出院外，沟两壁和底部用卵石砌成，上铺棚木，填土夯实（图二）。发掘中见基址上覆盖一层很厚的红烧土，表明是被火焚毁的。根据遗址内出土遗物的特征和 ^{14}C 测定结果，其始建年代应在武王灭商前，废弃年代约在西周晚期。

在西厢房南边第2号厢房内的H11、H31内，发现1.7万多片卜骨、卜甲，以龟甲为主。其中带字者293片，共有600多

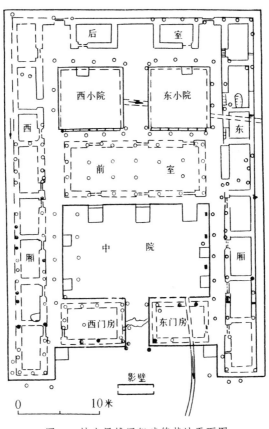

图二　岐山凤雏甲组建筑基址平面图

字。字数最多的一片卜甲上有 30 字。卜辞内容极为丰富：有反映殷周关系的，也有反映殷王田猎的，还有反映周人和其他方国关系以及周初地名、重臣、月相的等。其年代可早到文王时期，绝大部分为西周初期[6]。周原的甲骨文在齐家村也有发现，内容、风格与凤雏基址的特征相同。

关于凤雏基址的性质，有人认为是周王的行宫或宗庙建筑，也有人认为是贵族的宅院。

在凤雏基址东南约 2500 米的扶风召陈村，也发现一处西周建筑基址群。该基址面积达 6375 平方米，规模大大超过凤雏基址。共发掘出 15 处大型建筑基址，建筑群中发现许多直径为 0.9～1 米的柱础，建筑台基四周铺设卵石散水，屋顶普遍

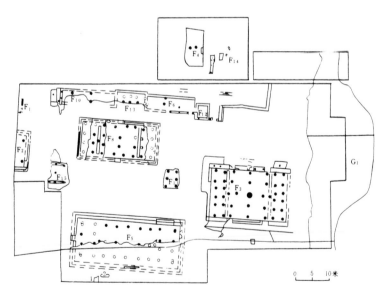

图三　扶风召陈西周建筑基址部分平面图

覆盖有板瓦、筒瓦。遗址中出土了大型的各式板瓦、较小的筒瓦及半瓦当。

召陈建筑的整体布局目前尚不清楚[7]。该建筑群时代不一,大体可分为两层。上层 13 座,大约修建于西周中期,一直延用到西周晚期,其中 F3、F5、F8 三座基址规模较大。F3 保存完整,夯土台基东西宽 24 米,南北进深 15 米,残高 0.73 米。台基上东西向排列着七排柱础,从南到北中间三排有五列柱础,两侧两排各有六列柱础。有两道隔墙将台基分为三部分,房基四周有回廊,结构特殊。F5 为夯土台基,东西 32 米,进深约 9 米,东西八间。F8 台基东西长约 22.5 米,南北宽约 10.4 米,东西七间,南北三间,总进深 9 米。F5、F8 四周檐下有卵石铺就的散水(图三)。据柱网分析,F3、F5、F8 都是"四阿重顶",用瓦覆盖(图四)。下层 2 座,时代较早,始建于西周早期。其中 F7,南北残存四间面阔 8.75 米,东西四间进深 11.4 米。自南向北第二间内发现长 1 米的灶坑。第三间地面内发现一火坑,口径 70 厘米,深 1 米,当是取暖用的地炉。F9,东西至少有七排柱础,面阔至少 15 米,屋顶亦为"四阿重屋式"。这些建筑物高大讲究,是当时的贵族府邸,或是宗庙、宫殿。

在扶风云塘发现制骨作坊遗址[8]。遗址的灰坑中出土了大量废骨料、骨料、半成品等,绝大部分是骨笄,由此了解到骨笄的制作过程。在一般居址区内发现较多陶窑遗址。岐山赵家台遗址的陶窑与西周时期常见的陶窑结构不同,出土有条形砖和空心砖[9],可能是一处专门烧制砖的制陶作坊。在齐家村北、庄白村还发现了铸铜和玉石加工作坊遗址。

周原有"青铜器之乡"的美称,长期以来,屡有青铜器出

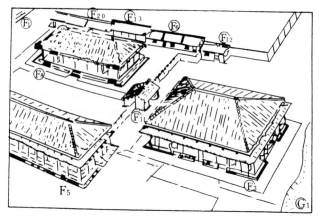

图四　扶风召陈西周建筑遗址外观示意图

土，如清代发现的克器群，民国时发现的梁其器群。而重要铜器主要发现于窖藏中。近百年来，周原已发现铜器窖藏近 30 处、出土铜器千余件，长铭铜器近百件。

1976 年，扶风庄白发现一处西周铜器窖藏[10]，出土铜器 103 件，有铭者 74 件，可以确定为微史家族包括折、丰、墙、痶四代人的微史家族铜器 55 件。百余件铜器中最重要的是墙盘，该盘有铭文 284 字，历述了文、武、成、康、昭、穆诸王的业绩和微史家族历代家世（图五）。在窖藏坑南约 60 米处，发现有西周晚期的建筑遗存，当与铜器窖藏有关。

1975 年，在岐山董家发现一铜器窖藏[11]，出土 37 件铜器，有铭文者 30 件。其中最重要的是裘卫四器（鼎 2、簋 1、盉 1）和𤼈匜。卫簋记述了周王对裘卫的册命赏赐，其余三件记录了以田、林偿还取自裘卫的堇璋、车辆或田界的划定，是研究西周土地关系的重要资料。𤼈匜有铭文 157 字，是伯阳父对僕及其隶属牧牛诉讼的判词，是关于西周时期诉讼、刑罚的重要资料。

此外，在周原发现许多有断代意义的窖藏青铜器，如扶风

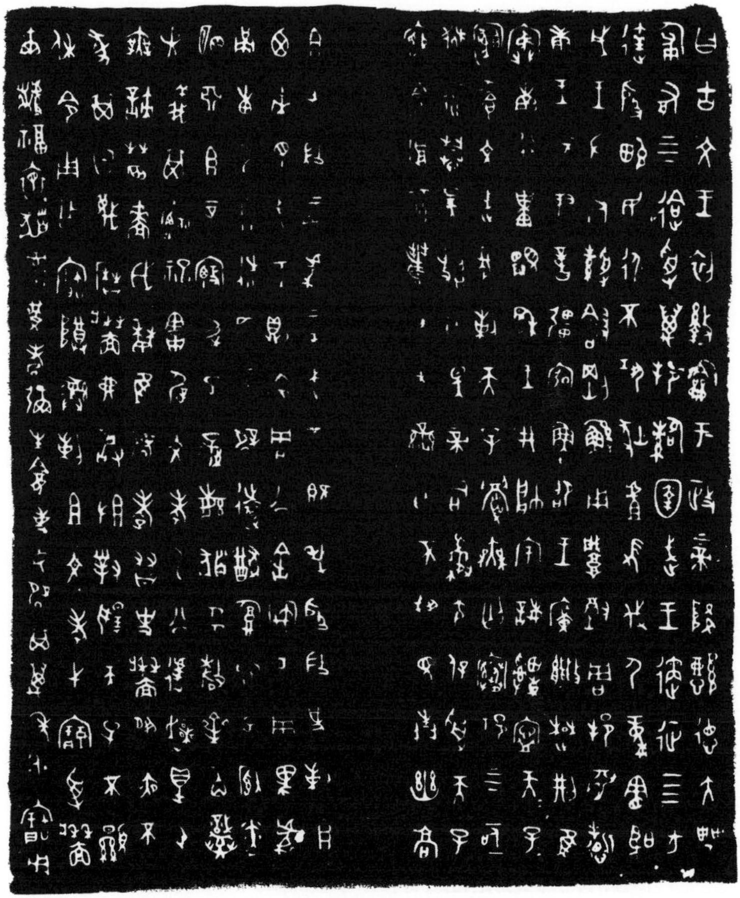

图五　墙盘铭文拓本

齐村出土的㝬簋[12]，方座有珥，通高59厘米、口径43厘米，器表饰窃曲纹、直棱纹，铭文达124字，作器者自名㝬，被认为是厉王时的王器。

周原青铜器窖藏的年代基本上都属于西周晚期，应是奴隶主仓皇出逃时留下的。铜器窖藏附近往往发现大规模的建筑遗迹，并恰好处在所谓的岐邑宫室、宗庙分布区，如微史家族铜器窖藏附近就有一排房屋基址。这些建筑基址为铜器窖藏主人的宅院。也就是说，岐邑的宗庙、宫寝分布区，在西周晚期，实际上是诸姓贵族聚居、宅院鳞次栉比的地方[13]。

目前，周原已发掘了数百座墓葬，大墓集中发现于扶风黄堆村。该墓地皆为大中型墓葬，未发现小墓。其埋葬规格也高于其他地方的大中型墓，如已发掘的97FHM25[14]就是一座高级贵族墓，简报认为有可能是西周王陵。

中小型墓在齐家、云塘、贺家、刘家、庄白、飞凤山等地都有发现。如1999~2000年，在齐家村东发掘了96座墓葬，同时发掘140座灰坑、3座小型居址和1条道路[15]。

(3) 西周洛邑

西周王朝定都镐京，武王鉴于镐京偏于西陲，不能有效控制原殷商势力集中的东方地区，灭商不久即有"营周居于洛邑"（《史记·周本纪》）的谋划。成王五年，周公旦平定三监和武庚之乱后，即营建了洛邑（今河南洛阳）。然而西周城邑究竟在哪里？其面貌如何？这些问题一直吸引着考古工作者进行长达半个世纪的探索[16]。

1) 瀍河两岸的西周遗存

《逸周书·作洛篇》记载洛邑"南系于洛水，北因于郏山"。《尚书·洛诰》则明确记载了营建前召公来洛相宅，"我乃卜涧

水东、瀍水西，惟洛食；我又卜瀍水东，亦惟洛食。"据此，
这一地点应在涧水之东至瀍水两岸的区域之内。但数十年来在
这一范围内展开的多项考古调查和发掘，均未能寻找到西周的
城址和相关有价值的信息。

与此同时，在市区东部的瀍河两岸，发现了一片面积广
大、内涵丰富的西周遗址。其范围，东西长约 3 公里，南北宽
约 2 公里。集中在五个区域。

一是瀍河以东至塔湾一带的殷遗民墓区，目前已发现百余
座墓[17]。这些墓葬，大多为竖穴土坑墓，有的在长方形土坑
墓穴的一端带有曲尺形墓道，绝大多数设有腰坑，皆随葬有青
铜或铅质礼器及仿铜陶礼器，铜器以觚、爵、觯为组合，陶器
组合多见鬲、簋、罐，有些青铜器带有商人的族徽符号，它们
显系殷遗民墓。

二是瀍河两岸邙山南麓的西周贵族墓地。其中庞家沟墓地
面积约 2500 平方米，已发掘西周墓葬 370 多座[18]，分为大、
中、小三型，个别墓有南北墓道，还发现不少马坑，殉马数匹
至数十匹不等。出土的青铜器中有大保簋、王妊、毛伯、丰
伯、伯懋父、师隹、叔造、康伯等字样的铭文，显示这些墓葬
当属西周奴隶主高级贵族墓地。在庞家沟贵族墓地的西南，另
分布有西周平民墓区。这些墓均为小型土坑墓，随葬品中无酒
器，墓底无腰坑，与殷顽民墓迥然有别。

三是在洛阳老城以北、北窑村西、瀍河两岸发现的西周铸
铜遗址[19]，面积近 28 万平方米，发现房址、烧窑、灰坑、地
下水管道、路土和百余座殷遗民墓葬。北窑遗址还发掘了三座
西周房址，其中 F2 下有 12 个奠基坑环绕，埋有作挣扎状的人
及马、狗骨[20]。还出土了卜甲、卜骨。此外，在不少大型窖

穴中几乎都发现乱葬在灰层中的奴隶骨，这些反映了当时在浇铸铜器时进行祭祀、占卜的情况。

四在瀍河东岸泰山庙一带发现了四座车马坑[21]，在附近的洛阳林校发现一座西周早期车马坑[22]，在瀍河以东发现圆形祭祀坑，坑内堆积分为数层，分别埋人、马、犬[23]。

五是在北窑铸铜遗址的南部、瀍河西岸，发现一条南北向的西周早期大道。在瀍河之滨还发现可能属于建筑台基的夯土遗存。近年来，在这一地带发现用于宫廷贮藏的鱼窖群[24]。

许多学者根据瀍河两岸面积近6平方公里的这些遗存，既有大型手工业作坊遗址，又有贵族墓、平民墓、殷顽民墓、居址、祭祀遗存和大道，认为这里即西周洛邑所在。

2）汉魏洛阳故城的西周遗存

1984年，考古工作者对汉魏洛阳故城的城垣遗迹进行了了解剖试掘[25]。发现该城至少有三个规模不同、时代有别的古城叠压在一起，晚期的城是在早期的基础上进行扩建。时代最早的城址位于汉晋洛阳城中部，为西周时期所筑，城圈基本为方形。时代稍晚的城址位于汉至晋代洛阳城的中部和北部，约为春秋晚期筑造，其北部为新扩部分，南部系沿用西周时期所筑之城，并略有修补或增筑。年代最晚的城址系沿用西周、东周城并向南扩大而成，其筑造年代约晚于东周，早于汉代。

汉魏故城西周城址的发现，证明了汉代以来史书记载的周公营建的洛邑分为王城和成周的"两城说"并非毫无道理。《公羊传·宣公十六年》："成周者何？东周也。"《公羊传·昭公二十二年》："王城者何？西周也。"《汉书·地理志》河南郡雒阳条："周公迁殷民，是为成周。"又，河南条曰："故郏鄏地。周武王迁九鼎，周公致太平，营以为都，是为王城。"郑玄在

《诗·王城谱》中说召公选相宅"既成,谓之王城,是谓东都,今河南是也。召公司既相宅,周公往营成周,今洛阳是也。成王居洛邑,迁殷顽民于成周,复还归处西都"。

在汉魏故城的西周城址发现以前,有些学者从当时的考古材料出发,分析瀍涧二水的位置变迁,否定了"两城说",认为西周洛邑只有一个城[26],即瀍河两岸的大面积西周遗存。另有一些学者根据文献推断成周和王城确是两个邑[27]。

(4) 天马—曲村遗址

天马—曲村遗址位于山西翼城、曲沃两县交界处,包括天马、曲村、北赵、毛张四个自然村,面积 1064 万平方米。考古调查结果显示,这里的文化遗存十分丰富。遗址西南距侯马晋国故城遗址约 25 公里,西距汾河 12 公里,南距浍河 8 公里;三面环山,两面近水,地势开阔。

天马—曲村遗址规模宏大,延续时间较长。该遗址兴起于西周初期,到春秋晚期至战国早期之际突然衰落。与此相应,侯马晋城于西周晚期至春秋初期开始兴起,繁荣于春秋中晚期到战国早期,战国中晚期逐渐衰落。两城兴衰交替,首尾衔接。侯马晋城是晋国晚期国都"新绛",天马—曲村遗址则是晋始封之唐地[28],与《史记·晋世家》"封叔虞于唐,唐在河汾之东,方百里"的地望相吻合,而霍山以南,临汾地区的临汾、襄汾、翼城、曲沃、新绛等地是唐国疆域。

近二十年来晋侯墓地的发掘与研究,证实了此处是早期晋都,即史学家所谓的"故绛"[29]。

(5) 琉璃河遗址

琉璃河遗址位于今北京市区西南 43 公里的琉璃河镇北的高地上,面积 5.25 平方公里,包括洄城、刘李店、董家林、

黄土坡、立教、庄头等现代村庄区域（图六）。燕侯墓 M1193
出土的铜罍、铜盉铭文"王曰太保……令克侯于匽"，证明了
《史记》记载武王封召公于燕的史实，说明该遗址是燕国的始
封地，为研究早期燕国的历史及其与周王朝的关系提供了重要
资料。

在琉璃河遗址的中部董家林村，发现一处古城遗址，一般
称为董家林古城。

城址略呈长方形，东西长约 829 米，南北残长 300 余米。
城墙结构分为主墙和内、外护城坡，主墙基宽 3 米，用模板夯
筑，护城坡夯打稍差。城外有 3 米宽的护城壕沟，距外护城坡
3.5 米左右，城壕宽超过 25 米，深处达 2.8 米以上。在东城墙

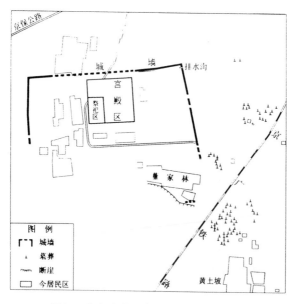

图六　北京琉璃河燕国故城遗迹分布图

的北端发现一条卵石铺成的排水沟。城中偏北处发现夯土台基，应是宫殿区遗存。宫殿区西南是祭祀遗迹，有的祭祀坑中葬有整头牛或整匹马，出土有不少甲骨，其中一片甲骨上刻"成周"二字，说明该城的年代不会早于成王时期。城外东南为燕国大型墓地所在。

根据地层关系以及"成周"卜甲的发现，可认为琉璃河古城始建于西周早期，废弃于西周末期[30]，也有学者认为琉璃河遗址作为燕国都城主要属西周早期，其废止年代在西周早中期之交或稍晚[31]。

琉璃河遗址中居址内涵最丰富的地方为董家林古城及其以西部分地段，其他地方堆积较少。1995年，对琉璃河的居住遗址进行了发掘[32]，发现的遗迹包括80多座灰坑，还有排水沟和城墙。在G11区发现许多块筒瓦，年代属西周早期，应为大型建筑的建筑材料，为今后在古城内寻找宫殿遗址提供了线索。

墓葬集中分布在古城外东南的黄土坡村，面积达5万平方米，发现500多座大、中、小型墓和30多座车马坑。大部分属西周早期遗存，属于西周中晚期者相对较少[33]。

2. 东周都城遗址

（1）虢都上阳城

该城址位于今河南省三门峡市东南地势开阔平坦的李家窑遗址中，北依上村岭，南临青龙涧河，在虢国墓地之南2公里[34]。

城南墙已被河水冲毁，现存城垣平面呈长方形，东西长1000～1050米，南北残宽560～610米，周长约3200米。城垣墙基宽4.5～6米，残存高度0.5～1.8米，采用大版筑法分层夯筑而成。城垣外平行环绕两道城壕，内城壕宽 13～17.5 米，深 6.4～10 米；外城壕宽 15～22 米，深 4.3～6 米。如此在城墙外挖掘两道城壕的情况，是不多见的。

宫城位于城内西南部，平面近长方形，东西长 310～405 米，南北宽 315 米。宫城外也环绕一道城壕，宽 7～11 米，深 4.5～5.7 米。宫城内发现有建筑遗迹。横贯宫城中部有一条东西长约 160 多米的陶水管，管道用子母口圆形陶管套接而成，说明当时的排水系统已相当发达。

在宫城和城垣间还发掘出各种手工业作坊和粮库遗址。粮库位于宫城外西北侧，由多个排列整齐的圆形窖穴组成，窖穴底壁经过加工处理。制骨作坊位于宫城外东北侧，出土数以千计的骨器成品、半成品、骨料等，并发现有铜锯、砺石等制骨工具。冶铜作坊位于城垣内东北隅，发现大量铜渣。在北墙外侧倾倒的废料中出土了大量陶范残块渣和少量的陶鼓风管等。制陶作坊位于城垣西墙南段外侧，发现许多陶窑，分布集中，保存完好，出土有陶器成品、半成品以及烧坏的废品等。

根据被城墙打破的灰坑和两座打破城墙的墓葬出土陶器的特征，推断这座城市的存续年代为西周晚期至春秋中期之初。

史书记载，西周初年，周文王的两个弟弟虢仲、虢叔分别受封为东虢、西虢。东虢在今河南荥阳东北，至公元前 767 年被郑所灭。西虢封地故址在今陕西宝鸡东，平王东迁时，西虢徙于上阳即今三门峡市，其支族仍留原岐地，称为小虢，公元前 687 年为秦所灭。上阳之虢与虞国毗邻，公元前 655 年，晋假道于虞灭虢，留下了"辅车相依，唇亡齿寒"的千古遗训。李家窑城址内发现了城垣、壕沟、宫城及其环壕以及制陶等手工业作坊遗址，城址北约 2 公里处为大范围的虢国墓地，种种

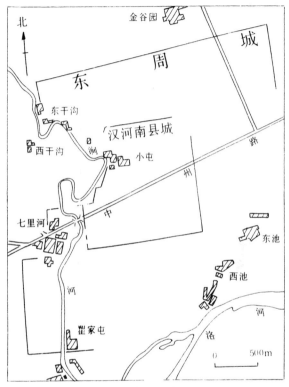

图七 洛阳东周王城位置图

迹象表明这里应是上阳之虢。

（2）洛阳东周王城

东周王城位于今河南洛阳涧河以东的王城公园一带。城址平面为不规则的方形，南北长约3700米，东西宽约2890米[35]（图七）。早期所筑的墙体宽度约5米，在夯土墙底部的内侧往往加筑护基的二层台。后期对城墙体迭经修补、增筑，宽达10～15米。自西汉后期开始，代之而起的是汉河南县城。

在城址的西南部，即今瞿家屯一带接近涧河入洛处，发现大面积的夯土建筑基址，应是王城内的宫殿建筑区。夯土基址分上下两层，下层建筑分南北两组。北组建筑四周有夯土围墙，平面呈长方形，东西长约 344 米，南北宽约 182 米。围墙内最大的两片夯土基址位于中部偏北，均作长方形，南北并列，相距约 6 米，当为此组建筑的主体。在其西南面与西墙相连处，另有一片长方形的夯土基址，基址西南面尚存有台阶类建筑遗存。南组建筑分为东西两部分，未发现大面积夯土基址。基址附近出土了大量东周板瓦、筒瓦和瓦当。

宫殿区东侧，南北长约 400 米、东西宽约 300 米的范围内，发现东周粮窖群[36]，这是迄今所见我国古代最早的大型地下粮仓。已探出粮窖 74 座，排列有序。在 62 号粮窖出土了大量砖瓦、圆木，推测窖顶可能是一种高出地面并覆瓦的圆锥形土木建筑。该粮窖兴建于战国中期，废止于战国晚期。粮窖附近可能是一个多种门类的官营手工业作坊集中区。

东周王城的北部，分布有制骨、铸铜、制玉石装饰品等作坊遗址，其中以小屯村北、东干沟东北的战国时代的大面积制陶窑场遗址最为重要。在该遗址附近，发现战国时期的灰坑、陶窑、水井和房址，出土了不少陶器。窑场的产品可分三类：日用陶器、建筑材料和随葬用明器。据地层堆积内含物分析，这片窑场始建于战国中晚期，延续至西汉初年以后即行废弃[37]。

东周王城中心偏西处[38]和王城西南发现形制结构相近的东周陶窑[39]。其中前者为一座烧制冶炼工具的窑址，其使用年代在东周晚期，废弃于东周末期。

此外，在北城墙外侧，曾发现与城墙走向一致，用陶管分段套接的两条并行排列的水管道，同类水管在城内也有发现，是当时王城内的排水设施。其时代属于战国时期。

城内外发现东周墓葬约七八千座。城内东北部，是王陵的主要分布区。城内东南部发现东周时期的中小型墓葬 500 余座，分布密集，排列有序。在王城四郊也有小型东周墓葬发现，汉魏故城附近发现一些东周墓葬，其中包括有带墓道的大型墓。

（3）郑韩故城

郑韩故城位于河南新郑周围的双洎河、黄水河交汇处，是春秋时期郑国和战国时期韩国的都城遗址，其年代从公元前 8 世纪中期到公元前 230 年。郑韩故城顺河流自然地势构筑。城址平面略呈不规则长方形，东西长约 5000 米，南北宽约 4500 米。城墙系分层夯筑，基宽 40～60 米，夯筑异常坚实。中部有一道南北向夯土墙将故城分隔成东西两部分。

西城也称内城，平面略呈长方形，北墙保存较好，长约 2400 米，东墙即故城隔墙，长约 4300 米，西墙和南墙推测多被双洎河冲毁。在西城的北中部地势较高处，即今阁老坟村一带，夯土建筑基址分布密集，已发现 10 余处。面积不等，有的仅几十平方米，有的面积达六七千平方米，并发现有上下层夯土建筑基址叠压和打破关系，表明这里是春秋战国时期郑韩两国的宫殿区或与宫殿建筑有关的建筑遗存集中分布区域。

阁老坟村南的西城中部发现了宫城遗址，东西长约 500 米，南北宽约 320 米，四周另有夯土墙环绕，北墙中部和西墙中部有城门遗迹。在宫城中央发现近万平方米的大型夯土基址和大型圭形石碑，说明这里是韩国宗庙遗址[40]。在宫城中部偏北处也发现大型夯土建筑台基，其西北部尚保存一处地面夯土高台建筑遗存，俗称"梳妆台"。近年来在西城偏东侧发现并发掘了三处战国晚期的大型夯土建筑台基，其中二号基址依形制推测当为一处坐西面东的配殿建筑。在西城西北部的阁老坟村西，揭露出一段战国晚期的覆道基址[41]。

城内最重要的发现是位于宫城西北部的地下冷藏建筑遗存[42]。这处地下冷藏室的形制为口略大于底的长方形竖穴，四壁用土分层夯筑而成。其东南角修有 13 级夯筑台阶式出入走道。室底平坦规整，室内面积 21.24 平方米。冷藏室底部东侧挖筑有五眼竖井式冷藏井窖，南北呈一直线排列。由冷藏室内出土较多的板瓦、筒瓦残片看，冷藏室地面原应有木构瓦顶类的建筑设施。冷藏室填土中出土的兽禽骨骼约占整个出土遗物总数的一半，以牛、猪骨最多，马、羊骨次之，并有少量鹿、鸡骨。可见这一冷藏建筑以储藏肉类食物为主。从其所在位置看，当是战国时期韩国王室专用的地下冷藏设施。

在西城东北部发现一条战国东西向水沟和古河道一段，两者相通，其是否为韩宫殿的护城壕或古河道有待进一步认识[43]。

东城又称外城，平面呈不规则长方形，北墙长约 1800 米，东墙全长约 5100 米。南墙方向略与故城隔墙成一直线，全长约 2900 米，其筑法与西城墙同。

东城是手工业作坊集中分布区。城内东部发现春秋战国时期铸铜作坊遗址，面积达 10 余万平方米，出土的一些工具范和陶量上发现有"工"、"公"等陶文，表明该遗址为官营手工业作坊遗址。城内西南部有铸铁作坊，面积达 4 万多平方米。小高庄西地还发现丰富的铸铁陶范、陶模及熔铁炉残块[44]。制陶作坊也在城内东部。1972 年发现的 F1[45]平面呈长方形，面积 60 余平方米，为木结构瓦顶建筑，地面铺有地砖。房内设制陶工作面、澄滤或堆放泥料场、坯料运送通道等，一应俱全。城内偏北处发现一处春秋战国时期的制骨作坊遗址，面积约 2 万余平方米[46]。城内东南部发现有战国晚期的储粮窖穴。还发现了战国时期的储水设施，由进水沟、暗道、陶水管、储水井组成[47]。

东城城内西南部，发现郑国祭祀遗址[48]。在发掘面积 8000 平方米的范围内，发掘出青铜礼乐器坑 17 座，殉马坑 45 座，出土了以 348 件郑国公室青铜重器为代表的大批珍贵文物。坑内所埋礼乐器的配置，与同时期同等级别墓葬的随葬器组合相同，但迄今未发现同时代的建筑遗存和墓葬。如此大规模、高规格且在较集中的时间内反复进行活动的这些坑，显然不会是祔葬坑，也不会是祭祀天地的遗存，极有可能是郑国社稷祭祀遗存的一部分[49]，或是配祭先公的场所。城中部的金城路也曾发现多座青铜礼乐器坑和殉马坑[50]。

所发现的一座战国晚期的铜兵器坑，出土戈、矛、剑等铜兵器 180 件[51]。大多数有铭文，铭文字数不一，少者一字，多者 33 字。铭文内容丰富，涉及地名 20 余处，另有一部分记有工师职官名称和纪年。

在一个战国晚期废弃的中型粮仓中，发现了 30 余片牛肋骨中段，每片正反两面均墨书文字数十个，为韩国的仓廪帐册。此外，还出土了战国中晚期韩国的陶钱范，有锐角布、方足布、桥足布等[52]。

在郑韩故城外今郑州黄河医院基建工程中发现一条战国壕沟[53]，长 50 米，深 4 米，沟底铺一层长方形或方形青石板，沟坡夯筑而成。壕沟内出土大量战国时期遗物，许多陶器上有陶文，大部分为"亳"字。发掘者认为这是战国时期的一处祭祀场所。

在郑韩故城内外，均发现东周时期的墓地。春秋时期郑国贵族墓多在城内，即西城东南部的李家楼一带和东城西南部后端湾村北一带。1923 年发现的"新郑彝器"就出土于李家楼村的一座大墓中，计有礼乐器 88 件及兵器、车器、马饰等总数百余件[54]，其中一件莲鹤方壶和"王子婴次之庶盧"最为著名。后端湾村北墓地面积达 16 万平方米，发现春秋墓葬300 多座，其中不乏大中型墓葬和车马坑。战国时期韩国的高级贵族墓或王陵可能在城西约 10 公里的许岗村附近。在东城东墙外的新郑烟厂一带和西城南墙外的烈江坡村南发掘了春秋时期的中型墓和小型墓葬。东城外东北部的李家村一带也是一处较大的两周墓地。

（4）晋都新田

据史料记载，晋国自公元前 585 年迁都新田，至公元前 376 年被灭，历 210 年。晋都新田，在今山西侯马，位于汾水和浍水交汇处，面积约 40 平方公里。

近半个世纪以来，晋都新田遗址范围内已发现七座古城[55]，即牛村古城、平望古城、台神古城、马庄古城、呈王古城和北坞古城。其中前三座面积较大，成"品"字状分布。这三座古城与白店古城靠近汾河与浍河的交汇处，马庄古城和北坞古城在其东北面，呈王古城在其东面（图八）。

白店古城平面为长方形，南北长约 1000 米，东西宽 740米。该城址受到严重破坏。

牛村古城由内城和外城组成，二者呈回字形分布。外城基本为竖长方形，唯东北角斜折内收，内城在外城中部偏北处。

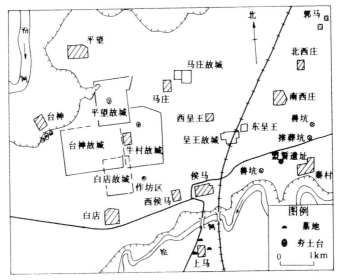

图八　侯马晋城位置图

总面积 34.3 万平方米，部分城墙外有城壕迹象。内城里面的西北部发现有高出地面 6.5 米的正方形大型夯土台基。

台神古城大致是横长方形，东城墙破坏严重。发现有城门，城内西北部和南部发现七处夯土遗迹。

平望古城大致为竖长方形，城墙周长 4572 米，城外有城壕，已发现城门两座。城正中部有一大型夯土台基，分三级内收，南北长 100 米，东西宽 75 米，现高 7 米，其上及周围散布大量筒瓦、板瓦碎片。城内北半部遗迹较少，夯土台基以南发现夯土、沟坑和道路等较丰富的遗迹。

马庄古城由两个相连的竖长方形小城构成。东城南北长 350 米，东西宽 265 米。西城南北长 250 米，东西宽 60 米。

东城发现城门，西城东北角有高于地表的大型夯土台基。

呈王古城和北坞古城各由二小城组成。呈王古城规模很小，保存状况不好。北坞古城经发掘，了解到它是先建西城，东城为后扩建的。西城近方形，边长 380 米，墙宽 4～5 米。东城为长方形，长 580 米，宽 530 米，墙宽 8～10 米。两城相距 10 米，均有夯土遗迹，共发现城门五座。东城西南部有三座并列的仓库类建筑，东城西部为居住区，有小型建筑、窖穴、灰坑等[56]。在西南部发现了虒祁宫遗址及其祭祀坑。

新田古城中的牛村、平望、台神、马庄、呈王、北坞六城，前三座始建年代早于后三座，后三座约同时兴建，古城废弃年代一致。据推断，牛村、平望、台神古城为"宫城"，而马庄、呈王和北坞古城则属于"卿城"。关于白店古城，发掘者认为其年代要早于牛村等古城，但目前还不能肯定其是迁都之前的新田。

在晋国故城宫城的南部和东部发现多种门类的手工业作坊遗址，不同性质的手工业作坊分区设置，同一性质的手工业作坊依产品种类又有地点之别。各种手工业作坊集中分布于牛村古城南部、东南部及东部：南部铸铜、制骨、石圭作坊交错分布，东南部为制陶、制骨作坊，东部发现石圭和制陶作坊。牛村古城南部的铸铜遗址规模较大，现已发掘 7000 多平方米，其中 II 号和 XXII 号两处遗址出土陶范最为丰富，前者以礼器、乐器范为主，后者以工具范为主。LIV 号遗址出土约 10 万件以上空首布芯，VII 号和 XV 号遗址出土空首布。XX 号遗址为石器作坊遗址，并出有少量贝范。XXI 号遗址为祭祀性遗址，出土少量环首刀陶范。XXII 号地点南约 200 米处，出土礼器、车马器、兵器、工具等陶范。

在晋都新田故城东部，分布着以宗庙建筑群为中心的祭祀遗址，包括南部和东部几组杀牲祭祀、盟誓、殉人的遗址，这些祭祀场所呈半弧形围绕着宗庙遗址。宗庙建筑群目前发现大小建筑遗迹 70 多处，其中最大的一处东西宽 51.5 米，南北长 61.5 米。已经发掘的两处基址内有埋牛、羊、马的祭祀坑[57]。祭祀坑为圆角长方形或长方形，一般口大底小，有羊坑、牛坑、马坑、狗坑及无牲坑，坑内多出玉石器。

位于牛村古城东南约 3.3 公里的盟誓遗址，从 1965 年开始发掘，在 3850 平方米的面积内，发掘长方形竖坑（坎）326个，坑中大部分埋牲，以羊为主，牛、马次之。其中有 40 个坑中出土了盟书。在盟书区共发现书写有文字的玉石器 5000多片，形制多为圭形，系用毛笔书写，大多数为朱红色的字迹，少量墨黑色。就篇幅言，少者仅有数字，多者达 220 字。内容是强调为主盟者效力、诅咒背叛盟约者等，为晋国大夫、执政卿赵鞅所主持的盟誓之遗物。

在晋都新田故城附近分布着众多的墓地，迄今发现上马、柳泉、下平望、牛村古城南、东高、乔村等多处大型墓地。其中柳泉墓地为晋都新田晚期的晋公陵墓区。上马墓地是一处延续约 400 年的族墓地。牛村古城南墓地的兴衰与牛村古城铸铜遗址相当，出土器物相似，墓主可能是铸铜作坊的手工业者。东高墓地与台神古城有一定关系。

晋都故城的发现有助于我们了解当时的都城建置，提供了"新田模式"的都城资料，丰富了战国都城的研究内容。晋城迄今并未发现郭城，也许这并非偶然，极大的可能是：当时规划时，没有按照流行的城郭制设计，而是将宫城独立出来，宫城、卿城的布局反映了晋国政治权势的状况。祭祀遗址、手工业区、墓地基本在宫城之外，强化了宫城的功能。

（5）赵邯郸故城

邯郸故城是战国中晚期赵国的都城，位于河北省邯郸市区及其西南郊。公元前386年，赵敬侯自中牟（今河南汤阴）迁都于此，公元前222年赵国被秦国灭亡，此城因而衰落，前后历八世，158年。

故城总面积约1888万平方米[58]，可分为宫城和郭城两部分。宫城一般称"赵王城"，位于今邯郸市西南4公里，由西城、东城、北城组成，平面呈品字形，城垣总长8349米。城内面积约505万平方米。城内发现多处大小夯土台基，夯土台基底部多为方形，四面呈台阶状，有的台阶上保存有建筑基址。各台基周围均堆有大量瓦片，瓦当大都为素面，偶见三鹿纹和涡云纹圆瓦当，为赵国所特有。

西城平面近方形，东西宽1354米，南北长1390米。四周城墙均存，宽20～30米，四面城垣各有两个门，南北、东西遥遥相对。城内地面保存夯土台五座，其中中部偏南的"龙台"台基近正方形，南北长296米，东西宽265米，残高19米，是迄今所见战国时期最大的夯土台，应为宫城内的主要宫殿基址。城的北半部还有两个夯土台，与"龙台"在一条中轴线上，且等距离排列。在这条中轴线的西侧分布有地下夯土基址，形成了大面积的建筑基址，这应是宫城内规模宏大的主要殿宇建筑群。在这条中轴线的东侧，以一座地上夯土台为中心，南北各有一座地下夯土基址，又构成了西城东部的一条南北中轴线。东部中轴线的西侧分布有地下夯土基址，从而形成了西城东部的一组建筑。

东城略小，与西城仅一墙之隔，平面近长方形，现存三个门，城内偏西现有"北将台"和"南将台"两个大型夯土台（6、7号），其南还有一个较小的台基和四处夯土基址，它们共同组成了东城南北中轴线上的建筑群。

北城位于北侧，平面不太规整，南垣现存城门三个。西垣内外有两个大台基对峙，中部近南垣也有一个较小的台基。

郭城，即大北城遗址，位于宫城东北部60余米。平面作不规则长方形，东西最宽处3240米，南北最长处4880米。郭城西北有一小城，平面略呈梯形，四周有夯土城垣，东西宽290～400米，南北长约700米。小城中间有隔墙，形成南北相连的两部分。北面和西面有高大的夯土台。台的周围发现有大量战国及汉代柱础石和瓦片，互相连接为一组大规模的建筑群，汉代又继续修建使用，应为战国及汉代的建筑遗址。在郭城中部偏东处发现有战国至汉代的炼铁、铸铜、制陶、制骨和制石等作坊遗存。

在赵故城的西北方，今邯郸市与永年县交界处的丘陵地带，为赵国最高统治者的墓地。目前共发现五个陵台，七个封土堆即五组赵王陵[59]，五座陵台排列有序，布局结构相同，颇似中山王兆域图的规划。各陵背岗面阜，周围有陵园围墙，发现台基遗迹，其上见有砖瓦，当时应有"享堂"类建筑。另外在赵故城郭城以西的百家村附近分布着稠密的战国墓葬[60]。

据考察，郭城兴建于春秋时期，战国时期加以扩充，是赵国都城的重要组成部分，汉代为赵王如意的都城，汉以后逐渐衰废。宫城兴建于公元前386年赵王迁都邯郸前后，毁于秦朝末年。

（6）燕下都

西周初期，分封召公奭到北燕，其长子就国，建都于蓟，是为第一代燕侯。自此至公元前 222 年秦灭燕，凡 800 余年，营都三处。下都建都于战国时期，规模最大，保存最好。燕下都位于河北易县县城东南 2.5 公里处的中易水与北易水之间，平面大致呈长方形，东西长约 9 公里，南北宽 4～6 公里。由东、西两城构成，其间以一道城垣和一条古河道（古运粮河）分隔开。

东城又称内城，是燕下都的主体部分，平面略呈横凸字形，四周筑以夯土围墙，墙基宽 40 米，周长 18 公里。在东城垣和北城垣的中部各有城门一座。城外北易水、中易水、古运粮河及东城外的另一条人工古河道、城壕构成环城防御体系。东城内的布局比较规整，中部偏北筑一道横贯东西的隔墙将城分为南北两部分，墙基宽 20 米，长约 460 米，隔墙中间偏东处辟城门一座。在北城垣的东段、东城垣的北段以及隔墙上发现有突出于城垣的建筑基址，是当时为保卫宫殿区而修建的。东城的北部，即城内古河道南支以北至隔墙以北为宫殿区，出土了大量的半圆形瓦当、圆筒形排水管道以及各种瓦和陶井圈等。夯土台基以位于横隔墙南侧的武阳台为最大，面积 1.5 万平方米以上，现在高度仍有 11 米，分上下两层夯筑。

自武阳台以北，在约 1000 米的轴线上，自南向北还有望景台、张公台以及北城垣外的老姆台三大夯土基址。这四组建筑构成了燕下都宫殿区的主干。围绕这些主要的宫殿台基，还有规模较小的殿堂基址群落。

手工业作坊区在两条古河道附近，由隔墙、城墙、3 号古道将其与东城隔开，铸钱、冶铁、制骨、兵器、烧陶、制骨作坊杂处其间。手工业作坊以 23 号冶铁作坊为最大，面积可达 17 万平方米，它又处于宫殿区附近，当为官营制铁作坊。

古河道以南的大片地区散布着许多民居遗迹，为一般居民区。城西北角为墓葬区，隔墙南北各一个，北面的为虚粮冢墓区，13座封土墓冢自北向南成四排排列；南面是九女台墓区，10座墓冢作三排分布。这些墓冢多有高出地面的封土堆，当为各代燕王及其夫人的墓葬。

西城，又称郭城，文化堆积较少，平面略呈刀把形。城墙墙基宽40米。城垣为分段夯筑而成，由北、西、南三道城墙及1号古河道组成。

在燕下都遗址以南约1.5公里处，分布着12个人头骨埋葬遗迹。已清理的5号遗迹共出土人头骨1446个。这12个人头骨坑最大可能是"京观"的遗留，这些人头骨应是战斗中阵亡将士的遗骸。

（7）齐临淄故城

《史记·齐太公世家》记载齐献公将都城由薄姑迁于临淄，一直到秦灭齐止，临淄作为姜齐和田齐国都达630余年。临淄齐国故城位于今山东临淄城的西部和北部，东临淄河，西依系水，南有牛山、稷山。

齐故城包括大城和小城两部分[61]。小城在城西南方，其东北部伸进大城西南隅。大城南北近4.5公里，东西近3.5公里；小城南北2.5公里余，东西1.5公里余，两城周长21433米，面积达15平方公里（图九）。临淄故城地面上至今仍保存不少断垣残迹。故城四周不很规整，有的呈直线，有的沿河岸筑成蜿蜒曲折的城墙，城墙全部夯筑而成。共探出11座城门，至今有10座保存门道遗迹。其中小城城门五座，除南面两座外，其余三面均有一门；大城城门六座，东西各一座，南北各两座。故城在不临河的城墙外围都挖有城壕（护城河），与东西两面的天然护城河淄河、系水相连。

　　在临淄故城发现 10 条干道，其中小城三条，大城七条。小城南面东门大道是小城东南部的交通干道，与小城北门、西门大道相通。小城干道宽约6~8米，大城干道宽15~20米。

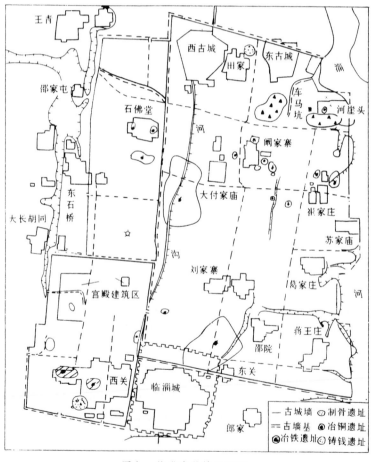

图九　临淄齐故城平面图

10 条干道的路土都在生土之上，绝大部分与城门相通。

在故城内发现三大排水系统，探明了四个排水道口[62]，I号排水系统在小城西北部宫殿区，全长 700 米，宽 20 米，深 3 米；II 号排水系统位于大城西北部，由一条南北向排水沟和一条东西向排水沟组成，共长 3800 米，宽 20 米左右；III 号排水系统在大城东北部，长 800 米。这些排水系统为明沟，水通过排水道口穿过城墙流到城外。

在小城北部偏西有一座夯土台——桓公台。台高 14 米，台基呈椭圆形，南北 86 米，台基分三层。东、北两侧有河沟环绕，即小城内的排水系统。"桓公台"周围分布着许多夯土基址，这个以"桓公台"为主体建筑的大片建筑基址，无疑是宫殿建筑群。

在临淄故城内，发现各种手工业作坊。其中以冶铁遗址发现最多，集中于小城西部和东部及大城西部、中部偏西、东北部和南部。六处冶铁遗址基本都是东周时期的。在小城南部和大城东北部发现两处炼铜遗址，时代为东周时期。在小城南部发现"齐法化"铸钱遗址，在大城东北部发现西汉"半两"钱铸钱遗址。制骨作坊遗址集中在大城东北部和北部，范围较广，遗物丰富。陶窑作坊目前发现两处，一处在故城北 1 公里今敬仲镇，另一处在故城西约 2 公里的谭家庙村西。

在齐故城周围分布着大量有封土的东周墓葬和高台建筑基址。临淄齐故城东南 8 公里的临淄齐陵镇和青州东高镇一带是田齐王陵区，包括齐国具有权势的卿大夫墓葬[63]和大型春秋时期车马坑[64]。淄博市临淄区永流乡商王村西侧[65]和永流乡相家村[66]发现齐国贵族或王室成员墓葬。临淄故城西南约 10 公里的齐鲁石化总公司乙烯两醇工地墓地[67]，大多数为中小型墓，还发掘了四座东周大墓[68]，后者墓主身份当属卿一级贵族。在临淄故城南墙南边约 500 米的郎家庄发现一座春秋战国之际齐国卿大夫一级的大贵族墓[69]。齐临淄故城大城东北部的河崖头村附近是一处姜齐贵族墓地。在大城北部发现了大量东周中小型墓葬，可能为中小贵族墓、一般平民墓。大城东北部的东古墓地则为从商末周初一直延续到战国中晚期的中小型墓葬[70]。

（8）曲阜鲁城

周初，宰辅周公旦之子伯禽受封于鲁，建都于曲阜，直至战国末期鲁灭于楚，曲阜鲁城延续了八百年左右。鲁国故城位于泰沂山脉西南麓的曲阜县，在泗河（古洙水）和小沂河之间。城内西部至北部分布着西周时期的文化堆积，东周时期的文化遗迹遍布全城。

鲁城平面为不规则的横长方形，东西最宽处 3700 米，南北最长处 2700 米左右，面积约 10 平方公里，城垣 周长 11771 米[71]（图一〇）。城垣有不少地段至今仍耸立在地面上。四面城垣除南垣较直外，东、西、北三面均有弧度，向外凸出，城垣四角呈圆角。其四面有城壕，西、北两面利用古洙水的河道。发现 11 座城门，其中东、西、北三面各三座，南面两座，绝大多数门道宽 10 米左右，北东门和东北门宽 15 米左右。西面三门和北东门、东北门、东中门之间，均有横贯全城的干道相连。在鲁城内共发现了 10 条主干道路，东西向和南北向各五条，一般宽 10 米左右，通向城门和重要遗迹。

鲁城由宫城、郭城组成。中部和中南部发现大型夯土基址，东西近 1 公里，南北约 2 公里。中部偏东的周公庙村，是全城地势最高处，这里建筑遗迹特别密集，周围有一个 500 米

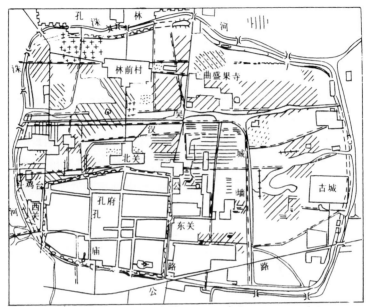

图
例
++ — 地面城墙　＝＝ — 地下复原　— 古道路　三 — 夯土
/// — 冶铜遗址　/// — 冶铁遗址　ᵕᵕ — 制骨遗址　||||— 制陶遗址
— 古墓葬　/// — 居住遗址

图一〇　曲阜鲁故城平面图

见方的小城圈，显然是一处宫室建筑，很有可能是宫城。

郭城包围了宫城。宫城以南和东南发现不少东周大型夯土
基址。始建于西周的有四处基址[72]。在鲁城南东门正南小沂
河南岸、雩河之北发现"舞雩台"遗址，台基分上中下三层，
分属西汉、战国、春秋以前遗存。"舞雩台"遗址应是鲁行郊
祭的祭坛[73]。宫城、南垣东门和"舞雩台"遗址三者处于
一条南北向直线上，有一条主干道路连接，当是鲁城的中轴
线。

郭城北部大半分布着许多居址和冶铜、制陶、制骨、冶铁

手工业作坊遗址及墓地。在宫室遗址的东西两侧即北关和立新联中发现两处战国至西汉时的冶铁遗址。在鲁城北部的盛果寺和西北部的药圃发现冶铜作坊。盛果寺冶铜遗址始于西周，延续到春秋，药圃遗址是一处包括冶铜、制陶、居住址和墓葬区的多类型遗址。位于鲁城北部的林前村西北发现一战国至西汉时的制骨作坊遗址。御碑楼东南发现一处春秋时期的制骨遗址。制陶作坊共发现三处，鲁城西北部的弹簧厂制陶遗址时代为西周前期，鲁城西部的橡胶厂制陶作坊是春秋时期的大型陶器作坊遗址，鲁城东北城外南张羊村东南的制陶遗址从西周中期延续到春秋晚期。

鲁城的居住遗址共发现 11 处，分布在鲁城的东、西、北三面。一般靠近城门和古道路，有些居住址与手工业作坊和墓葬区交错分布。城北中部的盛果寺居住址是鲁城最大的一处居住遗址，年代从西周前期一直延续到汉代。

在鲁城北部，发现一条横贯东西的排水道。水道东连东城城壕，逶迤西流，穿越西城垣，流入西城城壕。

在鲁城西部发现多处墓地。六处族坟墓分属甲、乙两类，甲类墓葬为殷、奄遗民墓，乙类墓为周人墓。

（9）楚纪南城

《越绝书·吴内传第四》中说："郢者何？楚王治处也。"屈原在《九章·哀郢》中云"发郢都而去闾兮"。楚国的都城郢在何处？有五处、六处之说[74]。作为国都的郢城经考古勘察、试掘的有三处：南郢纪南城、淮阳陈郢和寿春郢城。三城年代依次从早到晚，当为楚国不停迁徙直至楚亡的郢都。当阳季家湖发现早于纪南城的古城遗址，规模较大，可能是楚王都郢以前的郢都[75]。除纪南城外，其余几个城虽确认为东周城址，但城内布局尚不清楚。

南郢位于今湖北江陵县城北5公里，因在纪山之南，后人称之为纪南城（图一一）。城平面呈长方形[76]，仅南垣中部偏东处有一段曲折。东西长4450米，南北宽3588米，面积约16平方公里。城垣由墙身、内护坡和外护坡组成。现存城垣上缺口甚多，有七处可以确定为城门。五座城门基本为两门垛三门道，并有附属建筑；两座水上城门建筑，由木柱直立形成三门道，门有附属建筑。城垣20米外有护城河围绕，宽40～80米。在城内勘察出四条古河道，相互贯连。

城内发现东周夯土建筑基址84座，城内东南部夯土台基

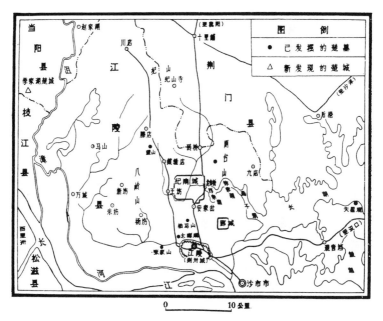

图一一　楚纪南城位置图

较为集中，61 座台基排列有一定规律。夯土台基平面形状不一，有多边几何形、曲尺形和长方形三种，规模较大。最长者130 米，最宽者 100 米。夯土周围有很厚的瓦砾层。在这组建筑群的北边和东边，各探出一道夯土墙遗迹，其兴建年代早于郭城，夯土墙遗迹东侧有古河道从南向北流过。这些情况表明，这里是宫殿区即宫城所在。密集的夯土台基可能是城内的宫殿建筑群，夯土墙遗存和古河道可能是宫殿区的城垣和护城河。城内东北部发现 15 座夯土台基，规模较大。在宫城东北今松柏区发现大型建筑和一般居址，并于附近发现五个大型鱼池[77]。据以上情况分析，城东北部当为贵族府第区，平民居住区可能在城西北部。

城内西南部有六座夯土台基，分布较分散，夯土台基周围的瓦砾层较厚，有的台基附近发现铜炼渣、锡炼渣和红烧土块，可能为冶炼、铸造作坊区。在纪南城内还发现许多水井和制陶作坊遗迹。在西垣北门附近发现了数百个水井，包括土井、陶圈井、木圈井和竹圈井四种。在龙桥河西段、纪城广家寺、松柏范家垱、东垣外毛家山等地发现不少窑址。松柏区发现密集的陶窑、水井以及排水管道等遗迹。

纪南城有大批的楚墓。东周时期的邦墓众多，分布密集；公墓区域，楚墓遍布，绵延百里[78]。在城西南的八岭山、望山、郭家岗和城北的纪山以及城东的长湖边上天星观、后港分布着封土堆大墓，据调查约有 800 多座，其中的大型楚墓应是楚国国君或王室贵族墓。在城东北的雨台山和城南的拍马山、太晖观、张家山等地发现大量地面看不到封土的中小型墓。在纪南城内西部和西北部，发现不少小型楚墓。

根据纪南城垣和城内遗迹遗物以及西垣北门叠压的水井和

陶器，可判断现存城垣至迟形成于春秋晚期至战国早期。在城中不见战国晚期楚文化遗存，而城东南边则发现大批秦汉墓葬，有不少是战国晚期的秦墓，可见作为楚城的纪南城于战国晚期已经废弃。

纪南城东南约55公里为潜江龙湾遗址[79]，共发现夯土台基19座、古河道1条、东周墓地1处。夯土台基总面积达20余万平方米，自东向西分四组排列。第一组是放鹰台宫殿基址群，面积为21875平方米，发现四个台基，呈南北走向，东西错落，台基之间互相连接。近年对放鹰台基址东侧的1号基址进行了试掘，知其为三层台的台式建筑。第一层台基面积11700平方米，高出周围地面2.5～3米。台基上有东侧门、贝壳路、梯形台阶、长廊柱洞、隔墙、门、地下排水管、回字形回廊、天井等建筑遗迹。第二层台面积61平方米。第三层台的西部，高出周围地面3.5～4米。东墙与第一层高台的西墙相连，北壁与第一层台的北壁平行，中段设有双扇大门和回廊相连。第三层台基位于第一层台东部，东临古河道，平面呈曲尺形，面积464.25平方米，高出周围地面5.5～6米。在高台周壁分布有30个大型方柱洞，还交错分布着埋地梁的地沟（图一二）。该建筑毁于大火，其建筑年代在春秋晚期至战国早中期。

龙湾基址规模大，规格高，平面上讲究南北排列、东西错落，立面上讲究高低起伏、长廊环绕，形成回廊庭院交错、河流环绕的离宫别馆风光，应是春秋晚期楚灵王所建的章华宫。龙湾基址的发现将有助于纪南城性质的确定。

（10）秦都雍城

《史记·秦本纪》记载："德公元年，初居雍城大郑宫。……

图一二　潜江龙湾一号宫殿基址局部

卜居雍，后子孙饮马于河。"从秦德公至秦献公的294年间，雍城一直是秦国政治、经济、军事的中心。

秦都雍城位于今陕西凤翔县城之南，雍水河之北，纸坊河以西的黄土高原上。雍城平面呈不规则方形，东西长约3300米，南北宽约3200米，总面积10.56平方公里[80]。东城墙和南城墙分别依纸坊河和雍水而筑，略有折曲；西城墙较笔直，保存较好（图一三），全长3200米。在西城墙发现三处城门遗迹。雍城除以自然河流为天然屏障外，还在西垣外筑有城壕，长约 1000 米，宽 12.6～25 米。

雍城发现不少宫殿、宗庙建筑，大致集中于以下几个区域：

姚家岗春秋宫殿区，位于城中部偏西。面积约 2 万平方米，残存部分夯土台基和夯土墙，在夯土基外有碎石铺就的散水和大卵石铺的散水面。发现三窖铜质建筑构件，共 64 件，在窖穴中排列有序，绝大部分保存完好，其规格、纹饰基本一致，应是宫殿建筑壁柱、壁带、门窗等部位构件。在姚家岗高地西部，发掘出春秋时期秦国凌阴遗址。遗址为平面近方形的夯土基，在夯土基四边又围夯一土墙，夯土基中部有一长方形

图一三　秦雍城西北角城墙遗迹

窖穴，东西长 10 米，南北宽 11.4 米。窖壁为斜坡状，下部为生土，上部夯筑。在窖壁坡底，夯筑一周二层台，其内为窖底。窖底铺有与二层台等高的一层砂岩。方形窖穴四周为回廊，西回廊正中有一通道（有五道槽门），在通道底部铺一条水道，水道东端底部与铺设岩片的地面在同一水平上。水道东高西低，为排水设施。这种宫殿附近的大型窖穴，无防潮设施却有排水设施，据其格局与设置，应是当时用于藏冰的冰库，即古代文献中的"凌阴"。

姚家岗宫殿区出土遗物具有春秋前期的特征，当是《史记·秦本纪》大郑宫的所在地。

马家庄春秋宫殿、宗庙区，位于雍城中部偏南。该遗址区的马家庄一、二号建筑位于马家庄村北，其中一号建筑基址坐北朝南，平面长方形，面积约 6660 平方米，大门、中庭、朝寝、亭台由南向北依次排列形成中轴线，东西配置厢房，左右对称，四周环以围墙，形成封闭性院落[81]（图一四）。

马家庄一号建筑内发现 181 个祭祀坑，绝大多数分布在中庭，少数在东西厢南侧的空地上，仅有个别位于朝寝建筑及东厢内，排列有序。祭祀形式包括全牲祭祀、无头祭祀和切碎祭祀三种。人坑八个，多为部分人骨。牛羊坑、人羊合祀坑各一个。各类祭祀坑坑口高低不一，许多坑之间存在打破关系，有早晚之别，早的为一号建筑落成时的祭祀遗迹，晚的当是建筑废弃后举行祭祀的遗迹，而大多数是建筑使用时的遗迹。

马家庄一号建筑的总体布局，与史籍记载的诸侯宗庙布局大体相同。有三个平面结构相似而又各不相连的单体建筑，每座建筑四周均有散水相围，其中又以墙堵分隔成若干区间，可见是同一房屋覆盖而具有复合性的多功能整体建筑。每个建筑

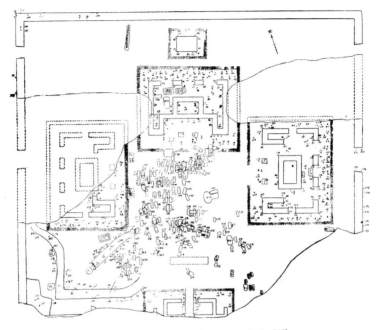

图一四　雍城秦国宗庙建筑遗址平面图

内各区间分别具有宗庙中的祭祀、燕射、接神、藏桃的功能。大量祭祀坑的存在更为该建筑的宗庙性质提供了证明。该建筑内的朝寝建筑为太祖庙，其左前方的建筑（东厢）为昭庙，右前方建筑（西厢）为穆庙，北端的亭台建筑为祭祀、祷祠的亡国之社。一号建筑外的一周围墙应为"都宫"，大门为相应的"都宫门"[82]。根据地层关系及出土遗物分析，建筑年代为春秋中期，废弃在春秋晚期。

马家庄三号建筑在一号宗庙建筑西约500米，在姚家岗春秋秦宫殿遗址东约600米。三号建筑南北全长326.5米，东西宽 86~59.6 米。平面布局规整，四面有围墙，分为五进院落、五座门庭。五座院落每院正中一门。最北的院内正中偏北及其前方两侧各有一座建筑，呈品字形排列，大小相等（图一五）。在其中庭部位，发现一踩踏面和少量夯土坑，坑底有兽骨，可能是祭祀坑。该遗址使用时间为春秋到战国时期。该建筑当为秦公寝宫所在处，有学者考证五进院落即所谓五重曲城，五座门庭为皋、库、雉、应、路五门[83]。

马家庄四号建筑基址位于一号建筑基址之东约 600 米，遗址高出周围地面，破坏严重，现残存面积约 2 万平方米，时代与一号基址相同，性质尚待研究。马家庄二号、四号建筑群自西向东依次排列，均属春秋中晚期，与秦桓公居"雍太寝"时间接近，可能是"雍太寝"之所在[84]。

铁沟、高王寺战国宫殿区位于雍城北部。在凤翔县棉织厂、凤尾村、翟家寺发现多处战国建筑遗址，在高王寺发现战国铜器窖藏。凤尾村遗址破坏严重，现残存面积约 4 万平方米，残留有零星建筑遗迹和瓦片。1977 年，在凤尾村遗址南约 600 米的高王寺发现一处铜器窖藏，窖藏内发现 12 件铜器，其中一鼎内底铸"吴王孙无土之脰鼎"铭文。结合有关资料分析，这些可能是战国秦宫殿"受寝"内的遗物[85]。

在雍城郊外也分布有宫殿遗址。在雍城西南 16 公里、千河东岸的长青乡孙家南头堡子壕遗址，发现了板瓦、筒瓦"蕲年宫当"瓦当等战国、汉代遗物[86]。该遗址面积至少有 2 万平方米，根据遗迹遗物推断，绝非一般性建筑遗址，应是秦汉时期国君、天子祭祀五畤或先王的斋宿之宫，系文献记载中的蕲年宫所在。在雍城南郊的东社、南古城、史家河附近都有战国秦汉时的建筑遗址，在此多发现有"年宫"、"棫"、"棫阳"

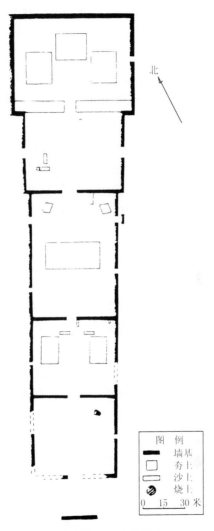

图一五 秦雍城三号建筑基址平面图

文字瓦当和鹿纹、"猎人斗兽"以及各式云纹瓦当与板瓦、条形砖等，这一带应是秦汉时期的年宫、槭阳宫所在地[87]。1986 年在雍城西 20 公里的横水凹里村秦汉遗址[88]，发现了夯土基址和 200 米长的一条地下排水管道，以及饰有鱼鸟纹、双獾纹的战国秦瓦当和"长生无极"汉瓦当，据推断此处是咸阳到雍城的一处行宫。

雍城城内除前述宫殿建筑基址外，城南部分布有一般性的居址，城北部有"市"的遗址，另外还散见铸铜、冶铁、制陶等作坊遗址。城近郊分布有秦公陵园和墓葬区，同时也分布有一些铸铜、冶铁、制陶等作坊遗址。

（11）中山灵寿故城

中山国的先民最初生活在陕西北部和山西西北部，西周时进入黄河以北。公元前 530 年，建国称鲜虞，都于今河北正定。春秋晚期，改国号为"中山"，先后定都于颐（河北定县）和灵寿（河北平山县）。公元前 296 年，中山被赵、燕、齐联军攻灭。

灵寿故城位于河北平山县三汲乡，西依太行山，东临滹沱河。城墙依自然地形修筑，利用东西两条河沟为护城河，城墙筑于河沟内侧断崖上。平面呈不规则桃形，南凸北阔，东西最宽 4 公里，南北长 4.5 公里。发现七道城垣。城墙夯筑，基厚34～35 米，夯层坚实，夯层厚 7 厘米左右。城垣上有四处附属性建筑，应为防卫性军事设施。城中央一条隔墙将城分为东西两部分。西城又分为南北两部分。东城的中部和北部是宫殿区，在城内发现 11 处大型夯土基址，以 3 号夯土基址为主体，8 号和 7 号夯土基址为南北中轴线，出土了各种生活用具和建筑材料。东城西部为手工业作坊区，遗迹分布密集，东南为制陶作坊，南边发现铸铁作坊，中部为铜戈作坊，北部主要铸造实用铜器，西南部发现成捆刀币窖藏，出土了"成白"刀石范。东城和西城的南部为一般居民区。

王陵分城内陵区和城外陵区。城内陵区在西城北部，有东西向陵墙一道。该陵区内有两座大墓和若干座陪葬墓。陵墙以南有两处相连的夯土建筑群，其中部有一条宽11米的东西向干道与西城门相通。这片建筑可能是城内的中心活动区域。王陵区和古道路南侧各有一处较大的居住遗址，分别为守陵人、戍卒住地和居民区。城外灵山高地上为中山王陵区。城东北、西北、西南分布着中小型墓葬，探出500多座，已发掘的墓葬年代上起春秋，下至战国晚期[89]。

灵寿故城以东1.5公里的高坡上还发现一座小城，东西长1400米，南北宽1050米，城内西部有一夯土台基。这座小城可能是为拱卫灵寿城而建的卫城。

（二）墓葬

1. 西周墓葬

目前全国已发掘的西周墓葬约3000座，分布于陕西、山西、河南、河北、北京、山东、甘肃、宁夏、安徽、江苏、四川、云南等省，现举其重要者如下。

（1）鹿邑太清宫长子口墓

该墓位于河南鹿邑太清宫镇的太清宫遗址[90]，因墓中所出铜礼器上多带有"长子口"三字，故称之为长子口墓。

长子口墓为带两个斜坡墓道的中字形大墓，残长49.5米，最宽处7米。墓底距地表深8米。南墓道平面呈南宽北窄的刀形，南端未发掘到头，北部填土中清理出五具马骨。墓道南端被一东西长 3.2 米、南北残宽 2.4 米的马坑打破，坑内埋四匹马和一男性人牲，应是春秋时期祭祀所为。南墓道近墓室处埋有车器，东壁北端与墓室相连处向南有四个柱洞。北墓道平面为长方形，长 16.5 米，上宽下窄。

墓室为长方形竖穴，口大底小，上口长 9 米，宽 6.63 米，墓底长 8.1 米，宽 5.6 米。墓壁均经拍打修整，并涂黄沙。墓室正中部有一直径约 6 米的夯土圆台，圆台周围用细沙土将圆台与墓室填土隔开。墓底东、西、北三面均有二层台，东、西二层台上各殉一人；东、西二层台的南端，各有一组通向墓底的阶梯。二层台以下为墓室，平面呈"亞"字形，墓室四角与二层台相连处形成四个长方形椁室，用来放置随葬品。中间的主体部分分前（南）后（北）两部分，前部为 1.84 米×2.74 米的长方形，主要置殉人，殉人身下与身上均铺有或覆盖朱砂；后部平面呈井字形，南北长 4.9 米，东西宽 3.7 米。

葬具为一椁重棺，椁为"亞"字形木椁，包括中间的棺室和四面的椁室，棺室有一具 60 岁左右的男性骨架，棺室正中下有一腰坑，内殉一人一狗；东西椁室内各有一个殉人。

该墓出土有青铜器、玉器、骨器、蚌器、装饰品、瓷器、陶器等 606 件和骨镞、贝币、蚌泡 1400 多件。随葬品放置有一定规律，棺外四面椁室的器物或上下叠压，或按方位、器类摆放。棺内置玉器、蚌器。

该墓的礼乐器中，食器 29 件，酒器 48 件，为重食重酒组合，同时出现三套同铭的尊卣组合。器物组合具有商代晚期和西周初年的双重特征，陶器基本组合为罐、尊、罍、簋、盘、豆。该墓出土的 54 件有铭铜器中，有 39 件上有"长子口"铭文，墓主显系长子口其人。结合墓葬形制、规模和随葬品看，长子口是商末周初的殷遗民贵族。器物特点既具有商晚期特征，又有西周因素，原始瓷器又与南方土墩墓同类器有相似处。该墓的发现为商周之际的历史、葬俗、器物断代和文化交流等提供了珍贵的实物资料。

（2）郑州洼刘西周墓

洼刘遗址位于郑州市西北5公里处的石佛乡洼刘村北，在此发现西周早期的一批墓葬。其中中型墓12座、小型墓60余座，车马坑2座[91]。中型墓均为贵族墓，一般随葬青铜器1~3件。小型墓均为竖穴土坑墓，长多在1.7~2.4米之间，宽0.7~1.5米，葬具为单棺，随葬品多为1~3件陶器，有罐、豆、簋等器类。

1999年发掘了ZGW99M1[92]。墓葬形制为长方形竖穴土坑，长3.5米，宽2.2米，墓壁垂直，修整光滑，墓内置一棺一椁。该墓虽然被盗，但仍出土了一批珍贵的文物，有青铜礼器、兵器、车马饰及部分蚌泡、贝币、玉管等。青铜器鼎、甗、尊、卣、簋、觚、罍等器物的形制、纹饰，既具商代晚期遗风，又有西周早期风格，故推定其年代为西周早期。墓主身份相当于大夫以下、士以上的贵族。随葬青铜器绝大部分铸有铭文，字数3~7个不等，主要是"陆作父丁宝尊彝"和族徽。

洼刘遗址西周遗存较丰富，可能有古管国城址的存在。上述中型墓是西周早期管国贵族后裔墓葬，为寻找该地区的西周时期封国提供了重要线索。

（3）张家坡西周墓地

张家坡西周墓地范围大，延续时间长，从灭殷前一直沿用到西周末年[93]。仅1956~1957年和1967年两次工作，就发掘 250 多座墓葬，还有车马坑和马坑共 10 余座。墓葬均为长方形竖穴土坑墓，随葬器物绝大部分是陶器，只有少数墓随葬铜器。从有的墓区可以看出，其墓位是经过有意安排的（图一六）。

1986～1988年发掘墓葬365座，大多为中小型长方形竖

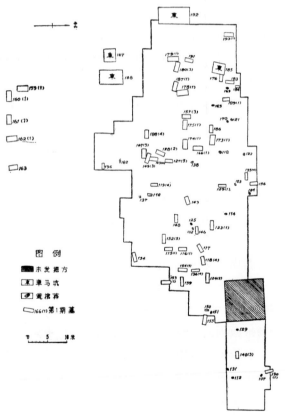

图一六　沣西张家坡第一地点西周墓葬墓位图

穴土坑墓，有 4 座带墓道的大墓和 21 座洞室墓，此外还发现
3 座车马坑和 22 座马坑。墓葬填土多经夯打，墓以口小底大
的覆斗形为主，口底同大者次之。葬具有等级之别，大型墓为
单椁双棺，有些分出头厢；中型墓多为单椁单棺；小型墓为单
棺无椁，葬具上铺盖席子。葬式基本为仰身直肢，少数墓发现
俯身葬。一般都有二层台。有一部分墓底有腰坑，内有狗等动
物骨架。随葬器物放置有一定规律：大型墓在头厢和棺椁间陈
放青铜礼器、乐器、兵器、车马器、玉器，墓道多埋拆散的车
辆。中型墓棺椁间放青铜容器、陶器、蚌鱼、铜鱼等成串或散
置，为棺饰。二层台上多放兵器，兵器多被有意折断或损毁，
二层台上还见有殉牲。殉狗除放置腰坑内的以外，无腰坑的墓
多埋在填土中、椁墓上或墓道底近墓室处。殉人现象不普遍，
殉人多置于二层台上，其中 M157 的殉人下颌骨上刻"王君
穴"三字。墓主口中多含贝，棺底铺朱砂。

张家坡墓地较重要的是井叔家族墓。它由 4 座带墓道的大
型墓、5 座无墓道的竖穴土坑墓和 4 座马坑组成，几座墓集中
在一起，方向基本一致，但排列不够整齐，墓葬间存在打破关
系，在整个墓地中级别最高。M157 为中字形大墓[94]，总长
35.4 米，墓室为长方形竖穴，南北长 5.5 米，东西宽 4 米，
葬具为一椁二棺，椁室用方木垒成，双棺髹漆。南北墓道放置
各种车构件，南墓道为一斜坡道，北墓道呈瓶形斜坡道。
M157 旁边有两座长方形竖穴墓，墓主均为女性，一墓出残石
磬，一墓出井叔钟，两墓应为 M157 的妻、妾墓，在附近还发
现祔葬的马坑。M170 呈甲字形[95]，墓室为口小底大的覆斗
状，墓口长 7.68 米，宽 4.5 米。墓道放车轮等构件，葬具由
椁室、头厢、外棺、内棺组成。椁室也用木板和方木搭成，椁

盖上有席子、各种铜饰，内外棺髹漆，墓底铺一层木炭。随葬品大多被盗。其余几座无墓道的大型竖穴土坑墓，棺椁、随葬品情况类似。井叔家族墓出土的青铜器铭文上有"井叔"二字，证明它们属于西周中期重臣井叔。依据墓葬排列和随葬品特征，M157 为第一代井叔，M170 为最后一代井叔。

（4）周原西周墓葬

周原的西周墓葬都为长方形竖穴土坑墓，有熟土二层台，少见腰坑，有棺或棺椁，棺板上一般有席纹痕迹。中型墓随葬青铜器、陶器、车马器以及骨器、石器、贝器等，小型墓以随葬陶器多见。

较大的墓葬集中发现于扶风黄堆乡。黄堆西周墓地的规格较高，整个墓地都为大中型墓葬，未发现小墓。而且这些大中型墓的埋葬规格，也高于其他地方的大中型墓，墓内多随葬一两辆或多辆车，有的墓还祔葬马坑。已发现一座埋葬百匹马的大型马坑。该墓区多见积石墓，在墓室夯土中不同层位堆放天然石块和礓石，布满墓穴的各个部位。97FHM25[96]为长方形竖穴土坑墓，长 6.9～7.1 米，宽 4.7 米，深 21～22 米，墓室呈长方形，长 4.4 米，宽 3 米，四周有熟土二层台，葬具为二椁一棺，墓室中间有一椭圆形腰坑，内有动物骨架。因早年被盗，残留随葬品仅有原始瓷器、陶器、玉器、青铜器残片以及贝、金箔、玛瑙珠等。据此墓出土物的特征，墓葬年代当为西周中晚期。该墓无疑是一座高级贵族墓，为寻找西周王陵提供了线索。

周原中小型墓在齐家、云塘、贺家、飞凤山等遗址都有发现。如 1999～2000 年，在周原齐家村东发掘 96 座墓葬[97]。

（5）洛阳地区西周墓葬

洛阳地区的西周墓，已发掘 800 余座，集中分布于瀍河两岸的塔湾、马坡、庞家沟、北窑村及老城东关一带。这里的西周墓葬，明显可分为周人墓和殷遗民墓两类。

周人墓葬在瀍河东岸的北窑村及泰山庙等地有发现，以北窑墓地尤为重要[98]。这里发掘的 370 余座西周墓葬和马坑集中分布在洛阳邙山上东西 500 米、南北 300 米的范围内，墓葬极少有打破现象。整个墓地可分为左、中、右三大组，每组又可划分为若干小组，东西成排，南北成行（图一七）。少数墓壁涂漆，一般有二层台，多数墓底没有腰坑，殉狗也极少，未见殉人。这批墓葬中，有两座是带有南北墓道的特大型墓，其余是可分为大、中、小三型的长方形竖穴土坑墓，其中以中型墓数量最多。大型墓长 5 米以上，宽 4 米左右，填土经夯打，填土中与棺内有殉狗。中型墓长 3~5 米，宽 3 米左右。大中型墓有棺有椁，棺下均铺有朱砂。小型墓长 3 米以下，宽 2 米以下，有棺无椁或无棺无椁。墓主大多头北足南。所有墓几乎都有随葬品，大中型墓绝大多数被多次盗掘，劫掠之余残留铜兵器、车马器、铜礼器、装饰器、原始瓷器和陶器。小型墓多见装饰品和陶器、原始瓷器，或有铜兵器，个别有铜礼器。就青铜器铭文中涉及的人名看，有太保、毛伯、平伯、王妊、康伯、白懋父、丰伯、虢公、蔡叔、荣中、王母、师叟、宗人、史官啚、矢等，皆为西周奴隶主贵族。

殷遗民墓集中分布在洛阳老城东郊一带，多年来发现殷遗民墓百余座。在瀍河西岸的北窑铸铜遗址内和涧河两岸[99]、瀍河东岸与汉魏故城之间白马寺、杨文镇一带也发现了西周殷遗民墓葬[100]。这些墓多为中小型长方形竖穴土坑墓，有熟土二层台，葬具为一棺一椁或单棺无椁，墓底有腰坑，随葬品放

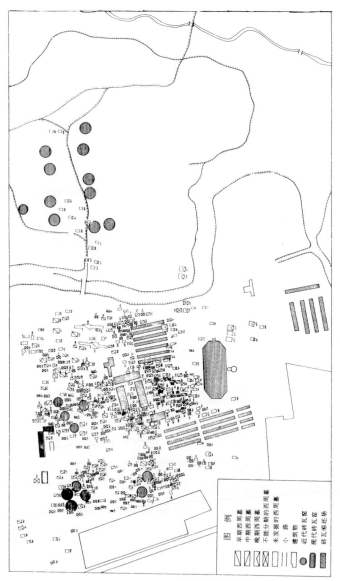

图一七 洛阳北窑西周墓地墓葬分布图

在死者头前（北部），有陶器、铜器，铜器组合有鼎、簋、甗或爵、觯，陶器以鬲、簋、豆、罐为组合。在老城东关发现五座带南北墓道墓[101]，墓道均有方形拐折，墓底设腰坑，早期墓腰坑内殉狗，室内填土经夯打。葬具有棺有椁，墓壁绘彩幔，个别附耳室，椁与墓壁间堆积卵石，随葬青铜或铅质礼器、陶瓷器等。

很多墓除埋葬方式具有殷遗民特点外，随葬青铜器上也带有商人的族徽符号。如洛阳东郊钢铁厂工地发掘的一座小型长方形竖穴土坑墓[102]出土的铜甗和尊上均有铭"✕射"二字。洛阳东郊的一座西周墓[103]出土的铜甗、簋同铭"冉且丁"，尊铭"冉"一般释冉；机车厂托儿所 M13 出土的青铜器铭文上有相同字样[104]。塔湾机车厂生活区的一座小型西周墓随葬的铜觚铭为"子父己"[105]。北窑铸铜遗址内的一座长方形竖穴土坑墓[106]随葬的七件有铭铜器中五件铭文相同，均为"箕作尊彝"，另一件爵鋬内铭："戈父己"，觯腹内铭："戈"，"戈"释戈。"✕"、冉、子、戈常见于商代甲骨文、金文中，为商人族徽，这些墓葬的主人显然为典型殷遗民。

北窑遗址内还发现几座十分狭窄的长方形竖穴土坑墓和50 多座无墓圹的西周墓[107]。窄狭墓圹无一定方向，一般无随葬品，间或以一二件陶器或少量海贝、石饰随葬。无墓圹的墓多为弃尸于当时地面或灰坑内，没有固定葬式，亦无一定方向，多数肢体不全，显系当时从事铸铜手工业劳作的"百工"或从事奴隶劳动的人。

（6）晋侯墓地

晋侯墓地位于天马—曲村遗址中心区。从 1962 年发现至今，进行了 10 余次发掘。共清理出九组 19 座大墓（包括 2000 年发现的 2 座）、许多陪葬墓和数十座祭祀坑、车马坑，出土的遗物表明，这个墓葬区的使用时间有百余年，各墓间的相隔年代长短不一，但连接紧密，没有空缺。

整个墓葬区排列有序，分南北三排。墓葬两两并列，为前后相继的九位晋侯与夫人并穴合葬（图一八）。按照《史记·晋世家》的晋君世系，结合墓地中的 19 座墓葬情况以及所出铜器铭文的内容，这些晋侯墓葬墓主从早到晚依次为：M114、M113 组为晋侯燮父及夫人或晋武侯宁族及夫人；M9、M13 组为晋武侯宁族及夫人或晋燮父及夫人；M6、M7 为晋成侯服人及夫人；M33、M32 组为晋厉侯福（辐）及夫人；M91、

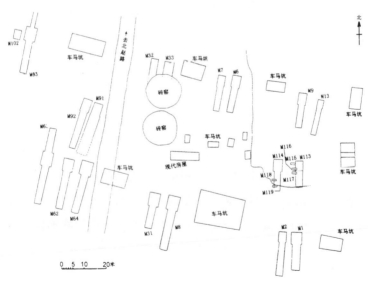

图一八　晋侯墓地平面图

M92 为晋靖侯宜臼及夫人；M1、M2 组为晋釐侯司徒及夫人；
M8、M31 组为晋献侯籍（苏）及夫人；M64、M62、M63 组
为晋穆侯费王（弗生、沸王）及夫人；M93、M102 组为晋文
侯仇及夫人。

墓葬形制都为长方形竖穴土圹墓，大多数有墓道，甲字形
墓 16 座，中字形墓 2 座，M102 无墓道。在每组墓东侧有祔
葬车马坑，墓道内西侧都有祭祀坑（M102 除外），有的达 20
余个，内多埋马、狗，或埋少量牛、羊以及玉戈、玉牌等玉
器。M114 发现的殉人是晋侯墓地发现的唯一一个殉人。整个
墓地坐北朝南，墓主头多朝北（M91、M92 朝南）。葬式基本
为仰身直肢。葬具有一椁二棺，一棺一椁、一椁三棺三种。椁
外积石积炭。墓葬大多被盗，但仍可看出，随葬品种类丰富，
有铜器、玉石器、蚌器、骨器、乐器等。随葬品放置颇为规
整，外棺有成排海贝组成的棺饰，棺椁间随葬礼乐器、兵器、
原始瓷器、漆器和车马器等，棺内主要随葬玉器。

M64、M62、M63（晋穆侯及夫人）合葬墓，是墓地内未
被盗、保存完好且葬制特殊的墓葬[108]。在穆侯两侧有正夫人
和次夫人两座墓葬，东侧还有一车马坑。穆侯墓 M64 为带斜
坡墓道的甲字形墓，墓道内和墓道西侧有祭祀坑近 20 个，坑
内各殉马。墓室内积石积炭。葬具一椁二棺，二棺均涂漆，椁
内出有五鼎四簋，以及尊、壶、盘、匜、瓿、爵、篕、编钟等
铜器，其中鼎和簋上有"晋侯邦父"的铭文，乐器有编钟、石
磬。编钟由铭文看，系楚公逆之物。楚公逆即文献中的楚君熊
鄂，与晋穆侯同时。棺内随葬有玉覆面、玉佩饰、金带饰等。
正夫人墓（M62）在三座墓中间，形制与 M64 相同，墓道南
部有两个长方形祭祀坑，坑内各殉马匹。葬具为一椁二棺。椁

内出三鼎四簋，以及壶、盘、匜、爵、尊、方彝、鼎形方盒等
铜器，有些为明器。棺内出土玉覆面、玉串饰等。次夫人墓
（M63）在正夫人西侧，平面呈中字形，南墓道发现三个祭祀
坑，其中两坑各殉马匹。积石积炭，一椁二棺。椁内出土三鼎
二簋，以及壶、爵、觯、方彝、盘、鼎形方盒等铜器。其中铜
鼎形方盒和铜方座筒形器，造型奇特。铜壶的作器者"杨姞"
是穆侯次夫人，应是从今山西洪洞东南、当时为杨国的地方嫁
到晋国。

M8、M31（晋献侯及夫人）并穴合葬墓两侧有车马坑和
三座小型女性陪葬墓，在葬区中较为特殊。墓东的车马坑是墓
地最大的车马坑，长 21 米，宽 15 米。M38、M39、M40 在西
侧，南北纵向排列，均为一椁一棺的小型竖穴土坑墓，仅随葬
几件陶器，全为 M8 的陪葬墓。M31 献侯墓为一椁一棺，椁与
墓室间填有木炭。M8 墓室底部用石块垒砌短墙，以支持椁
室。椁室两侧有大小石戈、小铜鱼组成的椁饰。椁盖板上有车
马饰，其殉车有可能在车马坑内。棺椁间有铜礼器和铜、石乐
器。棺内主要随葬玉器、黄金带饰，大多覆盖在死者身上和身
下。玉器中出有殓玉（包括饭含、覆面、衣服上的柄形器和缀
饰等，为后世玉柙的雏形[109]）和玉质动物。金器为 15 件一
组的带饰。其中一件晋侯苏鼎，重环纹带，器内后壁铸铭文
13 字，有晋侯苏之人名。铜簋和方壶各一对，上面铸文中作
器者是"晋侯𬤝"，应是早于献侯的一代晋侯。还有三件兔尊，
形制独特，精美异常。乐器有编钟和石磬。夫人墓未被盗掘，
平面亦是甲字形，墓室内有积石积炭，一椁三棺。出土器物达
1000 余件。铜器有三鼎二簋，还有壶、盘、盉等。其中铜盉
是一件少见的工艺品。死者面上的玉覆面，有的是用旧玉料改

制而成，身上带着玉璜联珠串饰和玉牌联珠串饰，雍荣华贵。

晋侯墓地的随葬品具有重要的断代意义。铜器如晋侯鼎、晋侯钟与被盗流往国外的晋侯钟铭文相接，对研究西周铜器断代、西周日历等极为重要，在夏商周断代工程中起到重要作用。M64 出土的一套编钟上的铭文将晋、楚两国的联系提前到西周晚期。陶器虽然发现不多，但陶鬲早晚序列完整，具有标准器的意义。

(7) 西周燕国墓地

琉璃河西周燕国墓地，位于琉璃河遗址中部的黄土坡村北及西周燕都古城以东一带。至今已清理发掘了 200 多座墓葬，20 余座车马坑，出土数千件遗物，包括青铜器、陶器、玉石器、漆器、骨蚌器等。

墓葬布局有一定规律，很少相互打破。皆为长方形竖穴土坑墓，墓壁笔直，一律作南北向。死者头北足南，葬式一般都是单人仰身直肢。这些墓葬可分大、中、小三种类型，大中型墓室自木椁顶板以上至墓口均以五花土夯实。大中型墓基本上都衬车马坑，不衬车马坑的一般在墓内随葬青铜车马器。大中型墓随葬器物一般陈放在墓主人头前的棺、椁之间——"头箱"中和棺内，或二层台上。器物种类包括青铜礼器、兵器、工具和车马器、陶器、玉石器、原始青釉瓷器、漆器、蚌角器以及货贝等。

大型墓共探出 10 余座，多集中在墓地中部。墓室一般长 4 米，宽 2.5～3 米。多带有一条墓道，少数具有两条墓道。深度多为 7～8 米，最深的达 10.25 米。有的大型墓有柏木制作的椁。M1193[110] 是一座带有四条墓道的大型墓葬，四条墓道设于墓室四角，总平面呈 Ħ 形。墓口南北长 7.68 米，宽

5.45 米，深 10.25 米（图一九）。墓室内填经层层夯实的黄褐色五花土。椁墓平面呈长方形。椁室顶板上可见原覆盖帐幔一类物品的遗迹。椁室与墓室间筑有二层台，其上随葬有兵器、车马器和工具等（该墓被盗）。有的兵器如戈、戟、矛等被折断或砸过，是下葬时举行某种仪式的结果。所幸的是，在椁室东南部出土了两件完整的青铜礼器罍和盉，都在盖和器沿内侧铸有内容完全一样的 43 字铭文。铭文以"王曰太保"为开始，其中还有"令克侯于匽"的册命。西周青铜器铭文中，作为国名的燕多写作"匽"或"郾"。这座墓葬应是西周初年封于此地的第一代燕侯之墓。

中型墓均无墓道，墓室一般长 3 米，宽 2 米左右。葬具多为一棺一椁，少数有一棺二椁，多已腐朽成灰，有熟土二层台。95F15M2[111]为长方形竖穴土坑墓，葬具为一椁二棺，椁底板下腰坑内殉狗一只，殉人三个皆为青少年女性，随葬品有陶器、原始瓷器、漆器、贝类、动物肢骨和大量串饰。20 世纪 70 年代发掘的同类墓葬出土了大量的随葬品，有青铜器、陶瓷器、玉石器、漆器，多件青铜器铭文有"匽侯"字样，M251 出土的伯矩鬲，M253 出土的圉鼎、堇鼎，M52 出土的复尊等[112]，都是珍贵的青铜器。从铭文可知，墓主都曾受过燕侯的赏赐，是燕国的贵族重臣。

小型墓数量最多，约占墓葬总数的 3/4。一般规格为长 2 米，宽 1～1.5 米。葬具一般为一棺，或无棺，或以苇席包裹。随葬器多为陶器，少者 1～2 件，多者 10 余件，也有无任何随葬品的。几乎不见随葬青铜礼器，少数有兵器。

根据黄土坡墓的规模、墓葬类型、布局、埋葬制度及随葬器物特征等，可以判定这处墓地属于西周时期燕侯家族。大、

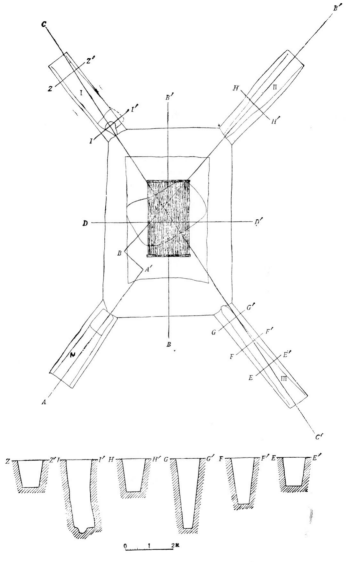

图一九 北京琉璃河 M1193 平面及墓道剖面图

中、小型墓之间的差别，反映了墓主人生前阶级地位和等级的差别。另外，京广铁路由此穿过，将墓地隔为两区，发掘中将西侧称为Ⅰ区，东侧称Ⅱ区。Ⅰ区均为中小型墓葬，由于有的墓葬设有腰坑和殉狗，有人认为和殷遗民有关，但又有人指出，这种现象正是周系统燕人的特点。Ⅱ区不仅发现有中小型墓葬，同时还发现数座大型墓葬。大中型墓所附车马坑，其位置有的在墓南，有的在墓北。墓南者都以整车陪葬，墓北者一般是把车拆散后陪葬。Ⅱ区被认为属姬燕墓地。

（8）平顶山应国墓地

应国墓地位于今河南平顶山市西约20公里的薛庄乡北滍村西之滍阳岭上。这是一处应国贵族墓葬区。墓地南北长2500米，东西约100米，高出周围地面10余米。发掘工作持续十余年，发掘应国墓葬40多座[113]。墓地年代从西周早期一直沿用到春秋初期，还发现春秋中晚期到战国中晚期的楚墓。

墓地中墓葬由早及晚，自南向北分布在滍阳岭上，并以之为轴线，多分布大型墓葬，中小型墓位于岭东西两侧，而以东侧分布最集中，大多以一两座大型墓为中心，各墓间排列有序，绝少有相互打破现象。

葬具大多是单棺单椁，少数墓葬有棺无椁，棺椁底部铺有朱砂，死者头向北。随葬品中含青铜礼器、乐器、兵器、车马器与工具和玉石器，另有少量陶瓷器与金、锡器及骨器、蚌器等。许多青铜礼器上铸有铭文，铭文中可辨者有应侯、应史、

 公、匍、荐父、应姚、应申姜、寡姒、应嫚媀及应国公、应伯、侯氏、胙伯、青公、督诰父等，可以明确墓主人身份及国属多为应国贵族。这些铸铭对研究文献记载语焉不详的应国世

系，及应国与周边国家的关系都甚为重要。

西周早期墓葬仅一座大型墓，有长达30米的微弧形墓道，位于墓室南侧，整座墓葬平面呈甲字形。墓室内填铺11层红石块，各层间以数十厘米填土充实。这一时期的青铜礼器组合，有鼎、簋、爵、卣、尊、觯等，酒器占有相当比例，具有明显的商人遗风。西周中期的墓葬，均为土坑竖穴墓，铜礼器组合有鼎、簋、盨、盘、盉、甗、尊、卣、爵、觯等。与前期相比，酒器所占比例下降而食器增多。晚期墓葬大都有墓道，位于墓室北侧，呈甲字形，青铜礼器组合有列鼎及与之配套的簋与鬲和壶、盘、匜、尊、爵、方彝等，器物制作较为粗糙。属于这一时期的应侯墓中，还出土有成套的铜编钟、铃和石磬等[114]。

偏南的M84[115]，为长方形竖穴土坑墓，墓口长4米，宽2.64米，深1.8米，葬具为单棺单椁。该墓共随葬器物130余件（组），有铜、玉石、陶瓷、金、骨料器等。该墓年代被推定为西周中期恭王后期之时。青铜礼器大多数有铭文，并且制作精美，其他随葬品规格也较高，说明墓主是一代应侯。

M95位于墓地中部偏南[116]，为一座带墓道的长方形竖穴土坑墓，葬具为单棺单椁，墓内出土各类随葬品400余件。其中铜器约占90%以上，青铜礼器为五鼎六簋的组合，除铜匜外，余均有铭文。依据铭文内容可分作三组，即公作器组七件、侯氏作器组四件、应伯作器组五件。这座墓的年代，为西周厉王之世[117]。经考证知墓主人是应伯，应伯与第一组器主敔实即一人，敔当为应伯之私名，是周厉王时期参与征伐南淮夷的主将之一。他的身份是应侯，应伯与侯氏的称呼不同，或系继任应侯前后的不同称谓，三组不同器主铭文的铜器同出一墓，可能非一时之作器，其称谓亦因身份有变而异。

M1 位于滍阳岭中部[118]，形制为长方形竖穴土坑墓，葬具为单棺单椁，各类随葬品计 1052 件（套），包括礼器、车马器、杂器和玉器。该墓年代发掘者认为属西周晚期的宣王之世，关于墓主人身份，据出土五鼎六簋的组合，推测属下大夫一级贵族。

M242 为一西周早期墓，出土 60 余件随葬品，其中柞伯簋的铭文长达 72 字，记录了周王令南宫率王多士、小臣在成周举行一次大射礼，射中者有奖的事情。

在应国墓地中，还发现一些政治舞台上有影响的女性的墓或相关青铜器。土岭中段的 38 号墓[119]出有多件青铜礼器和多套青铜乐器，以及青铜铠甲、车马器、玉器和陶器等，铜器上铭文有"应姚"字样，结合过去多次发现的应姚作器铜器，可知该姚姓妇人在西周晚期地位比较重要。墓地偏北的 45 号墓[120]是春秋早期贵族墓，出土了一大批青铜礼器，不少铸有铭文，其中鼎铭有"应申姜作宝鼎，其子子孙孙永宝用"，表明墓主为嫁到应国的申国女子，反映了应国和申国的政治联姻。此外，在墓地取土时，发现了四件青铜簋[121]，铭曰"邓公作应嫚毗媵其永宝用"，表明是邓国某一代国君为其女嫁应国所作媵器，反映了邓应两国的联系。

（9）辛村墓地

辛村墓地位于河南浚县县城西约 35 公里的淇水北岸。1932～1933 年，对辛村墓地进行了连续四次发掘[122]，发掘范围东西长 500 米，南北宽 300 米，墓地范围当不止于此。共发掘墓葬 82 座，按形制和性质分为大、中、小型墓和车马坑四种。其中大型墓 8 座，中型墓 6 座，小型墓 54 座，车马坑中兼埋车马的 2 座，马坑 12 座。墓葬顺淇河取东西方向扩延，大型墓多在辛村房舍下，自北向南依次排列，中小型墓在村东亦按北南排列。

墓葬形制皆呈口略大于底的长方形竖穴土坑，墓底部筑二层台，中间构筑椁室，墓壁有的涂以秫泥，墓底有的铺碎米礓石。棺椁多已朽。葬式常见仰身直肢。墓主头均向北。墓中随葬品的位置，礼器在墓室北侧的二层台上，车马器多在南侧或东南角，兵器一般置东西两侧，棺椁之内多放贝玉类。椁顶板放置车马饰，填土中葬以车器。中型墓也有在墓南壁上钉挂络头马冠的。

大型墓的平面结构为中字形，均有墓道，南侧墓道较长，为斜坡式，北侧墓道较短，为台阶形，墓室长 6.30～10.60 米，宽 5～9 米，深 6.60～11.80 米（图二〇）。均有棺有椁，墓底均铺有朱砂。其中 M17 和 M15 东西两两并列，规模、形制相同，墓主为一男一女，可能系夫妇祔葬。八座墓均遭盗

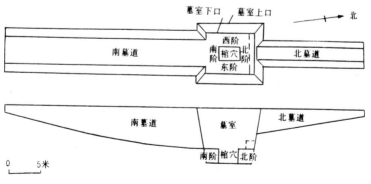

图二〇　浚县辛村 M1 平、剖面图

掘，残存随葬品仅有一些车马杂器、兵器和骨器、蚌器、牙器的装饰品等。

中型墓为长方形竖穴土坑，墓室长 2.85～3.90 米，宽为 1.60～3.20 米，深 5.10～10 米。葬具有的有棺有椁，有的仅见椁痕。M60 出土铜礼器六件，有铜甗、鼎、尊、爵、卣、簋。据青铜尊的铭文可知墓主人名陆，曾从卫公到过宗周就职，明确了墓主的身份及时代。墓中出土的这一组铜礼器，铭文称谓不一，卣铭边，尊铭陆，称父乙，爵称父癸，鼎铭束父辛，但同出一穴，或是其先世遗存物。　·

小型墓皆竖穴土坑，形制较小，埋葬亦浅，多有棺，随葬品一般只出陶器，个别墓中也有铜器，如鼎、簋及车马杂器。其中 M68 中残存的甲泡背面铸有"卫自易"字样，标明了墓主人的国人身份。

车马坑中最大的一座即 M3，葬车 12 辆、马 72 匹，另有犬骨 8 具，其位置接近大型墓 M17，似属该墓陪葬坑。

辛村墓地位于淇水之滨，南距卫都朝歌不过 20 公里，墓葬分布密集且排列有序，且无打破叠压关系，大、中、小型墓兼备，显然是一处经严格管理的族坟葬地。结合《史记·卫世家》的记载，可以确定这是一处卫国贵族墓地。辛村卫国墓地的年代，大致可分为早、中、晚三期，从西周初年到公元前 7世纪卫灭于狄时期。

（10）虢国墓地

虢国墓地位于今河南三门峡市上村岭，墓葬排列有序，等级齐全，独具特色且保存完好。墓地南北长 590 米，东西宽 550 米，总面积 32.45 万平方米，墓葬总数（包括车马坑和祭祀坑在内）达 500 座以上。

墓葬形制皆为竖穴土坑墓，以底略大于口的多见，也有墓壁上下齐大者。葬具有棺椁，分一椁二棺、一椁一棺、无椁一棺和无棺椁者几种，随葬品的放置有一定规律，棺盖、椁盖上放置具有宗教意义的石戈等，椁内棺外四周放青铜礼器、兵器、车马器等。棺内死者身上有装饰品，许多墓还有玉质装饰、殓玉等。

根据墓葬的排列情况，将所有墓葬分为八组、南北两区。第一、二、三组位于南区，是 1956～1957 年的发掘区，在此区发掘出大、中、小型墓 234 座，车马坑 3 座和马坑 1 座[123]（图二一）。北区包括第四组至第八组，20 世纪 90 年代的发掘区共清理墓葬十几座，车马坑和乱马坑各数座[124]。八组墓葬是依墓主身份的高低由北向南依次排列。北区的第四至六组的墓葬在界沟以南，多为中小型墓。

第七、八组处于墓地最北端，目前已查明有 116 座大、中、小型墓葬、车马坑与祭祀坑，是整个虢国墓地中最为重要的墓葬区，埋葬着数位国君、众多的高级贵族，以及祔葬的车马坑、祭祀坑等，目前发现的车马坑有 11 座，埋 50 辆战车和百匹战马。

北区西部是第七组墓葬，以 M2001 最为重要[125]。此墓为重棺单椁。出土各类随葬器物 3200 余件，包括铜礼器、乐器、兵器、车马器、玉礼器和装饰玉器、金饰器、象牙器、棺饰及铁、陶、竹木、皮革、丝麻织物等类（图二二）。铜礼器中铜鼎 10 件，包括一套 7 件列鼎和 3 件明器。鼎铭为："虢季作宝鼎季氏其万年子子孙孙永宝用享。"其他各器铭文内容基本雷同。乐器类有铜甬编钟一套 8 件，铜鉦 1 件及石磬一套 10 件。八件编钟各钟铭文自成一篇，均有"虢季作宝"字样。

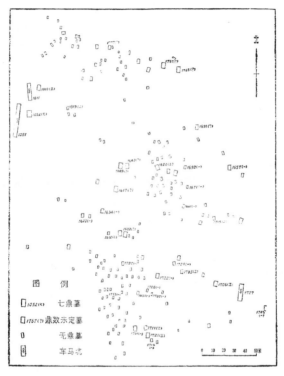

图二一 三门峡上村岭虢国墓地墓位图

随葬品中的玉茎铜芯柄铁剑，长约 33 厘米，经北京科技大学冶金史组鉴定，认为系人工冶铁制品，从而把我国人工冶铁的历史向前推了近 200 年，成为目前考古发现年代最早的人工冶铁实物。在墓中出土的大量玉器中，尤以玉幎目的发现引人注目。它以分片玉制成人体面部各器官的形象，用丝线通过穿孔连缀于丝织物衬底上，穿孔处均附一颗细小的玛瑙珠以防滑脱。这显然是汉代盛行的"玉衣"的祖型。据青铜器铭文可知，墓主人应为"虢季"，铜甬编钟铭文"用义其家，用与其邦"，俨然出自宗主国君之口，因此可以认定 M2001 的墓主是虢国的一代国君。其入葬年代为西周晚期。在该墓东侧有一大型车马坑，内埋战车 16 辆和 70 多匹马，属其祔葬坑。

M2012 与 M2001 相邻[126]，其形制和葬具与 M2001 相

图二二　三门峡虢国墓地 M2001 墓室

同，随葬品也比较丰富，仅铜器就有 394 件。实用铜礼器 26 件，合五鼎四簋之制，未见乐器。在周围有一个至少埋 19 辆车的大型车马坑。根据 M2012 青铜小罐上铭文有"梁姬"字样，可知墓主为梁姬，身份为夫人。该墓中出土的多数器物与 M2001 的相同或相似，墓葬又与 M2001 邻近，应是虢季夫人墓葬。在 M2001 南侧有四个较小的墓，即 M2016～2019，四墓分布密集，葬具均为一棺一椁，四墓应是 M2001 墓主的侍从类。而 M2016、M2017 不仅随葬鼎、簋、盘等青铜礼器，而且各祔有车马坑，其身份应相当于士一级的贵族。

　　北区东部为第八组，是虢国墓地级别最高的一组墓葬。以 M2009 为最重要[127]。在该墓的东、北、西三面，车马坑和祭祀坑排列密集而有序，多数与该墓有关。该墓葬具为重棺单椁，外加大型棺罩。墓中随葬品的数量、种类等，均超过 M2001。在种类丰富的随葬品中，仅青铜鼎就有 30 余件。众多的青铜礼器上面多铸有铭文。其中除四件铜盨铭为"虢仲作虢妃宝盨子子孙孙永宝用"外，余均为虢仲自作器。墓中出土了四套乐器，其一套八件自铭为"宝铃钟"的钮钟，内容十分重要。还出土各类玉器 800 多件（套），可分为礼器、生活装饰器、工具类器、敛玉等，其中部分玉器为商代遗物。一些玉器上刻写或墨书文字，内容为玉遣册，用墨在 10 余片圭形玉上书写送葬者姓名及所送物品。其中有毛笔写的"南仲"等字样，这是我国目前发现最早的毛笔字。此外，四件铁刃铜器均为西周晚期，比较罕见，计铜内铁援戈、铜骹铁叶矛、铜銎铁锛、铜柄铁剑各一件。这四件器物经北京科技大学冶金研究室鉴定，一件为人工冶铁，三件为陨铁制品，是考古学和冶金史研究中非常重要的材料。9 号墓还出土一套完整的麻织品衣物，在同时期考古遗存中尤为少见。该墓青铜礼器的配置是九鼎、八簋、八鬲，结合铜器铭文"虢仲"作器，说明墓主是虢仲，其身份应为虢国一代国君，入葬年代为西周晚期的宣王之世。

M2011 也是一座九鼎墓，单棺单椁，铜礼器组合中唯缺编钟。墓中随葬的一件铜斧上铸有"太子车斧"铭文，知其为太子墓。墓葬年代也当为西周晚期[128]。邻近的 M2010 出土了 1693 件随葬品，青铜礼器为五鼎、四簋、二壶和盉、盘、匜各一件[129]，墓主应为大夫一级，其年代在西周末年。

总之，北组墓葬分布密集，排列有序，有随葬九鼎、七鼎或五鼎、三鼎者，墓旁均有车马坑随葬，出土有大量的精美随葬品。这一区应是虢国国君的兆域。

南区规格最大的墓是 M1052[130]，据墓内出土的"虢太子元徒戈"，知墓主身份为太子。这是一座重椁单棺墓，随葬器物共 970 件，有铜礼器、乐器、车马器、玉石器。铜礼器组合计列鼎一套七件，钮钟一组九件，另有铜钟一件。其西面的 M1051 车马坑埋葬 10 车 20 马，应为其祔葬的车马坑。该墓年代在西周晚期宣王前后[131]。

（11）宝鸡弓鱼国墓地

1974～1981 年，在陕西宝鸡市渭水两岸的茹家庄、竹园沟、纸坊头等地发现一批西周遗存，发掘了墓葬 27 座、车马坑 2 座、马坑 4 座[132]。这三处墓地布局完整，保存完好，早晚序列明确，具有独特的考古学文化特征。

纸坊头在渭水北岸。仅有发现的一号墓因雨塌陷，墓葬形制不清。在二层台和泥土中发现了 39 件随葬品。其中青铜礼器 14 件，有鼎 4 件、簋 5 件、鬲 2 件，盉、罍、觯各 1 件。2

号铜簋铭文为"弜白乍宝尊簋"，铜鬲内壁铭文为"弜白乍旅鼎"，觯内铭为"几父乙"。另有铜罐 4 件和一些铜车器、装饰品、陶罐以及原始瓷罐。

竹园沟在渭水南岸，发现的 22 座墓和数座马坑排列有序。所有墓向东南，无打破关系，形制都为长方形竖穴土坑墓。葬具大多为一棺一椁。墓地分为南、北、西区。北区又分作两大组，甲组位于墓区东部，有四座墓、两个马坑。四座墓间有一定距离，在其间没有发现小组墓群。四座墓均属西周早期，墓葬形制、随葬品组合类似，其中 BZM13 规模最大，随葬品最丰富。墓室长 3.75 米，头端宽 4.40 米，脚端宽 3.80 米。墓室填土中发现车軎、辕顶饰等，墓底有生土二层台。葬具为一椁二棺。左侧二层台特宽而平整，其上为殉葬妾属构筑一小椁，妾属椁右侧与墓主椁左侧仅隔以椁板。墓主为直肢葬。随葬品丰富，有青铜器、漆器、玉器、石器、骨蚌器、陶器。墓中铜器有三种组合，以鼎、簋、甗、豆为主的食器组合，以尊、卣、盉、觯、觚、爵为主的酒器组合和以尖底与平底铜罐为主的地方因素组合。26 件礼器中九件有铭文，铭文十分简洁，有覃父癸爵、觯、戈鼎、父辛鼎等。BZM7 中酒器铭文上有"伯各作宝尊彝"、"作宝彝"等字样。乙组在墓区西部，共发现 17 座墓。墓葬形制较小，出土器物数量、组合与甲组不同。其中最大的一座墓 BZM8，青铜礼器组合为一鼎一簋的食器，二卣一尊一爵一觯的酒器。该墓西部的马坑应为祔葬坑，内殉两匹马。其他小墓或有食器（鼎、簋为主）铜礼器或无青铜礼器，几乎无酒器随葬。

茹家庄墓地在渭水南岸，与竹园沟仅距 2 公里。发现四座墓和三座车马坑、马坑。该墓地墓葬规模较大，没有杂乱小

墓，有自己特定的区域，与周围地区墓葬有相当间隔。BRM1
是一座甲字形竖穴土坑墓，墓室长 8.48 米，宽 5.2 米，墓壁
光滑。墓道口及熟土二层台面上共有七具尸骨。椁室东侧有一
器物随葬坑，椁盖四角有四块卵石块，墓底有腰坑，内殉狗一
只。墓室中部为长方形椁室，有一道隔墙将椁室分为甲乙两
室，墓主居东部乙室，殉妾居西部甲室。甲室内有一棺，乙室
内有双棺。两死者均头南足北。该墓出土物十分丰富，放置有
序，二层台上放殉车、殉奴（御夫）。甲室头端棺椁间，放一
组青铜礼器，五鼎、四簋、二漆豆，三鼎三簋上有"儿"字铭
文，棺内放大批玉器。乙室外右侧有一葬坑，坑内放陶罐八
件，该室外棺盖上放一层车马器，棺椁间放青铜器、原始瓷
器，并在外棺椁盖和棺内死者身上放大宗玉、石、料器饰物，
墓主腰佩短剑两柄。在 BRM1 东侧为 BRM2，打破 BRM1 墓
圹两壁（图二三）。根据出土器物铭文，两者为夫妻异穴合葬
墓。BRM2:5 鼎铭为"强作井姬用鼎"，BRM1 器物铭文大多
为"强伯自作用鼎簋"。BRM1 乙室为墓主强伯，共出青铜礼
器 42 件，有炊食器、乐器组合、水器、酒器。BRM1 甲室仅
有五鼎四簋，为妾殉葬。BRM2 有鼎、簋为主的炊食器和盘、
盂为主的水器，缺少乐器、酒器、兵器，又有单独的墓室殉二
人，葬具为一椁双棺，结合铭文应为妻墓。

报告作者依据三地出土的资料，排定了强伯家族世系：纸
坊头 BZFM1 墓主强伯（文王晚年、武王、成王前期）→竹园
沟 BZM13 墓主（成王后期、康王前期）→竹园沟 BZM7 墓主
伯各（康王后期、昭王前期）→茹家庄 BRM1 墓主强伯（昭
王晚年、穆王之时）。也就是说，强伯墓地主要存续于西周早
中期，中期以后墓至今未发现。

图二三　宝鸡茹家庄 M1 甲、乙及 M2 平面图

M1：A、B、C、D、E、F、G. 殉人　Ⅰ～Ⅲ. 车轮痕　①～⑧. 陶罐

M2：（A）、（B）. 殉人

弻国墓地具有自己的文化特点。首先，在墓葬习俗上，与
关中地区周人墓有一定差异。虽然是以长方形竖穴土坑墓为
主，但墓圹头宽足窄，平面略呈梯形；在椁室上部的填土中或
椁室内常发现砾石随葬，在一些较大的墓葬棺室内也发现成组
小石块；陶器组合以罐为主，各种罐进行组合，鬲、罐或鬲、
豆、罐组合极少。陶罐多放在二层台上，或带入椁内、棺内。
在等级较高的墓中流行以妾殉葬。

弻国墓地最明显的特征在于它的随葬器物。青铜器依其组
合和特征可分为三类。甲类青铜礼器是整个墓地的主流，鼎、

簋、觯、卣、爵、豆等类器物组合、形态、花纹与关中地区相似。乙类又分为 A、B 两组，A 组地方特征浓，鼎、簋搭配组合，但器体低矮、扁圆横宽，通体素面无纹。B 组为混合组铜器，既有中原青铜器风格，又有所创新，如尊、卣下腹外鼓，底部有四个扁形虎足状足。丙类是典型青铜器组，尖底罐、平底罐、浅盘器、曲柄斗形器四件一组，基本仿陶器而作。而且四件器物基本共存，器形虽小（多系明器），但与青铜礼器摆放在一起。弭伯墓地的陶器也可分为三组器群。第一类是以尖底陶罐和各种类型的平底罐为代表的罐类。几乎每墓都成群出土，为陶器主流。尖底罐是早期蜀人的典型器之一。各种平底罐是弭国特有的一种陶器。第二类陶器以马鞍形双耳罐和单鋬双联罐为主，表面粗糙，多为手制，其特点与寺洼安国类型陶器相似。第三类陶器是鬲、罐、豆组合，其特征亦接近周人的，但这类数量少，在整个陶器中属末流。由弭国墓地的器物看，该地的青铜礼器与陶器分组恰好相反，在陶器上，始终以尖底罐、各种平底罐为主，青铜礼器却趋于周人的规范。

弭国墓地的发现反映出该地在西周早中期寺洼文化因素、早期巴蜀文化因素与周文化因素共存的情况，这种共存现象反映了不同民族、不同文化之间相互交流融合的历史[133]。弭国的地望，大体中心区域在宝鸡渭水以南，清姜河西岸。兴盛阶段北界逾渭水与矢国相邻，南界越秦岭至嘉陵江上游各地，主要区域在今陕西凤县、甘肃两当一带[134]。

关于弭国墓地的族源，发掘者认为是古代氐人一支，属于古文献中失载的古弭国文化，后迁到四川，与早期蜀文化关系密切[135]。有学者认为弭国是早期巴族的一支，经陕南进抵宝鸡渭河两岸，并认为太伯奔荆蛮就是投奔到古弭国[136]。另有一种意见认为，该墓地是位于古散国的一个大夫家族墓地，并非强国，其来源于早期蜀文化，西周中期衰落，但不一定迁入四川[137]。

2. 东周墓葬

（1）太原晋墓

1987年以来，在太原南郊晋阳古城北边3公里的汾河以西，发掘了1000余座东周墓葬。

最大的墓M251为晋国赵卿墓[138]。该墓坐西朝东，为大型木椁竖穴土坑墓。墓圹口大底小，上口东西长11米，南北宽9.2米。椁室上下和四周填塞河卵石和木炭，其上再层层夯筑。椁室由柏木枋搭制而成。椁室正中是墓主的棺厢，由内外三层套棺构成。在主棺厢的左上部和下方，还有四具单棺陪葬，棺内各葬一人，皆随葬少量玉佩和饰件。殉人中两个为青年女性，一个为成年男子，一个性别与年龄不清。主棺的铺首铜棺环犹在，外层棺有12个棺环，中层棺有8个，内层棺有4个。墓主仰身直肢葬式，是一位65~70岁的老年男性。

墓内随葬器物3000多件，墓主从头到脚放置玉饰，腰部有纯金及铜错金带钩，周围放置青铜兵器，内棺四角放置小玉龙，内棺与第一层棺之间又置四件铜戈。墓主棺室之外，在东部头厢位置随葬有青铜礼器、炊器110件。南侧面放置许多青铜兵器和青铜工具，北侧置各种青铜小饰件，西南角的陪葬棺上放置了近百件青铜兵器、车马器和生产工具。西北角是放置乐器的地方，在陪葬棺之上放置两套19件铜编钟、13件石编磬，附近还有一件青铜帐篷顶。

赵卿墓的车马坑与墓之东北角仅距7.5米，呈曲尺形，总面积110平方米，坑内分两列顺序放置车16辆、马44匹（图二四）。

　　M251 出土的铜礼器组合为鼎、豆、壶、盘、匜、甗、舟、鉴，是春秋晚期礼器组合。铜器纹饰与侯马晋国铸铜作坊所出的春秋晚期陶范纹饰相同，其年代应在春秋晚期。随葬器物中礼、乐、兵、车四类俱全。礼器为一套七鼎（或加一套太牢九鼎[139]）组合，乐器32件。该墓墓室较大，三层套棺，

图二四　太原晋国赵卿墓车坑

祔葬车马坑，据随葬器物情况推测，墓主身份应为卿大夫一级，内棺出土的一件铜戈上刻"赵孟之御戈"。结合史籍记载，墓主极有可能是赵鞅，此人生前拥有的政治军事实力大大超过一般晋卿和小诸侯，使用的棺椁、随葬品显然僭越礼制，反映了当时礼制的混乱和卿大夫的专权。

在 M251 东侧又发掘了一批东周墓，时代属战国早中期，位置在赵卿墓下方，墓主极有可能是赵卿后代，该墓地应是晋国赵氏家族墓地[140]。

（2）魏国墓葬

魏国墓葬，主要分布于河南省，包括豫北辉县、汲县、汤阴和豫西的陕县、三门峡以及豫中的郑州等。

1）山彪镇墓地

山彪镇墓地位于汲县城西 10 公里的唐庄乡山彪村西[141]。已发掘的大墓 M1，形制为平面近方形的竖穴土坑，在墓室底部铺一层木炭，木炭上铺一层石块，石块上铺椁底板。墓室四壁以成段木炭叠垒围成方墙，其内置椁。木椁外及炭墙间以卵石填充。椁室内置棺。随葬品置于棺椁之间，棺室四周殉葬有四人。

随葬品放置整齐，西侧为礼器与炊器，南侧为钟镈石磬等乐器，东南隅以车马饰件为主，东侧及东北隅主要为兵矢之属，北侧大都为小器作工具类。有铲币分放四隅，又有小件车马兵器，则遇隙安放。其中铜器占 90％以上，共 1447 件，包括礼器、乐器、兵工器、车马器、杂器共五大类。礼器类，14件鼎中有列鼎一套五件，两对华盖壶与新郑所出的一对莲鹤方壶风格略似。一对嵌红铜鉴，以水陆攻战图闻名世界，内容系东周战况写实，又似有中原部族与吴越部族交战的故事隐于其中。乐器类包括编钟两组（镈钟和编钟）及石磬一套 10 枚。兵器工具类共计 196 件。其中 M1:209 号戈援基部错金四字："大緐铸戈"，另一面错一"旨"字。M1:161 号戈援刻"周王口Ｙ元用戈"七字。该墓是一位魏国贵公子墓，时代约为战国晚期。

2）辉县诸墓地

今河南省辉县在周初属共伯国，春秋时属卫，战国时属魏。

在辉县城东南郊的琉璃阁发掘 80 座战国墓葬[142]，其中坐东向西、排列有序的有 62 座，坐北朝南的 11 座，坐西向东的 2 座。依墓葬规模可分为大型墓和中型墓两类，大型墓葬 9 座，墓口长约 7 米以上，棺椁俱全，随葬品有铜礼器、乐器、兵器、车马器、玉器及其他杂器等，或有祔葬的车马坑。中型墓 27 座，墓口长一般在 6~7 米之间，葬具或有棺有椁，或有棺无椁，随葬品多置于棺椁之间，随葬品种类有陶、铜、石、骨、蚌、贝、泥、铁（图二五）等。这批墓的年代有早晚之别，可分为五期，其绝对年代约为公元前 445 年魏文侯初立国至公元前 225 年秦灭魏，历时约 220 年。其中第一期以特大型墓甲、乙为代表，位处整个墓地最东，第三期墓位居墓地之中部，第五期墓主要分布在西部，也有在中部、东部者，本期墓的墓向变更，多头向北。陶器组合从鬲、豆、罍演变为鼎、豆、壶组合。葬式的变化由直肢葬多见到直肢、屈肢葬共存，再到屈肢葬多见。第五期似与第四期年代有间隔，系原墓地停用后再度埋葬的。

辉县城东 3 公里的固围村曾发掘一批墓葬。该墓地东西长 150 米，南北宽 135 米，墓地中心为隆起 2 米的高台[143]。其

图二五　辉县琉璃阁 M59 狩猎纹壶花纹拓本

上并列三座大墓，墓葬形制及随葬品方面有较重要的发现。在辉县县城西南约 15 公里处的赵固村发现七座战国时期墓葬，也比较重要。

　　3）陕县后川墓地

　　1957 年在陕县后川发掘了 90 余座东周墓葬[144]。除几座属春秋墓外，其他均为战国墓。这批墓葬中出土了大量的青铜器，其中 M2040 出土各类随葬品达 1656 件，仅大型铜礼乐器就有大约 70 件，有三种形式的列鼎。其他墓葬的随葬品规格也都较高，该墓地应属魏国高级贵族葬地。

4）汤阴墓地

汤阴在战国时期是魏赵两国交界之地。1982 年上半年，在汤阴县城西五里岗发现一处古墓群，在 20 余万平方米的范围内发现墓葬 4000 多座，墓葬分布密集，排列有序。已发掘的 210 座墓均为竖穴土坑墓，出土有大批铜、陶、铁、玉、料器等。经鉴定死者多系男性青壮年，有些死者身上尚遗留有射进的铜镞，有些则具有明显的刀砍痕迹，他们的身份当为一批战死者，这里或为一处战国晚期的阵亡将士墓地[145]，可能与历史上魏信陵君"窃符救赵"事件有关。

（3）曲阜鲁城墓葬

曲阜鲁城分布着许多两周墓葬，集中于望父台周围、药圃东北、县城西北角、鲁城西南部农林局院内"斗鸡台"等地。四处墓地中，除"望父台"外，其余三处墓葬内涵较一致，显然分属两个类型。后者暂称为甲组墓，前者为乙组墓。

甲组墓共 78 座，为中小型墓，年代从西周早期到春秋末期。皆为长方形竖穴土坑，墓圹较宽，大多数的墓宽超过其长度的 1/2，春秋时期墓的墓室显得更宽些。墓底都有熟土二层台。相当一部分墓墓底中央有腰坑，内殉狗一只。葬具多为一棺一椁，也有单棺无椁。葬式基本为仰身直肢。墓主头向，西周时期墓基本向南，药圃墓地东周时期墓的头向亦基本向南，县城西北角的东周时期墓头向基本向北。有些墓两墓或三墓成组并列。

甲组墓一半墓内有随葬品，以陶器为主。西周墓的陶器多放在棺椁之间，人骨胸部和两侧放蚌饰，头侧棺椁之间或椁顶填土中放动物肢骨和肩胛骨。春秋墓随葬品放置不甚规律，随葬品种类有铜、陶、玉、石、骨、角、蚌器。西周墓陶器以鬲、簋、豆、罐、盂为主，存在四鬲、四簋、四豆、四罐的组合；春秋墓陶器以鬲、簋、豆、罍、盂、罐为主，春秋晚期出现了盖豆、华盖壶、华盖簋等新器形。

乙组墓共 51 座，其中西周墓 39 座，东周墓 12 座。西周墓大多数是小型墓，全为竖穴土坑，墓圹相对较窄。墓口和墓底大小基本一致，有熟土二层台。东周墓绝大部分为大中型墓，排列有一定规律。葬具以一棺一椁为主，单棺无椁次之，四座大墓为一椁二棺，棺均髹漆。墓主头向以北为主，葬式以仰身直肢葬为主。有些墓主口含或手握玉石饰件。西周墓的随葬品中陶器和铜器大都放在死者头部或足部的二层台和椁盖上，兵器多在棺椁间，车马器在足部或身侧的椁盖上，玉器多随身。东周墓的陶器、铜器、车马器和兵器放在椁的四周。

乙组墓随葬的铜器包括容器、兵器、车马器、服饰器。陶器大部分是明器，西周墓随葬陶器只有鬲和罐，鬲为仿铜器，罐均平底，其年代从西周早期到西周末期。东周墓陶器组合以釜、罐、壶（罐式壶）、罍为主，其中罐以 12、14、16、18 等偶数组配，其年代包括春秋末期和战国早、中、晚期。

1981 年，在鲁城北部林前村发掘了 30 座春秋墓[146]，这是一处"族坟墓"，几乎每座都有随葬品，其中 1/3 以上随葬青铜礼器，器形与中原地区的完全一致，但陶器的基本组合是鬲、罐，属于鲁城乙组墓，即周人墓。

上述甲、乙两类墓，前者具有自身特点（或继承当地商文化)，后者与陕西周人墓特征相似，应是分属当地土著夷人和周人的墓葬。两个族属的人同居一地，死后保持自己的埋葬习俗。

(4) 临淄齐国故城墓葬

临淄齐故城东南8公里的临淄齐陵镇和青州东高镇一带是田齐王陵区。这一带"四王冢"和"二王冢"规模庞大，长期以来被认为是田齐国君的陵墓。四王冢紧密相连一起，东西成一直列，全长700米，南北宽245米（图二六）。除第三冢台基为二层外，余三冢皆有四层台基，第一、三、四冢之北各有一陪冢，封土形制与四王冢相同。勘探表明，在面积为560万平方米的范围内发现有墓道的袝葬墓74座，面积一般在400平

图二六　临淄故城齐四王冢

方米左右，平面呈甲字形、中字形或曲尺形，墓道方向以向南为主。小墓 300 余座。墓葬排列有序。仅四王冢正北 600 米见方的范围内就有墓葬 25 座，按四排分布[147]。

1990 年，在田齐王陵区发掘了四座战国时期的墓葬[148]，均为甲字形竖穴土坑墓。2 号墓面积近 270 平方米，平面呈甲字形，残存夯打的封土堆，有一条斜坡状南向墓道。墓室可分为地上、地下两部分，墓壁经修整，椁室位于墓室中部偏南，用自然巨石块垒筑椁壁，上下铺盖方木，椁内二棺，椁室后部有长方形殉葬坑，坑内殉 12 人。殉人骨骼保存完好者经鉴定均为年轻女性，应为墓主的宠妾婢女。随葬器物摆放有序。陶器、陶俑放在殉坑上部和两侧的二层台上；铜、石、乐器放于椁室北侧的二层台、殉坑东侧和椁室内；兵器均出于椁室内；漆木器多放在北壁二层台上。未发现青铜礼器，可能与早年被盗有关。陶礼器组合完整，其配置为七鼎六簋。乐器有青铜编钟 34 件和石编磬 24 块三组。墓内清理出车 22 辆、车轮 46 个，系将车拆开后放置。车子包括用于战事和田猎的轻车类、墓主乘坐的安车类和用来装载货物的大车类。在该墓北侧 13 米处，有一殉马坑与 M2 墓室前后平行，东西两侧超出墓室部分左右对称。马坑内共殉马 69 匹，东西单行排列。

2 号墓的陶礼器组合和形制具有春秋末期遗风，盖豆、敦等器类多见于战国早期，墓之年代相当于战国早期。墓内出土的一件铜戈铭文为"国楚造车戈"，铭文格式、文字特征为齐国特有风格。墓主名为国楚，由埋葬情况知其地位甚高，是齐国的一位颇有权势的卿大夫。

1992~1993 年，在临淄区永流乡商王村西侧发掘了四座战国晚期墓[149]。其中 M1、M2 两墓东西并列，均为中型长方形竖穴土坑墓，葬具为一棺一椁，墓主头向北，仰身直肢，随葬品大部分置椁外棺内，少数放棺椁间。随葬品有铜器、陶、铁、银、石、漆、玉器等，其中一件鼎上有铭为"工师厔"，一件盒及盖上有"约奠"二字，一件耳杯上有"少司马□□之时"和"杯大贰益冢（重）叁十儥（货）"铭。M2 出两组 14 件编钟。M3、M4 为中字形墓，有南北两条墓道，北墓道为斜坡式，墓坑四壁和墓道两侧有多层台阶。墓壁与墓道出阶表面均涂一层白灰面，墓底有宽大的生土二层台，二层台四角有 2～4 个陪葬器物坑。椁室在墓室中部，椁底填充鹅卵石。棺椁均朽，因早期被盗，几无随葬品。这四座墓均为夫妻并穴合葬墓，墓主系齐国贵族或王室成员。

在大城东北部的河崖头村附近是一处姜齐贵族墓地，目前已探出 20 余座大中型墓，并发掘了其中的 M5 及其附近的大型殉马坑[150]。M5 椁室盗扰严重，形制不明，但为之袝葬的马坑殉马数目相当多。该殉马坑于 M5 东、西、北三面成曲尺形排列，分别长 215 米、70 米、75 米。殉马数目相当多，仅 1964 年在北面 54 米长的一段，就清理了殉马 145 匹。经分析，M5 及其殉马坑年代应在春秋晚期。该墓现存墓室面积 614 平方米，夯筑墓室的夯土范围加上殉马坑，占地面积可达三四千平方米，坑内殉马按马坑排列密度可达 600 匹以上，如此规模的墓，非国君墓莫属，发掘者推测墓主为齐景公。

在临淄故城南墙南边约 500 米的郎家庄发现一座东周殉人墓[151]。在齐鲁石化厂区发掘四座东周大墓[152]，墓葬规模皆较大，殉人数目较多，墓主身份当属卿一级贵族。

（5）中山国墓葬

1）中山王𰯼墓

在中山国都城附近发现了一些大墓，在城西2公里处西灵山下，并列着1、2号大墓。城内西北部东灵山下，并列着3～6号四座大墓。这六座大墓均有封土，附近有陪葬墓和车马坑，发掘了1号、6号两座墓[153]，这两座墓上部均有夯筑封土和享堂基址，两墓结构大体相同。1号墓保存较好，封土东西宽92米，南北长110米，高约15米，呈三级台阶状，封土及平台均夯筑，可复原为一座回廊环绕、上盖瓦顶、以夯土台为基的台榭式建筑。东南侧有车马坑一座，西侧有车马坑、杂殉坑、葬船坑各一座，东、北、西三面有陪葬墓数座。墓平面为中字形，由南墓道、北墓道、椁室、车库、东北库、西库六部分组成。石砌椁壁，厚约2米。椁室积石积炭，早经盗扰，只剩下"兆域图"铜板和一些小件器物。东西两库保存完好，出土物极为丰富，有铜器、玉器、漆器、陶器等。6号墓规格稍小，墓东有两座陪葬坑，墓西有一座陪葬坑，墓南两座为车马坑。

两墓现存遗物1.9万余件。1号墓出土的"中山王陵兆域图"铜板，现长94厘米，重32.1公斤，上面用金银镶错出中山王陵的平面规划图，这是目前所知最早的建筑规划设计图。图中各处建筑均标有名称、位置、尺度，还刻有中山王命铭文（图二七）。

1号、6号两墓出土的青铜器造型奇特。山字形巨大铜器是前所未见的仪仗性器物，如6号墓出土的六件，均高1.43米，其下部銎内残存木质，大约原来悬挂在旗杆上，是王权的象征。错金银虎噬鹿形器座、错金银龙凤方案、错金银犀形器座、错双翼神兽、银首人俑铜灯、十五连盏铜灯等铜器形态奇丽，具有强烈的艺术感染力。青铜器大多有铭文，

图二七　中山王墓出土兆域图铜版

铭文字数最多、最重要的三件青铜器是铁足中山王▉大鼎、夔
龙纹中山王▉方壶铭和鎜（▉之嗣子）圆壶，一般称为"中
山三器"。鼎和方壶铭文是中山王▉对嗣王的告诫，圆壶是
嗣子鎜对先王的悼词。铭文不但确证墓主为▉，而且记载了
几代中山王世系和史书无载的中山伐燕的史实。中山王▉鼎
铭记载，中山国也参加伐燕战争，相邦赒亲率三军，夺得
几十座城池。中山王▉告诫嗣子防止燕国事件在中山国重
演。

　　中山国王墓的形制、出土物与韩、赵、魏三国王陵无多大
区别，而黑色磨光的暗纹陶器、多种帐幕构件及动物造型的金
银错铜饰，可能是游牧生活的孑遗。

　　2）中小型墓

中山国境内发现了一些中小型墓葬，时代为春秋末到战国前期，墓葬既有华夏习俗，又具有浓厚的北方游牧民族特征。这类墓在行唐李家村、庙上村，唐县北城子、钓鱼台，平山访驾庄、中七级，新乐中同村都有发现[154]。如新乐中同村 M2 为一长方形竖穴土坑积石墓，出土了铜鼎、甋、盖豆、盘、勺、壶、舟等器类，与中原地区常见的类似，但金盘丝、环首削、金坠饰等为北方民族所特有。

（6）雍城秦墓

1）秦公陵园

秦公陵园在雍城秦人墓地之南，位于今凤翔县南部的古三畤原上，东西长约 12 公里，南北宽 3 公里，总面积约 36 平方公里。目前已钻探出 49 座大墓。墓葬平面形制可分为丰字形、中字形、甲字形、凸字形、刀把形、目字形和圆形七类[155]，在陵区西、南、北侧发现宽 2～7 米、深 2～6 米的隍壕。根据隍壕设施、墓葬形制和布局，这 49 座墓可分为 14 座陵园，每座陵园由不同类型的大墓 2～8 座组成。陵园大多坐西朝东，仅 14 号陵园坐北朝南。墓葬以右为上，1 座丰字形、18 座中字形大墓作为主墓居右或偏中。5 座甲字形、1 座刀把形大墓等祔葬墓依次排列在左下方；6 座凸字形、17 座目字形车马坑排列在右前方。每座陵园及部分中字形大墓的周围都设有中隍或内隍，内外隍壕（护陵沟）总长达 35 公里，形成一道道人工屏障。钻探表明，墓葬无封土，但发现残存的"享堂"遗迹，墓葬底有填泥、积炭等防潮设施。

1 号陵园是陵区中最大的陵园，位于陵区中部偏北处，坐西朝东，自南向北错列两座中字形墓和一座甲字形墓，每座大墓的右前方均有一凸字形或目字形车马坑，椭圆形坑位于陵园北部偏东处（图二八）。1 号陵园最南面的 1 号墓，即秦公 1 号大墓是迄今所知全国已发掘先秦墓葬中最大的墓葬。该墓平面呈中字形，坐西朝东。墓室长 59.4 米，宽 38.5～38.8 米，深 24 米，墓道呈斜坡状，东道长 156.1 米，西道长 84.5 米。大墓全长 300 米，总面积 5334 平方米。葬具分主、副椁和棺，主椁以两端有榫头的柏木枋垒砌而成，这是我国目前发现最早的黄肠题凑实物例证。在墓室土圹四周及墓道填土中共发现 186 个殉人，数量巨大。该墓虽屡经盗劫，但仍出土铜、铁、金、玉石、陶、漆木器和丝织品等各类文物 3500 余件。其中铁锸、铁铲等铁器的发现，增添了我国早期铁器的珍贵资料，

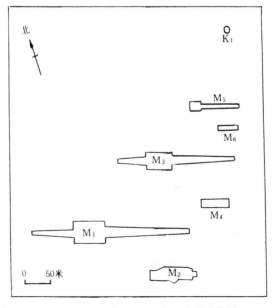

图二八　雍城秦公一号陵园平面示意图

并发现了我国最早的木碑。根据墓中出土石磬上所刻"天子匽
喜，龚桓是嗣，高阳有灵，四方以鼏"的铭文，推断墓主为春
秋中晚期的秦景公。

2）雍城秦人墓地

在雍城之南、秦公陵园之北的高庄、八旗屯、南指挥西
村、邓家崖等地[156]分布着绵延 10 多公里的秦国小墓群，经
过发掘并发表资料的有 174 座墓葬、7 座车马坑。

秦人墓的墓葬形制有长方形竖穴土坑墓和洞室墓两大类。
春秋时期的墓葬均为竖穴土坑，早期为狭窄式，中期出现宽敞
式。战国中期出现洞室墓，有"平行式"、"垂直式"、"直线
式"三种，晚期以"直线式"洞室墓为主要的墓葬形制。墓主
头向大都朝西或稍偏北。葬式有直肢和屈肢两种，除葬式不明
者外，以屈肢葬占多数。葬具普遍使用棺椁，多见一棺一椁，
在棺椁间放置随葬品。礼器和生活用具竖穴墓多放在头箱或头
部二层台上，洞室墓多放在壁龛中，少数放在边箱，兵器放在
边箱和墓主身侧，金玉之属放在棺内。犬羊牺牲置于椁上或二
层台上。

在春秋和战国早期墓中，多见殉奴。春秋早中期墓葬，宽
度在 2.5 米以上者，大多设壁龛殉奴，殉奴均为匣殉（放在木
匣中），仰身或侧身屈肢葬，随葬有蚌琀、玉玦、玉璧、玉圭
等随身品，这些殉奴是死者生前的近身侍奴。在墓葬填土中也
发现有殉奴，似应是下葬时的祭祀牺牲。

秦人墓的随葬品多见陶器，铜器次之。铜器有鼎、豆、
壶、簋、盘、匜、甗、舟、盂等容器和戈、矛、剑、弩、矢、
镞等兵器以及各种车马器、生活工具、用具等。陶器有鼎、
豆、壶、簋、盘、匜、甗、喇叭口罐、鬲、盂、釜、盆等。困

在春秋晚期开始出现，随后流行，战国早期出现牛车模型，灶、缶、茧形壶、鍪在战国中期偏晚始见。陶礼器在春秋和战国早期多施彩绘。

车马坑多见于春秋时期，基本位于主墓左侧或脚下，形制为竖穴土坑。所埋车马数量每坑少者一车两马，多者三车六马，车马纵行排列，前后相随。坑内除埋车、马、御者和附属车马的什物外，还埋有羊、狗的整体以及牛、羊、猪的头骨和四肢。

雍城南郊的秦人墓延续时间长，从春秋早期一直至秦统一。依据随葬器物特征，可分为七期[157]。第一期相当于春秋早期，以铜礼器为主，组合为鼎、簋、瓶、盘、匜、盂等，伴出陶器（鬲、罐）和漆器等。第二期为春秋中期，以彩绘仿铜陶礼器为主，组合为鬲、鼎、豆、壶、簋、盘、匜、瓶。第三期为春秋晚期，仍以仿铜陶礼器为主，组合与上一期变化不大，陶囷、铜盘开始出现。第四期相当于战国早期，铜器微形化，成套的礼器可握于一掌之中。仿铜陶礼器仍流行，均无彩绘，器物组合基本同上一期，但器形变化较大，新出现牛车模型。第五期相当于战国中期，出现洞室墓。器物组合简单，主要是鼎、豆、壶，盘、匜少见，簋、瓶绝迹。本期偏晚始见缶、灶、茧形壶、鍪。第六期相当于战国晚期，陶器组合为鼎、壶、盆、罐，新出现了钫、镂。第七期相当于秦统一，陶礼器少见，实用器大量涌现，铜器以鍪、蒜头壶、钫、镜等实用器为主，鼎类不多见，陶器组合为缶、瓮、罐、釜、灶等。

（7）楚墓

在东起上海，北达山东、河南，西至四川，南迄两广的古代楚人活动过的地域内，都有楚墓的发现。其分布最集中的地区是在今湖北、湖南、安徽和河南南部。尤其湖北和湖南,几乎省域内遍布楚墓。楚墓数量巨大,发掘已超过 8000 座[158],占全国已发掘东周墓葬的 4/5 以上,而且类别齐全,时代序列清晰。

早在 1933 年就在安徽寿县李三孤堆发现了楚王墓,出土数千件重要文物,但因历经多次盗劫,墓葬遭到彻底破坏。据研究,墓主为楚幽王。

在河南淮阳县城东 5 公里的马鞍冢发现两座楚墓[159]。马鞍冢因两冢南北并列、形如马鞍而得名,实为两座大型合葬墓。北冢封土堆高 4 米,墓葬平面甲字形,墓室近方形,墓圹四壁以七层台阶依次缩小内收,其下为木构椁室。斜坡式墓道位于墓室东部,残长约 9 米,墓道两壁镶有壶形铜片,并插旗杆,墓内随葬品已于早年被洗劫一空。南冢封堆残高 2 米,墓葬平面中字形,墓室近方形,圹壁由五级台阶筑成。墓室东、西部各有一斜坡墓道。

北冢西约 35 米处,发现袝葬车马坑,坑中葬车 8 辆、马 24 匹、狗 2 只。马头朝西,排列有序,系杀死后埋入坑中。坑内随葬陶明器和泥质器物。南冢袝葬车马坑在主墓西 40 余米,坑内葬车 23 辆、泥塑马 20 余匹、旌旗 6 面。

根据一号坑出土的陶明器,其年代在战国晚期。墓主可能为楚顷襄王本人。北冢为其陪葬墓。

河南淅川县城南 50 公里的下寺有一处春秋楚国墓地。发现大中型墓 9 座、小型墓 15 座及相关车马坑 5 座[160],年代从春秋中期后段到春秋晚期后段。以墓地中部的乙组墓规格最高,有 4 座大中型墓葬南北并列,15 座小型墓分布在它们的南北两侧。墓葬形制均为长方形竖穴土坑墓,其中 M2 葬具一椁重棺，两具漆棺南北并列在墓室之西部。墓内出土各类随葬品计 6098 件（其中海贝 4432 枚），以青铜器和玉器为主。青铜器计 551 件，包括礼器 52 件。不少青铜器上面铸有铭文，如王子鯎鼎大小相次七件，均铸有鸟书铭文 86 字。铜器铭文涉及人物除王子午外，还有佣。该墓西部有一祔葬的车马坑，呈长方形，葬车六辆，南北排成一横列，马 19 匹系杀死后埋入。

关于该墓墓主及时代，发掘者认为铭文中王子午和佣为一人，即楚之令尹子庚，年代为公元前 552 年或稍后。也有人认为墓主为《左传》所载的继子庚（王子午）、子南（王子追舒）后任楚令尹的蒍子冯或芴子冯，年代在公元前 548 年[161]。或认为墓主为佣，佣系王子午之孙、王孙诰之子，王子午即铭文中所说"楚叔"，其时代约在楚平王末年（约公元前 516 年）[162]。

M1、M2 北面约 23 米，位于乙组墓最南边，规模稍大于 M2。棺椁为重棺单椁。出土随葬器计 449 件，主要为青铜器和玉器，还有少量石乐器。佣簠、佣盨鼎、邛淑示陣鬲、孟縢姬浴缶等铜器上均有铸铭。甬钟一套 9 件，有篆书铭文，人名则被锉磨去掉，显然经易其主。随葬器物无兵器和车马器，而多装饰品，墓主应为女性，即孟縢姬浴缶的主人。

M3 位于 M2 之北 18 米，葬具亦为重棺单椁，随葬品总数计 1100 件，主要为青铜器和玉器，内含串珠 952 颗。铜礼器计 24 件，有铭铜器 12 件，含佣器 6 件，郑中姬丹器 2 件，另 4 件作器者名字已被刮掉，应为易主铜器。M4 位于 M3 西北 6.5 米处，随葬品不多。

乙组墓葬中，M2 居中，M1、M3 各居其南北，三座墓性

别为一男二女，显系一夫多妻三人异穴合葬。男主人为楚令
尹，孟縢姬、郐中姬为妻、妾，M4 墓主或也为妻妾或身份更
低者。

天星观 1 号墓距纪南城 30 公里[163]。封土南北残长 25
米，东西宽 20 米，高 7.1 米，整个封土堆由灰黄色沙土堆成，
未经夯筑。墓坑平面长方形，原墓口南北长 41.2 米，东西宽
37.2 米，深 12.2 米。四壁设十五级生土台阶，逐级内收。墓
道设在墓室的南边，墓道两壁内收。葬具为一椁三重棺，木椁
长 8.2 米，宽 7.5 米，高 3.16 米，内分七室。以南室（前室）
最大，除当中棺室外，各室之上均有顶板。棺有三重，大小相
套。外层棺为长方盒形。

该墓有六个椁室被严重盗扰，仅北室未盗，保存完好。虽
青铜礼器绝大部分被盗，仍残存有陶器和青铜器、漆木器、竹
器、玉器、竹简等 2400 余件。其中整简 70 余支，保留 4500
余字，内容主要为遣策和卜筮记录。由竹简内容知墓主为邸阳
君番勶，下葬年代在公元前 361～前 340 年之间。

天星观 1 号墓东 24 米处为 2 号墓。该墓亦为长方形竖穴
带墓道的木棺墓，墓道朝南，墓坑长方形。残存二级台阶。葬
具为两椁两棺，外棺分为五室，南室主要随葬青铜礼器，东南
室随葬漆木器，东室放置乐器、礼器、丧葬用器、生活用具
等，西室主要放铜礼器、漆木器和车马器。该墓年代约在战国
中期。据两墓形制和随葬品看，2 号墓主应是 1 号墓主的夫
人[164]。

河南信阳市北 20 公里的长台关西北小刘庄后土岗上，分
布着六座土冢，发掘了其中的两座，均为楚墓[165]。两墓形
制、规格相同，均为带单侧墓道的甲字形墓，斜坡式墓道均位

于墓室东部。

1号墓墓室四壁为依次缩小的阶梯状土台四层。椁室四周填青膏泥。墓室底部中央设腰坑，坑内葬伫立状小鹿一只。椁室呈长方形，分前室、主室、左右侧室、后室、左右后室共七室，七室均用长方形枋木榫卯套合而成，共用枋木539根。其中主室结构复杂，主室盖板、壁板亦分外、中、内和底板，均为三层，棺分内外两重。内外均髹漆，外棺盖板和左右壁板与底板分别由四块独木板制成。

随葬器物903件。前室放竹简、乐器、漆案、铜鼎、铜盘、陶壶等日常用器，竹简内容类似后代墓志铭；主室置棺，棺内人骨架旁置各类玉饰和带钩等；左侧室置冥车；右侧室放漆案、俎、豆、杯和陶鼎等；后室置俑、镇墓兽；左后室有竹简、工具箱、床、席、案、几等，此组竹简内容即遣册；右后室有漆案、圆盘豆、跪俑、陶瓮和竹器。

随葬器物中乐器有铜编钟一组13枚，大小、重量均依次递减。钟体铣部正背面铸有铭文12字，铭曰："佳郘篙屈栾晋人，救戎于楚競。"同出的另有木质编钟架和敲击编钟的木质钟槌。1957年除夕，用这套编钟演奏的《东方红》乐曲，经中央人民广播电台播放传送至全世界。三件木瑟皆出自前室。其中一件彩绘锦瑟，在瑟之首、尾部及其立墙上绘有精美的作乐、狩猎和宴享图案，堪称我国古代的艺术杰作。木鼓两件，均以优质桐木制作。其中一件大鼓与两只尾部相对而连的彩绘木雕伏虎形鼓座同出。

2号墓结构规模与1号墓相似。除圹壁由七层台阶筑成外，2号墓与1号墓几乎雷同，随葬品仅稍有区别。随葬器物以漆木器居多，铁器较少。其中乐器有木质编钟一套13枚及钟架、钟槌，木质编磬一套 18 枚及磬架，木瑟，木鼓，凤虎鼓座及鼓杖等。生活用具有漆木器、陶器、铜器等，器类与 1 号墓相若。另有兵器、车马器、彩绘木俑、镇墓兽及两件双鹿角器等。

关于这两座楚墓的年代，学术界观点颇不一致。一些学者认为应属春秋晚期[166]；另有一些学者认为两墓的遗物与江陵望山楚墓有诸多雷同，其年代也相若，应在战国中晚期[167]；发掘者认为应在战国早期，1 号墓下葬时间当略早于 2 号墓。两座墓主人的身份当是与士大夫相似的楚国贵族。

在河南新蔡葛陵发现一座楚墓[168]，墓葬原有高大封冢，后被夷平。墓葬平面为甲字形，斜坡式墓道位于墓圹东部。椁室平面呈"亞"字形，椁盖板下分作五室，即前室、中室、后室和南、北侧室。椁室全部和内棺以长枋木筑成，四隅各接合部以榫卯相接。墓葬早年多次被盗。据残存迹象，前室有木漆器，器表多有彩绘；后室则有四具人骨架，骨架周围发现玉石类和青铜装饰品，可能属殉人；南侧室残存有青铜礼器、车马器、兵器、工具、装饰品及竹简等重要文物；北侧室仅余零星木器残块和两件铜工具；棺室内残留少量玉石器、铜器等装饰品。该墓年代在战国中期前后，从简文看，墓主人为楚国的封君——平夜君成。

荆门包山墓地在纪南城北 16 公里，处于丘陵地带，分布有一定规律，基本在南北一条线上，时代稍早的在南，等级高的偏东，大小墓葬并存，有的显然是夫妇异穴合葬墓。共发掘了五座楚墓[169]。包山 2 号墓是墓地中最大的一座，保存较好，封土高 5.8 米，底径 54 米，墓口长 34.4 米，宽 31.9 米。墓道在墓室的东边（图二九）。墓底中部有一腰坑，坑内置一

图二九　包山二号楚墓墓室

整羊。葬具为二椁二棺，均由木板平列、相接、锁榫而成。椁近方形，盖板上覆盖八床竹席。外椁以隔板分东、南、西、北、中五室，中室置四层套棺，余四室放置随葬器物。东室主要放置青铜礼器和盛果食器物，南室放兵器、车马器，西室放起居折叠座等生活用具，北室为日常用具和竹简。竹简字数较多，保存较好，总字数逾万字，主要内容为诉讼、占卜、遣策。从竹简可知墓主为左尹邵𩍐，下葬年代为公元前316年。

　　望山墓地在纪山中心西南约5公里，在纪南城西北7公里，在八岭山东北约5公里[170]。望山1号墓封土曾遭到破坏，残高2.8米，底径18米，墓口长16.1米，宽13.6米，有五级生土台阶，东有斜坡墓道。椁分三室，其间仅用横梁、竖梁、立柱分隔。头箱主要放置铜、陶礼器，边箱主要放车马器、兵器和生活用品。棺分两层，内棺为悬底弧形棺。墓主男性，身旁除随葬一些玉器外，左侧放置剑一把，保存完整。整个剑身满饰菱形暗纹，近格处有"越王鸠浅（勾践）自作用鐱"八字鸟篆铭文。墓中出土的随葬器物共有400多件，有青铜礼器、仿铜陶礼器、车马器、兵器、漆木竹器和玉石器等。竹简内容主要为卜筮记录。由竹简可知墓主为邵固。

在楚地，还发现许多中小型墓。以当阳赵家湖楚墓为例[171]，这里共发现297座中小型楚墓，均是竖穴土坑墓，大多数为口大底小的斜坡墓壁。春秋时期的墓均无墓道。战国早期中型墓出现墓道，战国中晚期，相当多的中小型墓使用墓道。小型墓有的设壁龛，从春秋到战国，壁龛墓逐渐减少。有些中型墓填青膏泥。葬具有一棺一椁、并棺无椁、单棺无椁和无棺椁四类，单棺者占到一半。尸骨多朽，均为仰身葬。

（8）曾侯乙墓

曾侯乙墓位于湖北随州城关西部擂鼓堆附近[172]。为岩坑竖穴木椁墓，方向正南北。残存墓口呈不规则多边形，总面积220平方米。木棺四周及椁顶填木炭63公斤余，顶部木炭上依次加青膏泥、石板、夯土。木椁系171根巨型长条枋木垒成，整个椁室共用方梓木380立方米。由12道椁墙将椁室分为东、西、北、中四室，四椁室底部有方形门洞相通，中室和东室较大，北室最小（图三〇）。东室放置墓主的双层髹漆彩绘内外套棺一副，八个陪葬棺和一个殉狗棺。外棺近方形盒状，由铜框架嵌厚木板构成。内棺用厚木板拼装组合成长方盒状。墓主的双层棺上绘满了蛇、龙、鸟、怪兽和各种花纹图案。殉狗棺亦为长方盒状，素面无漆，内殉狗一只、石璧两件、骨器一件。西室放陪葬棺13具。21具陪葬棺均为长方盒状，表里均髹漆。东室还随葬琴、瑟为主的乐器，少量的兵器、马具，贵重的金器和漆绘衣箱等。北室放大量的兵器和车马器，还有一对大铜缶和240多支竹简。中室面积最大，放整架的编钟、编磬和其他多种乐器和成套的青铜礼器。

经鉴定，墓主为一45岁左右的男子，墓主尸体用多层丝织物包裹，周围有玉器、骨器、小件金器等300多件。殉葬的21人均为女性，年龄在15~26岁之间。

曾侯乙墓随葬器物丰富多彩，大多数保存较好。其种类包括礼器、车器、兵器、车马器、生活用器、丧葬用品及竹简，共15404件。青铜器总重达10吨左右，礼器有117件，有九鼎八簋，成对的簠、豆、壶、鉴、缶及鬲、甗、盘、尊盘、

图三〇　曾侯乙墓椁室全景

匜、簠、炉、勺、斗等。

曾侯乙墓最引人注目的是成套的乐器，有钟、磬、鼓（建鼓、悬鼓、手鼓）、瑟、琴、笙、排箫、篪等共 125 件，以及演奏工具槌、棒和配套的附件如瑟柱、磬架鼓座构件等，合计1851 件。既有管弦乐器，又有打击乐器。其中的竹管排箫、铜盘龙座建鼓、铜立鹤架悬鼓、五弦琴、十弦琴、篪均为首次发现。曾侯乙墓的整套编钟更是誉满全球，重达两吨半，包括钮钟 19 件、甬钟 45 件，外加楚王赠送的 1 件镈钟，共 65 件。出土时以大小和音高为序分为八组，悬挂在铜木结构的曲尺形三层钟架上。钟架全长 10 米以上，通高 2.73 米。中下层横梁由三个佩剑青铜武士分别用手、头顶托着。编钟上有篆体铭文，共 2800 余字，大多错金，除"曾侯乙乍時"外，其余均为音乐方面的。经测试，每个能敲出的两乐音与同钟铭文所标的两音名相符。整套音阶结构与目前国际的 C 大调七声音阶属同一音列，总音域跨五个 8 度，中心音域 12 个半音齐备，通过旋宫转调，可演奏古今中外多种曲调。

编磬共 32 件四组，两组各 6 件，另两组各 10 件，分上下两层悬挂在铜架上。磬架长 2.15 米，高 1.09 米，由两只长颈怪鸟支撑。编磬和磬匣上也有字数不等的铭文 1200 余字，内容为春秋战国时期曾与楚、晋、齐、周、申等国各种律名、阶名、变化音等之间的对应关系。

出土 240 多枚竹简，简长 72～75 米，宽 1 厘米。简文墨书篆体，总字数 6696 字，是记录丧仪用的车马兵器的遣策。

曾侯乙墓出土了 5038 件漆木、竹器。其中五件漆木箱形制相同（箱身矩形，拱形盖），大小相近，纹饰与铭文各异，但都与天文星系或天地宇宙间的神话故事有关。E·66 衣箱上盖顶中央篆书一大"斗"字，代表北斗天极。绕"斗"字所书文字为二十八宿的全部名称。箱盖两端绘苍龙白虎，箱身绘一鸟，以表示"四象相配"（缺少玄武），这是世界上发现的最早的二十八宿天文图，并具有鲜明的中国特点（与北斗相联，与四象相配）。E·61 箱盖上刻文"紫锦之衣"，饰纹中绘若木扶桑、日月、伏羲、女娲、弋射图像；盖左端一角有漆书 20 字的星象记录。

曾侯乙墓中还出土了大量的玉石器（礼器、葬玉及其他用玉）、骨饰器和金器等。出土的青铜器（礼器、日用器、兵器）和乐器中"曾侯乙"三字出现共计 208 次，多为"曾侯乙乍時"，戈铭多为"曾侯乙之走戈"。同一人作器出现于同一墓中如此之多，表明墓主应为曾侯乙，即一位曾国诸侯。其下葬年代在战国早期，约公元前 433 年或稍晚。

（9）寿县蔡侯墓

寿县蔡侯墓位于安徽寿县城西门内，1955 年发现。该墓平面为竖穴土坑，无墓道。南北长 8.45 米，东西宽 7.1 米，深 3.35 米。南壁偏西处有一长方形小坑，较墓底略深。墓坑正中有漆棺痕，棺东南侧发现一残朽人骨架，可能是殉葬者。

寿县蔡侯墓出土器物 584 件，包括青铜器（图三一）、玉器、骨器、金饰等。其中青铜器 486 件，礼器 100 多件。青铜礼器大多有铭文，蔡侯编钟、大孟姬盘和尊、吴王光鉴的铭文，反映了蔡与吴、楚大国间的关系。墓主为文献所记公元前 493 年前迁都州来的昭侯申[173]。

在寿县蔡家岗发现两座墓葬。两墓都有较大的坟丘，相距 200 米左右。两墓的规模相当，平面为甲字形，墓坑均长 5 米，宽 4 米，北端有墓道。因盗劫严重，棺椁结构和随葬品不

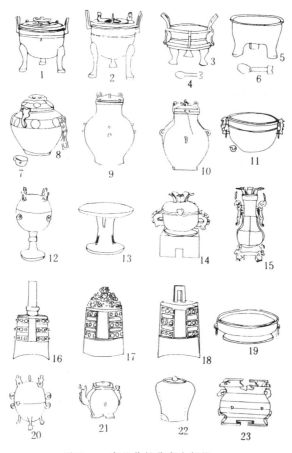

图三一　寿县蔡侯墓出土铜器

1、2、3.鼎　4、6.匕　5.鬲　7.勺　8、9、10.缶　11.鉴
12、13.豆　14.簠　15.壶　16.甬钟　17.镈　18.纽钟
19.盘　20.敦　21.盉　22.錞于　23.簋

清。2 号墓残存的兵器和车马器与蔡昭侯墓基本相同，时代应接近。

《史记》记载，蔡国是春秋时期与楚国临境的姬姓国，曾一度被楚灭亡，又一度复国。

（10）越国墓葬

在浙江绍兴县城西南约 13 公里的印山的南北两侧为两条高山带。山脊上分布着大量商周时期的土墩墓，两条高山带之间的走廊地带依次排列着五座独立的小山（应为墓冢），印山为最东的一座。在印山之巅发现一座有宽大长墓道的甲字形竖穴岩坑木室墓，编号 M1[174]。

该墓由隍壕、封土、墓坑、墓道、墓室等部分组成，陵园总面积约 8.5 万平方米。隍壕分布在印山四周，系人工挖掘，平面近方形，四边规整，总长 888 米，宽 16～29 米，深 2.1～2.7 米。每面隍壕中间均留出 40～60 米宽的一段未挖通，以象征陵园的通道。封土平面为东西向椭圆形，东西长 72 米，南北宽 36 米，中心最高处 9.8 米，多用五花土夯筑，覆盖整个墓坑及墓道的一部分。封土又分为内封土、外封土、墓坑与墓道连接处封土三部分。墓坑凿岩而成，为口略大于底的长方形竖穴，坑口长 46 米，最宽处 19.6 米，深 12.4 米。墓坑填土上以青膏泥（或有夹石花土）分层夯筑，下填以木炭。木炭覆盖在墓室上，呈两面坡状（图三二）。在木炭层下面的墓室之外，包裹约 140 层树皮。墓道为束腰长条形，全长 54 米。

墓室为狭长条形人字坡的木屋结构，截面为等腰三角形，用加工平整的巨大枋木构筑。墓室东西长 34.8 米，南北宽 6.7 米。室内长 33.4 米，宽 4.78～4.88 米，高 5 米，室内面积达 160 多平方米，由东向西分为前、中、后三室，室与室间有门槛,上方有横梁。中室放置独木棺。墓室东端外有一人字形甬道,顶部略低于墓室顶,结构与墓室类似,甬道底部铺厚2.1米的木炭。

在封土和填土中出土了不少陶片和原始瓷器以及铜铎、铜锄、铜镢、木杆等筑墓遗物。墓室随葬品严重被盗,仅存41件玉石器、漆木器和残陶器等,玉器有镇、剑、钩形器、镞、长方形玉饰、玉珠管等。随葬器物特征显示出此墓年代为春秋末期。

该墓规模宏大,封土高耸,根据大型甲字形岩坑及枋木结构墓室、独木棺、外围的隍壕等巨大的土木工程判断,应属王陵一级。大型特殊的墓室结构(两侧斜坡式、横断面呈三角

图三二　绍兴印山大墓墓坑和墓室

形），与古越传统的石室土墩墓（横断面呈梯形的长条形墓道）近似，墓中巨大的独木棺具有明显的越文化特色。据此，印山大墓应是一座越国王陵。结合文献记载的"木客大冢"，墓主为越王勾践之父允常。

在印山大墓以东 4 公里的坡塘狮子山西麓，发现一越国重臣墓（即绍兴 306 号墓）[175]。该墓是阶梯墓道带壁龛的土坑墓，已残，推测当时有木椁。出土随葬品 1244 件，其中铜器17 件。有两件铜器（汤鼎和炉）上自铭徐器，其他器物具有越式器特征，该墓又属于越地，种种迹象表明，该墓的入葬年代当在战国初期，即越灭吴以后不久，两件自铭徐器系缴获器物。从该墓的规模、形制及残存随葬器物的内涵和数量看，墓主非一般平民，应是越国卿大夫一级的重臣。从随葬品中不见兵器，而有小铜壶、小铜页、小阳燧、玉耳金舟（内盛一算珠大小的小陶盂）、铜质房屋模型等方面分析，墓主可能是巫祝类人物[176]。

（11）吴国墓葬

1）青龙山墓

位于江苏丹徒县谏壁乡新竹村，海拔 74 米的青龙山顶[177]。封土高大，底径 60 米，残高 8 米，墓向朝西。墓葬在土墩中部，竖穴墓室带斜坡墓道。墓开口于当时经过平整的山巅，墓穴凿岩而下，墓室呈长方形。斜坡墓道也是凿石岩而成，位于墓室西部正中，与墓室相接。墓道口左右两侧，各凹入形成一小二层台，其上各有殉人一个，为一男一女，年龄在17 岁左右。墓室底部四周及中央皆有凹槽，或用于散水防潮，或象征性地将墓室隔成前、后室。在甲字形的墓葬平面上，用凿石而成的碎石围绕墓室堆成一高 1.5 米、宽 2～3 米的石灰岩碎圆圈（截面呈半圆形）。另外，在主墓东侧 10 余米处，有一小土墩墓，用石块垒成长方形墓室，随葬品有青铜剑、戈、矛、斧，应当为祔葬墓，被葬者可能是主墓墓主的近侍。

该墓早年被盗，鼎、盘、匜等青铜器的碎片以及编磬残件散布于整个墓室内，墓底还残留青铜剑、矛、戈及车害、马衔、马镳等计 80 余件和一鸠杖首。墓室中有三匹殉马，并随葬大量不可胜数的海贝。墓道内随葬有形制巨大的硬陶罐、灰陶盆以及黑皮陶罐等，几何形印纹陶罐高 60～70 厘米，内装牛、羊、鱼、鸟等禽兽之骨。殉人周围随葬一有烟炱痕的青铜甗。

根据该墓葬封土堆高大，有殉人、殉马，随葬品数量多、规格高等情况看，墓主生前身份极高，应系吴国王侯，其年代在春秋晚期。

2）北山顶墓

位于江苏丹徒大港北山的顶部，故名[178]。封土高 5.5 米，底径 30.75～32.25 米。封土之下有墓坑，墓坑是在山的顶部，将厚 1.5 米的岩石风化为土修成平台后再下挖而成。

墓坑平面呈刀形，由长方形墓室和长条形墓道组成。墓道与墓室的底部有一道突起的石脊作为分界，坑底边缘有些地方还整齐地排列着石块。墓坑南北两面各有长约 18 米、宽 7 米和长约 18 米、宽 13 米的祭祀土台。台上各殉一人，且有少量随葬品。北侧殉人为男性，南侧殉人为女性。墓室被盗，残余大铜矛一件、黑陶鼎足、鼎盖、盆口沿等。墓道内随葬器物可分三层：上层为青铜盖弓帽、盖斗帽等；中层为一祔葬人，为 30 岁左右的女性，随葬纺轮、黑陶盆、硬陶罐、灰陶壶。下层随葬有青铜礼器、乐器、兵器、车马器、工具等数百件。另有原始青瓷器和陶器以及骨贝。该墓相对年代为春秋晚期。墓中出土了有确切人名的两件铜器——尸祭缶盖和余昧矛，被认为是吴王余昧墓。

3）真山吴楚贵族墓

江苏苏州市浒关镇西北约 1.5 公里处，有大、小真山呈东西向排列，长 600 余米。在真山南部的许多丘陵（如五峰山、借尼山、上方山、七子山、尧峰山、清明山）上，分布有许多高大的土墩，形成墩群，五峰山的土墩为烽燧墩[179]，其他山上的土墩为石室土墩。

真山墓地共发现 57 座土墩，或位于山顶或在山脊，大真山上有 51 座，小真山上有 6 座。这些土墩多为一墩一墓，个别的为一墩多墓。土墩按大小分六个等级。墓地的年代为春秋至汉代之间。其中大型墓均属春秋、战国时期的吴楚贵族墓地[180]，为探讨吴楚的墓葬制度和吴王陵的探寻提供了线索。

D9M1 位于大真山的最高点，是最大的一座墓[181]。它是在山体基岩上向下凿成墓穴，在墓口上堆筑高大的封土。现存封土顶部东西径 26 米，南北径 7 米，底部东西径 70 米，南北径 32 米，墓底至封土顶高 83 米。土墩由内外封土构成，内封土堆筑呈长方形馒头状，在内封土南北两端各有一条石块垒砌的挡土墙，内封土之外堆筑外封土。外封土又分为上、下两层，其外形略呈覆斗形（图三三），外封土的南北两端也各有一东西向外挡土墙。

墓室位于山体主峰正中，四壁不规整。墓口呈不规则长方形，四周有一圈较矮的二层台。墓室东侧为一斜坡墓道，棺椁已朽，位于墓室中部偏西，葬具为七棺二椁，棺椁置于石块与泥土混合堆砌的棺床上。

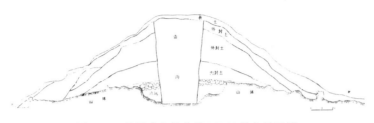

图三三　苏州真山吴楚墓 D9M1 封土剖面图

随葬品大部分被扰乱。墓顶中部表土层中的盗沟内遗物表明，早期盗沟为春秋时期的，可能具有一定政治目的。该墓随葬品 12573 件，有玉器、陶瓷器、贝、漆器。墓内还出土了大量的天然海贝和绿松石贝，可能是吴国货币。从封土内陶片以及陶瓷器、玉器的特征看，D9M1 时代应在春秋中晚期，墓主当为第一代吴王寿梦。

D1M1 位于小真山主峰，也是凿山为穴，为甲字形大墓。墓室北为斜坡墓道，墓底有两条东西向沟槽，葬具无存，棺椁上为交错堆筑的石块与填土，直至与墓口齐，墓道南部也填有 1~6 层石块和夯土。上面堆馒头状封土，土墩直径约 34 米，高 5 米多。在墓道近墓室口处，左、右两壁分别竖靠两根铜戈，随葬品大多被毁，残存铜器、陶器、玉石器。铜器有四列鼎、一盉等礼器和戈、镦、剑、弩机等兵器以及灯、印等生活用品，铜印印文为"上相邦玺"。陶器为两块郢爰冥币。

从墓葬形制和残存物看，D1M1 为战国晚期墓。"上相邦玺"印文说明墓主有可能是战国晚期楚国在吴地的一位封君——春申君黄歇。

D1M1 的东北、东南侧，分布着 D2M1、D3M1，三墓呈品字形排列。D2M1 与 D1M1 形制相同，规模较小，随葬器物主要为陶日用器和铜镜。D3M1 也是凿山为穴，但形制为无墓道长方形竖井。墓室内置一棺一椁，随葬品主要分布在棺里和西边厢内，有陶鼎、敦和釉陶壶、瓿、玉印等。D2M1、D3M1 陶器组合为战国晚期所流行，其入葬年代应为战国晚期。两墓的规格明显低于 D1M1，依其与 D1M1 的相对位置推测，D2M1 的墓主和 D3M1 的墓主可能分别是 D1M1 墓主的夫人和儿子。

（12）蜀国墓葬

1）成都蜀王家族墓地

近年在成都市商业街 58 号建筑工地，发掘出多具大型船棺[182]。该区域是一处罕见的古蜀国开明王朝王族甚或蜀王本人的家族墓地，年代约为战国早期或偏晚。

墓葬为东北至西南向，为多棺合葬的土坑竖穴墓。墓坑平面为长方形，长约 30 米，宽 21 米。墓葬在汉代以前就遭严重盗扰，现存船棺、独木棺 17 具，推测原来应超过 30 具。所有葬具均用楠木整木剜凿而成，分棺盖和棺身两部分，方向和墓坑一致，平行排列于墓坑中。四座大型棺中，除一具长 18.8 米，直径 1.4 米外，其他三具均长 10 米，直径 1.6～1.7 米，带盖约高 2 米。13 具小型棺，为殉人或专置随葬品所用。所有船棺两侧有立柱。在墓坑底部整齐地排放 15 根枕木，其中近中部的一根大型条形枋木将墓坑分为前后两部分，大型棺主要放在后半部。在此枋木与大型棺木间，枕木上整齐地排放条形小枋木（图三四），估计与墓葬结构有关。

在墓坑两边上有带榫头的条形枋木，长度不等，在 1.5～9.5 米间，宽 0.35～0.4 米，高 0.3 米。这些枋木呈长方形分布，东西长约 15 米，南北宽约 7.5 米，推测应是建筑的基础部分。在其东西两侧还各有长 3.5 米、宽 2.5 米的边厢。这种条形枋木在墓坑上部沿东侧一线也有发现，推测当时该墓葬上应有地面建筑，可能与古代的寝庙制度有关。在墓坑东南侧还发现一个巨大的独木舟柱础，可见当时在墓坑旁侧地面上应有大型木柱物作标志物或祭祀物。

该墓坑出土了大量的随葬品，尤其是两具并列陈放的大型船棺中出土许多漆器，以及陶器、竹木器等重要文物数以百计，还有少量铜器和铜巴蜀式兵器明器。陶器制作精致，火候较高，器形有战国早、中期常见的深腹圈足豆、圜底釜、尖底盏、平底罐、带盖双耳瓮等，在双耳瓮中还发现不少粮食和果

图三四　成都船棺葬墓局部

壳。铜器有矛、戈、钺、斤、削刀、带钩、印章等，有的器物上有刻划符号。漆器色彩亮丽，有耳杯、案、器座、梳子、瑟、编钟（磬）基座以及大量的器构件。漆案、几、编钟架及敲击的木槌说明墓主身份极高。在巴蜀墓葬中，仅重庆市小田溪的一座秦代巴王墓出土过一套带符号的编钟。根据墓葬规模、结构考虑，墓主应是蜀国王族或蜀王本人及其家族成员。

2）新都马家蜀王墓

1980 年在四川新都县马家公社发掘了一座战国时代的大型木椁墓[183]。该墓墓坑长 10.45 米，宽 9.2 米，正西方有斜坡墓道，长 8.82 米，宽 5.5 米。墓内用 5～9 米的巨大枋木构筑成椁室、棺室和八个边箱。棺室中间有一具长 4.14 米、直径 1.4 米的巨大独木棺。木椁垫木下设一个腰坑，坑内随葬器物 188 件，有兵器、生活用器、生产工具和乐器。

该墓因被盗，木椁及棺内所余器物甚少，仅有一些大型巴蜀印章和陶器。该墓的随葬品显示了浓郁的蜀文化特征，腰坑出土的铜容器、兵器、工具及乐器、编钟均具有蜀式特征。礼器组合显示出楚文化特征，出土的五件铜鼎中，一件盖内有"邵（昭）之飤（食）鼎"，显系源于楚地。木椁中出土了两件铜印，其中一件方印印文为一组"巴蜀国语"符号，下部两侧各立一人，伸手相握，手下置一罍，手上有一图形符号。图形两侧又各有一口部向上的铎。方印背面有饕餮组成的图案纹饰。此类符号在该墓出土铜器上较普遍存在。

据出土遗物的特征判断，该墓的时代为战国早中期，墓主可能是开明氏的后几代蜀王之一。新都大墓具有典型的晚期巴蜀文化特征，又与楚文化和中原文化有密切的联系。

（三）文字遗存

1. 盟书

春秋时期，周王室没落，公室衰微，出现了"政在家门"、卿大夫专权的政治局面，当时的诸侯和卿大夫为了加强内部团结，打击敌对势力，经常举行盟誓活动。

盟书又称载书。《周礼·司盟》"掌盟载之法"注："载，盟誓也，盟者书其辞于策，杀牲取血，坎其牲，加书于上而埋之，谓之载书。"盟书是古代为了某些重要事件而举行集会、制订公约、对天盟誓的辞文。一般一式两份，一份藏在盟府，用于制约参盟各方；一份埋在地下或沉于河中，以取信于鬼神。

（1）侯马盟誓遗址

侯马盟誓遗址位于侯马晋国遗址牛村古城以东 3.3 公里的秦村西北[184]，坐落在浍河北岸的台地上，面积 3800 余平方米。

在盟誓遗址内共发现坎（埋牲的土坑）401 个（图三五）。出盟书的 40 个坑和 3 个卜筮文字坑，密集地分布在遗址西北部，其余 283 个坑无书写文字，分布较稀疏。绝大多数坎为长方形竖坑，大小、深浅不一，一般长 1 米，宽 0.5 米，深在 0.4～6 米之间。坎底一般都埋有牺牲，数量不等，一般一坑一牲，与盟书伴出的牺牲主要是羊，极个别是牛和马。另有 6 个坑只出盟书未见牺牲。共出土羊骨 177 具、牛骨 63 具、马骨 19 具。另在一坎的填土中发现有鸡骨。没有埋牺牲的 67 坎，可能原来是专门"坎血"或置祭肉的。绝大部分坎的北壁下部

图三五　侯马盟誓遗址平面图

设有一个小龛，龛内放一件古时称为"币"的祭玉，个别龛放有数件。埋盟书的坎内没有龛和玉币。

侯马盟誓遗址已出土盟书 5000 余件，其中形体基本完整、字迹比较清楚的有 656 件，每件一般在三五十字到百余字之间，少者 10 余字，多者 220 余字，多用朱笔在石片上写成，仅有一坎为墨书。字体近于春秋晚期的铜器铭文，变化多样，形体复杂，出现了很多前所未见的古体字和数量众多的异体字。从整体看，盟书的文字风格一致，大小差别及书写的排位依玉石片大小形状而定，书法熟练，当是祝、史类官吏书写，为官方文字。书写盟书的玉石片，绝大多数呈圭形（图三六），最大的长 32 厘米，宽 3.8 厘米，厚 0.9 厘米；小的长 18 厘米，宽不到 2 厘米，还有的薄如纸片。

从现有的出土情况看，盟誓仪式为先凿地为坎，再放玉币和牲体，然后将盟书和所用之牲掩埋起来，这与文献记载大体

图三六　侯马盟书

相同。但其用牲以羊为主，兼用牛、马，而不见用猪的情形，与文献记载有所不同。

根据侯马盟书内容的不同和性质，将其分为五类：

1）宗盟类：514 篇，分别出自 34 个坎中。盟辞强调要奉事宗庙祭祀和守护宗庙，要诚心效忠盟主，一致诛讨已被驱逐在外的敌对势力，并且不准他们重返"晋邦之地"。诛讨对象为赵尼及其子孙一氏一家和二氏二家，累至包括前者在内的四氏五家、五氏七家。

2）委质类：75 篇，分别出自 18 个坎中。这是主盟人对敌对势力采取的分化政策，使参盟者自愿把自己抵押于新的主君后所立的誓约。这类盟誓的诛讨对象达九氏二十一家。

3）纳室类：58 篇，集中出于一坎中。要求参盟者禁止纳室，即参盟者在盟誓后不再扩充奴隶、田产等，同时也反对和声讨宗族中其他人的纳室行为，否则甘愿受诛灭制裁。

4）诅咒类：13 篇，集中出于一坎中。这类盟辞是对某些罪行加以谴责的诅咒文。

5）卜筮类：1 篇，分三处置于坎的壁龛内。盟辞缺文较多，记盟誓的月、日及天象和用牲记录，是举行盟誓祭祀"卜牲"时使用龟卜和筮占的记载。

关于盟书涉及的历史事件，目前代表性的两种看法是：一种意见认为其反映的是公元前 424 年赵桓子逐赵献子而自立事，盟书中的"嘉"是主盟人的名字，即赵桓子，而被诛讨的赵尼则是献子赵浣。另一种意见则认为主盟者"子赵孟"是晋国正卿赵鞅，即著名的赵简子，"嘉"和"某"是他的尊称或讳称，而被诛讨的赵尼是邯郸赵午之子赵稷；所反映的历史事件是公元前 496 年"智伯从赵孟盟"后，赵鞅一系为索回卫贡

500 家对邯郸赵氏以及范氏、中行氏持续数年的讨伐战争，同时又根据卜筮类盟辞的历日，将这次盟誓的具体时间考订为公元前 495 年前后。从整个历史背景来看，似乎后种解释比较合理。

（2）温县盟誓遗址

遗址位于河南温县县城东北 12.5 公里的沁河南岸春秋州城遗址外东北隅，与州城仅一护城河之隔[185]。

盟誓遗址原为一土台，原高约 2 米，现已夷为平地。台基南北长 135 米，东西宽约 50 米。这处台基，应即文献记载中古代多设于城外的盟誓之坛。在已发掘的 594 平方米的范围内，发现长方形或椭圆形土坑（坎）124 个，其中 16 坎内出土书写盟辞的石片，8 坑单出石圭，5 坑单出石简，另外 3 坑石圭堆积在石简之上，个别坑仅见玉器、玉兽等。还有 35 坑出土羊骨架，当为"坎牲"。共发掘出土圭片和石简片达万余片。

目前发表了一号坎的材料。该坎中出土盟书 4588 片，除部分石简、石璋外，绝大部分为石圭。近 5000 片石圭在坎内的堆放很有规律，以圭尖方向一致、彼此靠近的石圭为一组，计有 13 组。第 14 组包括石简和石璋。石圭均呈薄片，厚约 1~2 毫米，最厚的可达 4 毫米。完整的石圭近于等腰三角形（图三七）。

因埋藏日久，许多字迹已模糊不清甚或脱落。盟书文字系用毛笔墨书，字体风格迥异，显系出自多人手笔。盟辞的行文方式一般是自上而下，由右及左，仅个别的由左及右；在石圭、石简正面书写未尽的，则续写在背面。盟辞内容大体一致，都是要求参盟者竭诚效忠其主，不得与贼臣为徒，若其心

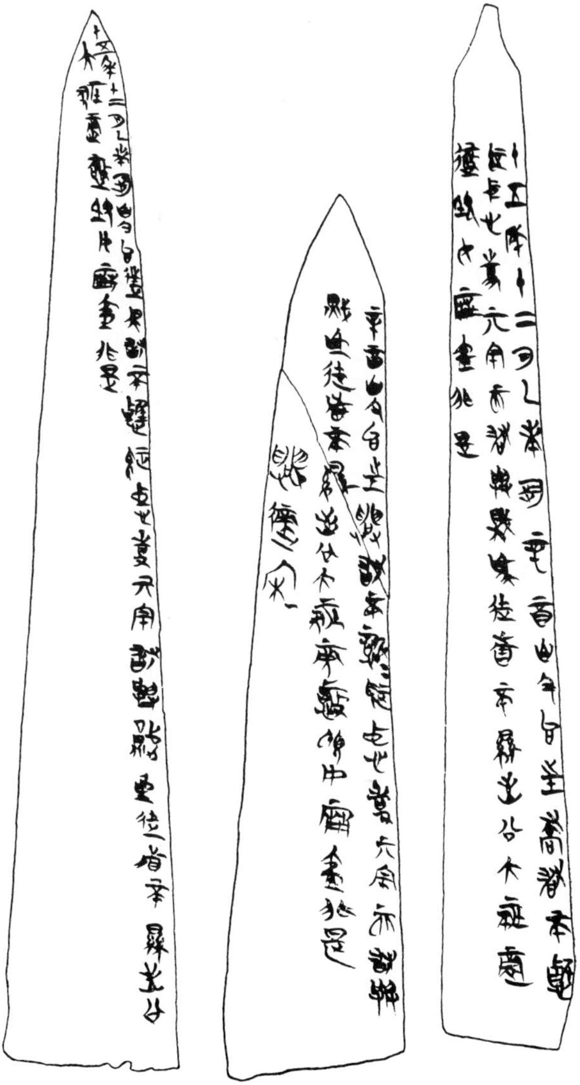

图三七 温县盟书

有二,则将断子绝孙云。

从发掘的 100 多个坑坎互相打破现象看,这批盟书非同一时间埋入。但盟书形制和盟辞用语大体相似,故其年代相距不致太远。就盟书内容和体例上看,它与侯马盟书有诸多相似之处。二者年代亦当相近而同属春秋晚期。一号坎所出盟书中,许多盟辞首句有"十五年十二月乙未朔、辛酉"的纪年,考诸文献,推算出这一纪年为公元前 497 年的春秋晚期。此时,这一盟誓举行之时,韩、赵、魏三家尚未分晋,晋公表面上仍保持着权威,这次盟誓应是由晋国的某一个卿大夫主持的。春秋晚期,州城既属韩氏,主盟者宜为韩氏宗主。因此,一号坎盟书的主盟者很可能就是韩简子。

温县盟誓遗址的发掘,丰富了人们对春秋时期盛行的盟誓制度的认识,找到了新中国建立前散见于世的所谓"沁阳载书"的准确出土地,为研究东周历史和古文字、书法艺术提供了重要实物资料。此外,温县盟书与侯马盟书中记有相同的人名,它们之间存在着一定的联系。因此,温县盟书的进一步发掘和研究,将为侯马盟书的研究提供新的资料和信息,可补史料之不足。

2. 楚简

在楚墓中,上士及其以上的各级贵族墓中,多出竹简,但不是每墓必出[186],至今共发现 22 批,已公布的有 18 批[187]。竹简字数计 4 万字以上,主要内容有文书、卜筮祭祷记录和遣策等。其中长河五里牌战国楚简、仰天湖战国楚简、江陵望山 2 号墓楚简内容均为遣策。江陵望山 1 号墓、天星观 1 号墓、秦家嘴 1 号墓和 13 号墓及 99 号墓、砖瓦厂 370 号墓所出的竹简均为卜筮祭祷记录。常任山夕阳坡 2 号墓楚简、江陵马山 1

号墓竹签牌为记事；江陵九店楚简为《日书》；江陵雨台山21号墓竹律管文字为音律名。今择其要者略作介绍。

信阳长台关1号墓出土了148根竹简，分为两组[188]。一组出于墓前室东部，119根皆断简，内容单一，数量很少，是一部久已佚失、作者不明的竹书。另一组出于左后室，共29根，多较完整。内容为记载随葬品名称和数量的清单，即遣策。该墓还出土了一套完整的古代制作竹简和书写的工具，计12件，出土于左后室之中，均装在一只木工具箱中，工具有锯、锛、削、夹刻刀、刻刀、锥、毛笔等。

包山楚墓发现448枚竹简[189]，分别出自M2（墓主为大夫级）东、西、南、北四室，基本保存完好。按内容分作文书、卜筮祭祷记录和遣策三大类，涉及楚国司法、历法、地理、卜筮、器用和楚人先祖诸方面内容。竹简呈黄褐色，系由成竹劈破成条，去节杀青，刮削整治而成。书写前两类内容的竹简制作较为精细，而遣策类竹简则相对粗糙。竹简厚0.1～0.15厘米，长、宽因书写内容不同而略有区别，如最长的遣策长72.3～72.6厘米之间，宽0.8～1厘米之间。竹简黄面一侧边缘，大部分刻一到二个或三个直角三角形的小契口，用以固定编联竹简的丝线，文书类、卜筮祭祷类竹简多刻上、下两个契口，遣策类绝大部分为上、中、下三个契口。有少量竹简背面有刻线、墨线。文字主要书于竹黄面，墨迹清晰，字体秀丽（图三八）。大多数竹简从顶端起书，最多达92字，一般50～60字左右。字体因内容不同而大小有别。同一简中为了区别不同的内容，往往留一段空隙，有的在一段文字中间有墨书符号，如"＼"、"一"、"〓"、"〓"形，以作为分句、人名、地名或重文、分段等功用。简背书写字的竹简24枚，大

图三八 包山楚简

多与正面内容有关，仅文书中的四种除外。

文书类竹简是若干独立的事件或案件的记录，是各地官员向中央政府呈报的文件。《集箸》即集著，共 13 枚简，是有关验查名籍的案件记录。5 枚《集箸言》简是有关名籍纠纷的告诉及呈送主管官员的记录。61 枚《受期》简是受理各种诉讼案件的时间与审理时间及初步结论的内容摘要，一般一简一事。《廷狱》即记狱，共 23 枚，是关于起诉的简要记录。还有 17 枚简是关于子司马及令尹子士、大师子系带以楚王之令，令有关官员为鄀邥之地贷陉异之黄金与陉异之砂金以罐种的记录。42 枚简是一些案件的案情与审理情况的详细记录，以及呈送给左尹的情况汇报。35 枚简是各级司法官员经手审理或复查过的诉讼案件的归档登记，开头均为"所逗告于"或"所逗于"。

卜筮祭祷记录简 54 枚。可分为 26 组，各组简按贞问或祭祷的时间顺序排列，每组记一事，多则四五简，少则一简。内容皆是为墓主贞问吉凶祸福，请求鬼神与先人赐福、保佑。可分为卜筮和祭祷两类。卜筮简一般包括前辞、命辞、占辞、祷辞和第二次占辞等部分。祭祷简数量少，一般分作前辞和祷辞两部分。分作墼祷、罷祷和赛祷三种。遣策共 27 枚，所记均为随葬物品。竹牍仅一件，也为遣策类。

郭店楚简出土于郭店 1 号墓[190]，该墓有封土，土坑竖穴，带一墓道。椁室分为头箱、边箱、棺室，出土了丰富的礼器、兵器、车马器、丧葬用具、生产工具和竹书及其工具（竹简、铜削刀）。竹简出土于头箱中。按简长度分为：①长 32～32.4 厘米、宽 0.5～0.65 厘米的生书五册。每枚竹简两端切成梯形，编连线痕两道。每简满字 20～32 个，计约 8000 字，内容有《老子（C）》、《五行》、《缁衣》等。②长约 30.5 厘米、宽 0.6 厘米的竹书两册，一册竹书每枚简两端切成平头，另一册竹书每枚竹简两端作梯形，编连线痕均为两道。每简满字 19～25 个，计约 800 字，内容有《老子（B）》、《鲁穆公》。③长 28.1～28.2 厘米、宽 0.5 厘米的竹书一册，每简两端切成平头，编连线痕两道。每简满字 24~34 字，计约 1200 字。④长 26.3 厘米、宽 0.5 厘米的竹书一册，每简两端切成平头，编连线痕两道，每简满面字 19~24 个，计约 630 字，内容为《老子（A）》。⑤长 17.2~17.9 厘米、宽 0.45~0.5 厘米的竹书一册，每简两端切成平头，编连线痕三道；每简满字 8 个，计约 1500 字。⑥长 15~15.2 厘米、宽 0.45~0.5 厘米的竹书两册，每简两端切成平头。其中一册竹书编连线痕二道，每简满字 14~17 字，共 400 字。另一册竹书编连三道线痕，每简满字 8 个，计约 400 字。郭店竹简大部分完好无损，字迹清晰，书写时不留天头和地脚。简文中使用符号和间隔作标志，■、二、一、L 或空白独立使用。

郭店楚简内容丰富，包含多部以道、儒两家学说为主的文献，其中《鲁穆公》是后世的追记。《缁衣》本无题名，与《礼记》中的《缁衣》文体相同，除缺一段外，其余内容基本一致。《五行》由总论、证说两部分组成，与长沙马王堆帛书的《五行》基本相同。《老子》是各自独立的三册，基本内容见于帛书《老子》和传世本《老子》中。《老子》三册长短互异，与其重要性性有关；三册篇幅差距大，体例不一；采用短篇幅对话体。《老子（A）》以道为主，从多角度对道进行描述；《老子（B）》以德为主，提出若干"修"的方法；《老子（C）》道德并重。

（四）矿冶遗存

1. 铜矿遗址

在两周时期，铜器的制作需要多种工序，选矿、采矿、冶炼，这些一般分开进行，或集多种工序于一体，如辽宁林西大井古铜矿遗址集采矿、选矿、冶炼、铸造等全套工序于一体。湖北大冶铜绿山古矿冶遗址、江西瑞昌铜岭、安徽铜陵古代铜矿等遗址[191]都发现炼铜处与古矿相距很近，而且矿址延续时间很长。这些铜矿遗址的种种遗存，再现了当时的工艺流程。

铜岭铜矿遗址的古代采区面积约7万平方米，冶炼区约20万平方米，分布在矿山脚下附近，炼渣堆积厚约0.6～3.4米。铜岭矿山始采于商代中期，终采于战国早期[192]。这是我国目前发现最早的铜矿开采冶炼遗址，有一套独立发展的采矿工艺。

在铜岭铜矿遗址已清理出矿井、巷道、露采坑、探矿槽坑、工棚、选矿场、斫木场以及围栅设施。铜绿山遗址的采铜矿井有竖井、平巷、盲井、斜巷等设施（图三九），初步解决了井下支护、通风、排水、提水、照明等问题。

铜岭铜矿的开采采取露天开采和地下开采两种。开采从矿脉露头处入手，由浅到深，先露天开采，然后地下开采。从商代中期一直到战国早期，铜岭铜矿采用露采为辅、坑采为主的方法，使用一套提升、运输、通风、排水等地下开采系统。

铜岭矿址中的发现说明当时的破岩工具有青铜斧、锛、凿、钺，铜锛与木锛配套使用。挖掘工具用整木加工而成，有锨、铲、耙、瓢。装土工具有木质铲、锨、撮瓢，用竹编器来盛矿土，早期多竹篓，晚期多竹筐，用两头带嵌的尖状木扁担挑运。当时的提升工作主要是靠人力，辅以机械工具。铜绿山晚期发现了两根辘轳轴子，长2.5厘米，横梁在井口上，轴木两端砍成较小的轴头，安放在立柱上，中间有两排疏密不同的方孔。铜岭古矿还发现滑车（现代称滑轮），用圆木加工而成，圆形有齿。滑车车轴与两端形成滑动轴承，其原理与现代滑动轴承类似。结合发现的绳索、木钩、竹筐、藤篓，可以想见其分段提升的过程。

　　当时古矿的设计也考虑到排水、通风、照明等方面。排水是用木制水槽将矿下水引入储水坑（井）内，利用落差排水。铜岭矿址在采场最底层巷道内铺设排水槽，水槽用树干刳成，节节相衔；积水用木桶、木撮瓢等类工具提升排去。铜绿山遗址发现有装提梁的木桶、瓢，是用来经竖井提水用的。此外，还发现有专门的泄水巷道。通风大多利用井口高低不同产生的

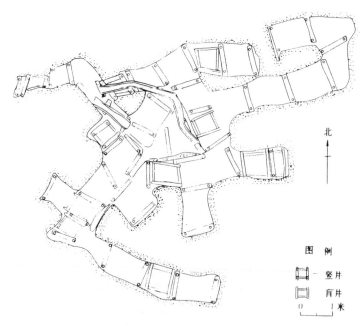

北

图　例

┬─┬　竖井

┌─┐　盲井

0　　　1　米

图三九　大冶铜绿山矿冶遗址井巷平面图

气压差形成的自然风流；采空的矿区如竖井、平巷内填满废石、铁矿石、红色粉土或淤泥，并用木棍、青膏泥加以封装。这样做减轻了工作面采空区的压力，增加安全系数，也控制了风流，提高了通风效果。用废土、贫矿就近填埋，还可以减少搬运工作。此外，在井巷填充物中发现大量照明用的有火烧痕迹的竹签、松树干。

从以上发现看，矿井的开拓是依竖井——横巷——盲井的顺序进行，而提升过程则是经盲井——横巷——竖井而到达地面的。

铜岭古矿的遗物说明，当时有一定的选矿方法。首先用散碎法碎石，以木槌、木杵、木臼来槌捣，然后再选矿。当时人已懂得利用比重分离，类似现在的"重力选矿法"。铜岭选矿分为盘淘和溜槽淘选。前者是用勺、竹盘、船形木斗在水中淘洗，商代用勺形工具，西周用竹盘，春秋用船形木斗。溜槽选矿也是按比重分离的一种方法，将矿粒用斜向水流冲击，为粗粒溜槽。溜槽用大树干刳成，断面呈 U 形，槽面平斜，槽头处有一挡板，作截留精矿用，挡板以上为矿料进入通道，于槽尾处设一闸门，开启后可使尾矿流向尾砂池（图四〇、四一）。尾砂池面低于槽面，呈台阶状与槽尾相接，尾砂池紧接滤水台，台周用横板围护，台面略斜，以利滤水流散。后来的模拟实验，证明了古溜槽选法十分可行。

此外，铜绿山古矿址旁发现有几个春秋时期的炼炉。这些古炉为炼铜竖炉，由炉基、炉缸、炉身三部分组成。炉基在地表下，设"一"字形或"丅"字形防潮沟（或称风沟），沟壁经烘烤，可以确保炉温，防止炉缸冻结。炉缸在炉基上，侧壁筑有金门，炉缸内壁和金门内口区加衬耐火材料。炉缸上还有

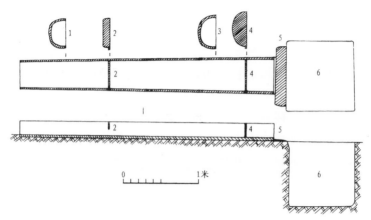

图四〇 选矿溜槽及尾砂池平、剖面图

1. 槽头段横剖面 2. 中段栏板 3. 槽尾段横剖面
4. 槽尾闸板 5. 垫板 6. 尾砂池

图四一 溜槽选矿示意图

1. 中段栏板 2. 进料槽段
3. 溜槽面 4. 闸门 5. 尾砂池

鼓风口。在炼炉周围的工作面上，发现柱穴、石砧、石球、浅坑、陶罐、铜块、炉渣、铜锛、高岭土等。发掘者进行模拟实验，证明当时采取的是木炭还原法熔炼铜的氧化矿。利用铜、渣的不同比重，在金门排渣、放铜，在金门上下部开口，铜液比重大沉于炉缸下部，而渣则浮于上部，操作简便。实验结果还表明只要这种炼炉保持足够温度，高品位或低品位的块矿或粉矿都可炼红铜。炼炉的缸底低于金门口，可以确保炉温不会骤然下降，便可连续投料，连续排渣，间断放铜，持续冶炼，提高生产效率。此外，对古炉渣的分析表明，其含铜量为0.7%，其他化学成分稳定，酸度适宜，渣型合理。

2．铸铜遗址

两周铸铜遗址在山西侯马和夏县禹王城区、河南洛阳和新郑、山东曲阜、安徽南陵、河北易县、湖北江陵遗址或其周围都有发现。遗址区内一般发现有窖穴、水井、道路、地下管道、房屋建筑基址、烘范窑（烘炉残基）、炼铜炉、铜渣、铜锭、铅锭、坩埚以及各种陶具（生活用具、礼器、兵器）[193]。其中洛阳冶铸遗址是一座大型的西周冶炼遗址，其余各遗址为东周时期的。以侯马遗址发掘收获最为丰富。

侯马铸铜遗址位于牛村古城南郊。遗址中地穴式、半地穴式的房屋或供人居住，或是工作场所。窖穴形制大多规整，平面有长方形、圆形或椭圆形，从脚窝、硬面等遗迹看，似为贮物或工作场所。井多为长方形，上口整齐。灰坑多不规整，且堆积陶片、陶范、熔炉残块等。烘范窑，火门前部与窑前活动硬面相接，后连窑室，底面硬面光平，遗物包括熔炉、鼓风管、炼渣、陶范、陶器、釉陶、原始瓷器、铜器及一些石制品、骨制品等。据陶器及陶范的器形、纹饰，可知遗址的年代为春秋中期偏晚到战国早期。

遗址中发现陶范 5 万多块，其中完整和能配套的近千件，熔炉和鼓风管 2 万多块。陶范分为工具范、兵器范、货币范、礼器范、车马器范、乐器范、生活用具范等，种类繁多，表明该作坊曾生产过种种产品。陶范（模）的纹饰，采用了圆雕、高浮雕、浅浮雕、线刻、错镶等多种技艺手法。纹饰的雕刻需专用工具，在遗址中发现与铸铜生产有关的工具 600 多件，尤以砺石、刻刀为多。刻刀有铜制的，也有骨制的。

侯马铸铜遗址出土的陶范不仅花纹精细，而且胎体薄而轻巧，许多附件如鼎耳、足、钟甬、人形座承等将泥芯包入后不再取出。整个铸造过程，从模、范、芯和浇注系统的设计、制作到含范、浇注，每道工序都精确、熟练，大大提高了劳动效率。用料上，充分考虑了不同的部位选料的不同，表面部位如模面、范腔面的面料细腻，背面的则较粗，即陶土的砂土配比在母范与内外范间有差别[194]。包入的芯多掺大量植物质，既减轻重量又提高了排气性和可塑性；需取出的芯，其内掺植物质或砂。根据器形作不同的模范设计，分别制作，大型规整器用分层模范拼接（类似后世的活版印刷术），有些模范互翻，有的局部镶嵌、错嵌。器物附件普遍采用合范分铸，有的设计有榫卯作用的洞，有两件小型饰件横排叠铸、浇口分置，是战国汉代叠铸的先祖。陶范多采用顶注式的浇注条系统，可排气补缩，有的浇口和范腔结合处呈榫状，以便分股浇流。

该遗址发现的熔炉很小，为内燃式，可以移动，它由下部的盆和上面的一、二层炉圈组成。鼓风管皆为草泥制成，早期的使用时架在炉沿上，是较原始的做法，晚期的有所改进。

3.冶铁遗址

我国冶铁术的出现到底始于何时，一直没有公认的说法。古代文献资料中不乏关于铁的记载，《诗经·秦风·驷驖》载"驷驖孔阜"，孔颖达《正义》则将驖写为"铁"。《左传·昭公二十九年》有使用生铁造器的记载，云"晋赵鞅、荀寅师师城汝滨，遂赋晋国一鼓铁，以铸刑鼎，著范宣子所为刑书焉。"《国语·齐语》载管仲建议齐桓公"恶金以铸钼、夷、斤、斸，试诸壤土"。在金文中，也有用铁的记录，如班簋、叔夷钟上有类似铭文。

考古资料表明，在两周之际就已出现人工冶铁。最早的人工铁器当属虢国墓地出土的玉茎铜芯柄铁剑，长33厘米，工艺熟练，将三种不同材质连于一体。甘肃灵台景家庄春秋早期（一号）秦墓出土的一把铜柄铁剑，残长9厘米，原长当超过20厘米，是将铁剑叶焊接于铜格。秦公一号大墓出土过三件铁器，年代属于春秋中晚期。春秋晚期的铁器发现较多，较大的诸侯国都造铁，如秦、楚、郑、齐、吴等国的墓葬中均发现铁器[195]。湖南长沙春秋晚期楚墓出土了铁匕首和铁锸两件铁器，长沙杨家山65号墓发现铁鼎和铁剑各一。江苏六合程桥春秋晚期吴墓（一、二号墓）中出土了铁条。还有河南洛阳水泥制品厂出土的春秋战国之际的铁锛、空首铁镈，湖北大冶铜绿山铜矿遗址出土的铁质采掘工具等。战国时期的铁器已推广到农具方面，如河南辉县固围村发掘的五座战国墓中共发现铁器93件，包括铁犁、镬、锄、刀、斧、铲、削、凿等，此外还有86件铁茎铜镞[196]。在不少遗址中发现制造铁农具的范[197]。

战国时期，重要的冶铁遗址如河北兴隆战国燕国冶铁遗址、河南郑韩故城东城西南部的战国铸铁作坊、登封阳城南垣外的战国铸铁作坊等。在河南西平酒店发现一处冶铁遗址，南北长 2500 米，东西宽 1500 米。其南北两面有河水，可供取水淬火之用，西边为铁矿产地——铁山，东边为管理冶铁官员而建的冶炉城。该作坊从东周一直沿用到汉代，遗址中炉渣、炼炉遗迹和遗物遍布[198]。

登封告城南垣外的冶铁遗址发现熔铁炉残块、陶鼓风管残片和陶范。陶范的形制规整，凡一套相扣合的范底与范盖，皆大小相同并且扣合严密。在铸铁器之前，为了使范底与范盖（镬、斧和圆柄形范内还要放入范芯）扣合紧密，防止铸范错位，先用绳子把每套范或数套范捆绑起来，并在范外再糊上一层加固泥，然后经过入窑烘烤，趁热浇铸。

从以上的发现可看出两周时期铁器的冶炼工艺，最早为块炼铁，如六合程桥吴墓的两件铁器，尤其是 2 号铁条。这种方法是，用木炭还原法将铁矿石炼成较纯净的熟铁，再锻打成器。接着，工匠们为提高铁器的韧性，用炼炉熔化铁矿石使之成为生铁。洛阳水泥厂灰坑出土的铁锛就是生铁铸件，杨家山出土的鼎为白口生铁，尤其是兴隆出土的铁范本身就是生铁铸件。当生铁技术发展到一定阶段，展性铸铁产生了，即将白口铁进行柔化退火处理而得。洛阳水泥厂出土的空首铁镬和长沙识字岭 314 号墓发现的小铁锸就系展性铸铁铸造。与此同时，工匠们还采用高温热处理技术，将铁矿石加工成块炼渗碳钢，这增加了块炼铁的强度和韧性。杨家山发现的剑为含碳约 0.5% 的退火中碳钢。

注　释

[1] 陕西省考古研究所《镐京西周宫室》，西北大学出版社 1995 年版，第 2 页。

[2] 中国科学院考古研究所《长安张家坡西周铜器群》，文物出版社 1965 年版；西安市文物管理处《陕西长安新旺村、马王村出土的西周铜器》，《考古》1971 年第 1 期。

[3] 郑洪春、蒋祖棣《长安沣东西周遗存的考古调查》，《考古与文物》1986 年第 2 期。

[4] 陕西省文物管理委员会《陕西长安沣西张家坡西周遗址的发掘》，《考古》1964 年第 9 期；中国社会科学院考古研究所丰镐工作队《1997 年沣西发掘报告》，《考古学报》2000 年第 2 期。

[5] 陕西周原考古队《陕西岐山凤雏村西周建筑基址发掘简报》，《文物》1979 年第 10 期。

[6] 徐中舒《周原甲骨初论》，《四川大学学报丛刊》第 10 辑，1982 年 5 月；陈全方《陕西岐山凤雏村西周甲骨文概论》，《四川大学学报丛刊》第 10 辑，1982 年 5 月；李学勤《西周甲骨的几点研究》，《文物》1981 年第 9 期；王宇信《西周甲骨概论》，中国社会科学出版社 1984 年版，第 241 页。

[7] 陕西周原考古队《扶风召陈西周建筑群基址发掘简报》，《文物》1981 年第 3 期。

[8] 陕西周原考古队《扶风云塘西周骨器制造作坊遗址试掘简报》，《文物》1980 年第 4 期。

[9] 陕西省考古研究所宝鸡工作站《陕西岐山赵家台遗址试掘简报》，《考古与文物》1994 年第 2 期。

[10] 陕西周原考古队《陕西扶风庄白一号西周青铜器窖藏发掘简报》，《文物》1978 年第 3 期。

[11] 岐山县文化馆等《陕西省岐山县董家村西周铜器窖穴发掘简报》，《文物》1976 年第 5 期。

[12] 扶风县图博馆《陕西扶风发现西周厉王㝬簋》，《文物》1979 年第 4 期。

[13] 丁乙《周原的建筑遗存和铜器窖藏》，《考古》1982 年第 4 期。

[14] 罗红侠《扶风黄堆老堡三座西周残墓清理简报》，《考古与文物》1994 年第 3 期。

[15]《陕西周原西周时期考古新发现》，《1999 中国重要考古发现》，文物出版社 2001 年版，第 55 页。

[16] 郭宝钧等《一九五二年秋季洛阳东郊发掘报告》，《考古学报》1955 年第 9 期。

［17］张剑《洛阳两周考古概述》，《洛阳考古四十年》，科学出版社 1996 年版。

［18］洛阳博物馆《洛阳庞家沟五座西周墓的清理》，《文物》1972 年第 10 期。

［19］洛阳博物馆《洛阳北窑村西周遗址 1974 年度发掘简报》，《文物》1981 年第 7 期；洛阳市文物工作队《1975～1979 年洛阳北窑西周铸铜遗址的发掘》，《考古》1983 年第 5 期；《洛阳北窑西周铸铜遗址》，《中国考古学年鉴》（1990 年），文物出版社 1991 年版。

［20］洛阳博物馆《洛阳北窑村西周遗址 1974 年度发掘简报》，《文物》1981 年第 7 期。

［21］叶万松、余扶危《洛阳市瀍河西周车马坑》，《中国考古学年鉴》（1985 年），文物出版社 1986 年版。

［22］洛阳市文物工作队《洛阳林校西周车马坑》，《文物》1999 年第 3 期。

［23］叶万松等《西周洛邑城考》，《华夏考古》1991 年第 2 期。

［24］杨育彬、袁广阔《20 世纪河南考古发现与研究》，中州古籍出版社 1997 年版，第 409 页。

［25］中国社会科学院考古研究所洛阳汉魏城队《汉魏洛阳故城城垣试掘》，《考古学报》1998 年第 3 期。

［26］同［23］。

［27］唐兰《作册令尊及作册令彝考释》，《国学季刊》第 4 卷第 1 号；陈梦家：《西周铜器断代》（二），《考古学报》第 10 册。

［28］北京大学考古专业商周组等《晋豫鄂三省考古调查简报》，《文物》1982 年第 7 期；北京大学考古专业山西实习组等《翼城曲沃考古勘察记》，《考古学研究（一）》（北京大学考古学丛书），文物出版社 1992 年版；邹衡《晋始封地考略》，《尽心集——庆祝张政烺先生八十寿辰》，吉林出版社 1993 年版。

［29］邹衡《论早期晋都》，《文物》1994 年第 1 期。

［30］北京大学考古学系、北京市文物研究所《1995 年琉璃河周代居址发掘简报》，《文物》1996 年第 6 期；柴晓明《论西周时期燕国文化遗存》，1995 年"北京建城 3040 年暨燕文明国际学术研讨会"论文。

［31］刘绪、赵福生《琉璃河遗址西周燕文化的新认识》，《文物》1997 年第 4 期。

［32］北京市文物研究所、北京大学考古学系《1995 年琉璃河遗址墓葬区发掘简报》，《文物》1996 年第 6 期。

［33］同［31］。

［34］李家窑遗址考古发掘队《三门峡发现虢都上阳城》，《中国文物报》2001 年 1 月 10 日 1 版；《南虢都城上阳重见天日》，《中原文物》2001 年第 1 期。

[35] 中国社会科学院考古研究所《洛阳发掘报告》，北京燕山出版社 1989 年版。

[36] 洛阳博物馆《洛阳战国粮仓试掘纪略》，《文物》1981 年第 11 期。

[37] 同 [24]，第 428 页。

[38] 洛阳市文物工作队《洛阳东周王城遗址发现烧造钳埚古窑址》，《文物》1995 年第 8 期。

[39] 洛阳市文物工作队《洛阳东周王城内的古窑址》，《考古与文物》1983 年第 2 期。

[40] 蔡全法、马俊才《新郑市郑韩故城韩宫城遗址》，《中国考古学年鉴》（1999 年），文物出版社 2001 年版，第 204～205 页。

[41] 郭木森等《新郑发现一座韩国大型建筑遗址》，《中国文物报》1987 年 10 月 23 日 2 版；宋国定《新郑县郑韩故城遗址》，《中国考古学年鉴》（1987 年），文物出版社 1988 年版，第 187 页。

[42] 河南省文物研究所《郑韩故城内战国时期地下冷藏室遗迹发掘简报》，《华夏考古》1991 年第 2 期。

[43] 郭木森、蔡晓红《新郑市北街民居基建地东周遗址》，《中国考古学年鉴》（1999 年），文物出版社 2001 年版，第 206 页。

[44] 澧县文物管理所、河南省文物考古研究所《河南新郑新发现的战国钱范》，《华夏考古》1994 年第 4 期。

[45] 河南省文物研究所《河南新郑郑韩故城制陶作坊遗迹发掘简报》，《华夏考古》1991 年第 3 期。

[46] 河南省文物研究所《郑韩故城制骨遗址的发掘》，《华夏考古》1990 年第 2 期。

[47] 郭木森、孙春玲《新郑市市直幼儿园基建地东周遗址与墓葬》，《中国考古学年鉴》（1999 年），文物出版社 2001 年版，第 207～208 页。

[48] 河南省文物考古研究所新郑工作站《郑韩故城青铜礼乐器坑与殉马坑的试掘》，《华夏考古》1998 年第 4 期；蔡全法、马俊材《郑韩故城 4 号、15 号坑铜礼乐器浅析》，《华夏考古》1998 年第 4 期；蔡全法等《郑韩故城考古又获重大成果》，《中国文物报》1997 年 2 月 23 日 1 版。

[49] 蔡全法、马俊才《郑韩故城 4 号、15 号坑铜礼乐器浅析》，《华夏考古》1998 年第 4 期；河南省文物考古研究所新郑工作站《郑韩故城青铜礼乐器坑与殉马坑的发掘》，《华夏考古》1998 年第 4 期。

[50] 蔡全法等《新郑郑韩故城金城路考古取得重大成果》，《中国文物报》1994 年 1 月 2 日 1 版。

［51］郝本性《新郑"郑韩故城"发现一批战国铜兵器》,《文物》1972年第10期。

［52］蔡全法、马俊才《新郑市中行东周遗址》,《中国考古学年鉴》(1999年),文物出版社2001年版,第203~204页。

［53］曾晓敏《郑州黄河医院战国祭祀遗址》,《中国考古学年鉴》(1987年),文物出版社1988年版,第187~188页。

［54］郭宝钧《商周铜器群综合研究》,文物出版社1981年版;高明《新郑彝器》,《中国大百科全书·考古卷》,中国大百科全书出版社1986年版,第588页。

［55］山西省考古研究所侯马工作站《晋都新田》,山西人民出版社1996年版。

［56］山西省考古研究所《山西考古四十年》,山西人民出版社1994年版,第156页。

［57］山西省考古研究所《1979~1989年山西省的考古发现》,《文物考古工作十年》,文物出版社1990年版,第42~43页。

［58］河北省文物管理处、邯郸市文物管理所《赵邯郸故城调查报告》,《考古学集刊》第4集,中国社会科学出版社1984年版。

［59］河北省文管处等《河北邯郸赵王陵》,《考古》1982年第6期。

［60］河北省文化局文物工作队《河北邯郸百家村战国墓》,《考古》1962年第12期。

［61］群力《临淄齐国故城勘探纪要》,《文物》1972年第5期。

［62］临淄区齐国故城遗址博物馆《临淄齐国故城的排水系统》,《考古》1988年第9期。

［63］山东省文物考古研究所《山东淄博市临淄区淄河店二号战国墓》,《考古》2000年第10期。

［64］山东省文物考古研究所《山东省文物考古工作五十年》,《新中国考古五十年》,文物出版社1999年版,第241页。

［65］齐故城博物馆、临淄市博物馆《临淄商王墓地》,齐鲁书社1997年版。

［66］山东省文物考古研究所《山东省文物考古工作五十年》,《新中国考古五十年》,文物出版社1999年版,第241页。

［67］山东省文物考古研究所、齐城遗址博物馆《临淄两醇墓地发掘简报》,《海岱考古》第一辑,山东大学出版社1989年版。

［68］山东省文物考古研究所《前进中的十年》,《文物考古工作十年》,文物出版社1990年版,第170页。

［69］山东省博物馆《临淄郎家庄一号东周殉人墓》,《考古学报》1977年第1期。

[70] 山东省文物考古研究所、齐城遗址博物馆《临淄东古墓地发掘简报》,《海岱考古》第一辑,山东大学出版社 1989 年版。

[71] 田岸《曲阜鲁城勘探》,《文物》1982 年第 12 期;山东省文物考古研究所等《曲阜鲁国故城》,齐鲁书社 1982 年版。

[72] 张学海《曲阜鲁故城》,载宿白主编《中华人民共和国重大考古发现》,文物出版社 1999 年版,第 200 页。

[73] 张学海《浅谈曲阜鲁城的年代和基本格局》,《文物》1982 年第 12 期。

[74] 周有恒《千年遗址·南国完璧——楚郢都漫话》,《文史知识》1989 年第 1 期。

[75] 杨权喜《当阳季家湖考古试掘的主要收获》,《江汉考古》1980 年第 2 期。

[76] 湖北省博物馆《楚都纪南城的勘查与发掘》(上、下),《考古学报》1982 年第 3、4 期。

[77] 湖北省文物考古研究所《1988 年楚都纪南城松柏区的勘查与发掘》,《江汉考古》1991 年第 4 期。

[78] 陈跃均《荆州地区楚文化调查与探索》,《楚文化研究论集》(一),荆楚书社 1987 年版。

[79] 《湖北潜江龙湾楚宫殿基址群》,《1999 中国重要考古发现》,文物出版社 2001 年版,第 61~66 页。

[80] 陕西省雍城考古队《秦都雍城钻探试掘简报》,《考古与文物》1985 年第 2 期。

[81] 陕西省雍城考古队《凤翔马家庄一号建筑群遗址发掘简报》,《文物》1985 年第 2 期。

[82] 陕西省雍城考古队《凤翔马家庄一号建筑群发掘简报》,《文物》1985 年第 2 期;韩伟《马家庄秦宗庙建筑制度研究》,《文物》1985 年第 2 期。

[83] 韩伟《秦公朝寝钻探图考释》,《考古与文物》1985 年第 2 期。

[84] 马振智、焦南峰《蕲年·棫阳·年宫考》,《陕西省考古学会第一届年会论文集》,《考古与文物》增刊第 2 号。

[85] 韩伟、曹明檀《陕西凤翔高王寺战国铜器窖藏》,《文物》1981 年第 1 期。

[86] 陕西省雍城考古队《秦都雍城钻探试掘简报》,《考古与文物》1985 年第 2 期。

[87] 徐锡台、孙德润《凤翔发现"年宫"与"棫"字瓦当》,《文物》1963 年第 5 期;马振智、焦南峰《蕲年·棫阳·年宫考》,《陕西省考古学会第一届年会论文集》,《考古与文物》增刊第 2 号。

[88] 陕西省雍城考古队《凤翔凹里秦汉遗址调查简报》,《考古与文物》1989 年第 2 期。

[89] 河北省文物研究所《河北平山三汲古城调查与试掘》,《考古学集刊》第 5 集,中国社会科学出版社 1987 年版。

[90] 河南省文物考古研究所、周口市文化局《鹿邑太清宫长子口墓》,中州古籍出版社 2000 年版。

[91] 《河南郑州洼刘西周墓地》,《1999 年中国重要考古发现》,文物出版社 2001 年版,第 46~51 页。

[92] 郑州市文物考古研究所《郑州市洼刘村西周墓葬(ZGW99M1)发掘简报》,《文物》2001 年第 6 期。

[93] 中国科学院考古研究所《沣西发掘报告》,文物出版社 1963 年版;中国社会科学院考古研究所沣西发掘队《1967 年长安张家坡西周墓葬的发掘》,《考古学报》1980 年第 4 期;中国社会科学院考古研究所《张家坡西周墓地》,中国大百科全书出版社 1999 年版;中国社会科学院考古研究所丰镐工作队《1997 年沣西发掘报告》,《考古学报》2000 年第 2 期;《陕西省沣西大原村北西周墓葬》,《中国考古学年鉴》(1999 年),文物出版社 2001 年版,第 291~292 页。

[94] 中国科学院考古研究所沣西发掘队《长安张家坡西周井叔墓发掘简报》,《考古》1986 年第 1 期。

[95] 中国科学院考古研究所沣西发掘队《陕西长安张家坡 M170 号井叔墓发掘简报》,《考古》1990 年第 6 期。

[96] 罗红侠《扶风黄堆老堡三座西周残墓清理简报》,《考古与文物》1994 年第 3 期。

[97] 《陕西周原西周时期考古新发现》,《1999 中国重要考古发现》,文物出版社 2001 年版,第 55 页。

[98] 洛阳市博物馆《洛阳庞家沟五座西周墓的清理》,《文物》1972 年第 10 期;洛阳市文物工作队《洛阳北窑西周墓》,文物出版社 1999 年版。

[99] 洛阳博物馆《洛阳北窑西周遗址 1974 年度发掘简报》,《文物》1981 年第 1 期;《洛阳北窑西周墓清理记》,《考古》1972 年第 2 期;中国科学院考古研究所《洛阳中州路(西工段)》,科学出版社 1959 年版。

[100] 张剑、蔡运章《洛阳白马寺三座西周晚期墓》,《文物》1998 年第 10 期;洛阳市文物工作队《洛阳东郊 C5M906 号西周墓》,《考古》1995 年第 9 期;洛阳市文物工作队《洛阳东郊西周墓》,《文物》1999 年第 9 期。

[101] 洛阳市博物馆《洛阳庞家沟五座西周墓的清理》，《文物》1972 年第 10 期；洛阳市文物工作队《洛阳北窑西周墓》，文物出版社 1999 年版。

[102] 傅永魁《洛阳东郊西周墓发掘简报》，《考古》1959 年第 4 期。

[103] 同［102］。

[104] 张剑、蔡运章《洛阳东郊 13 号西周墓的发掘》，《文物》1998 年第 10 期。

[105] 张剑《洛阳两周考古概述》，《洛阳考古四十年》，科学出版社 1996 年版。

[106] 洛阳博物馆《洛阳北窑村西周墓清理记》，《考古》1972 年第 2 期。

[107] 洛阳市文物工作队《1975～1979 年洛阳北窑西周铸铜遗址的发掘》，《考古》1983 年第 5 期。

[108] 山西省考古研究所、北京大学考古学系《天马—曲村遗址北赵晋侯墓地第四次发掘》，《文物》1994 年第 8 期。

[109] 北京大学考古学系、山西省考古研究所《天马—曲村遗址北赵晋侯墓地第二次发掘》，《文物》1994 年第 1 期；山西省考古研究所、北京大学考古学系《天马—曲村遗址北赵晋侯墓地第三次发掘》，《文物》1994 年第 8 期。

[110] 中国社会科学院考古研究所等《北京琉璃河 1193 号大墓发掘简报》，《考古》1990 年第 1 期。

[111] 北京市文物研究所、北京大学考古学系《1995 年琉璃河遗址墓葬区发掘简报》，《文物》1996 年第 6 期。

[112] 琉璃河考古队《北京附近发现的奴隶殉葬墓》，《考古》1974 年第 5 期。

[113] 王龙正等《平顶山应国墓地发掘获重大成果》，《中国文物报》1996 年 1 月 1 版；河南省文物考古研究所、平顶山市文物管理委员会《平顶山应国墓地八十四号墓发掘简报》，《文物》1998 年第 9 期。

[114] 同［24］，第 418～419 页。

[115] 河南省文物考古研究所、平顶山市文物管理委员会《平顶山应国墓地八十四号墓地发掘简报》，《文物》1998 年第 9 期。

[116] 河南省文物研究所、平顶山市文物管理委员会《平顶山应国墓地九十五号墓的发掘》，《华夏考古》1992 年第 3 期。

[117] 王龙正《平顶山应国墓地九十五号墓年代、墓主及相关问题》，《华夏考古》1995 年第 4 期。

[118] 河南省文物研究所等《平顶山市北滍村两周墓地一号墓发掘简报》，《华夏考古》1988 年第 1 期。

[119] 河南省文物考古研究所《河南省文物考古工作五十年》，《新中国考古五十年》，文物出版社 1999 年版，第 256 页。

[120] 同 [119]。

[121] 平顶山市文管会《河南平顶山市发现西周铜簋》,《考古》1981 年第 4 期;
《河南平顶山市新出土西周青铜器》,《中原文物》1988 年第 1 期;张肇武
《河南平顶山又出土一件邓公簋》,《考古与文物》1983 年第 1 期。

[122] 郭宝钧《浚县辛村》,科学出版社 1964 年版。

[123] 中国科学院考古研究所《上村岭虢国墓地》,科学出版社 1959 年版。

[124] 三门峡市文物工作队《三峡市花园北街发现一座西周墓葬》,《文物》1999
年第 11 期。

[125] 河南省文物研究所《三门峡上村岭虢国墓地 M2001 发掘简报》,《华夏考
古》1992 年第 3 期。

[126] 河南省文物考古研究所、三门峡市文物工作队《三门峡虢国墓》(第一卷),
文物出版社 1999 年版,第 524 页。

[127]《虢国墓地又获重大发现》,《中国文物报》1992 年 2 月 2 日;李学勤《三
门峡虢国墓新发现与虢国史》,《中国文物报》1992 年 2 月 2 日。

[128] 河南省文物研究所《河南考古四十年》,河南人民出版社 1994 年版,第
248 页。

[129] 河南省文物考古研究所、三门峡市文物工作队《三门峡虢国墓地 M2010 的
清理》,《文物》2000 年第 12 期。

[130] 中国科学院考古研究所《上村岭虢国墓地》,科学出版社 1959 年版。

[131] 林寿晋《<上村岭虢国墓地>补记》,《考古》1961 年第 9 期。

[132] 卢连成、胡智生《宝鸡㢡国墓地》,文物出版社 1988 年版。

[133] 张长寿《论宝鸡茹家庄发现的西周铜器》,《考古》1980 年第 6 期。

[134] 卢连成《西周矢国史迹考略及相关问题》,《西周史研究》,1984 年。

[135] 同 [132]。

[136] 尹盛平《西周的㢡国与太伯、仲雍奔"荆蛮"》,《陕西省文物考古科研成果
汇报论文选集》,1981 年版。

[137] 田仁孝等《西周㢡氏遗存几个问题的探讨》,《文博》1994 年第 4 期。

[138] 山西省考古研究所、太原市文物管理委员会《太原金胜村 251 号春秋大墓
及车马坑发掘简报》,《文物》1989 年第 9 期;《太原晋国赵卿墓》,文物出
版社 1996 年版。

[139] 侯毅《试论太原金胜村 251 号墓墓主身份》,《文物》1989 年第 9 期。

[140] 山西省考古研究所《山西省考古工作五十年》,《新中国考古五十年》,文物
出版社 1999 年版,第 73 页。

［141］郭宝钧《山彪镇与琉璃阁》，科学出版社 1959 年版。

［142］同［141］。

［143］中国科学院考古研究所《辉县发掘报告》，科学出版社 1956 年版。

［144］黄河水库考古工作队《1957 年河南陕县发掘简报》，《考古通讯》1958 年第 11 期。

［145］河南省文物局《汤阴发现战国阵亡军士墓》，《河南日报》1982 年 6 月 16 日。

［146］山东省文物考古研究所《前进中的十年》，《文物考古工作十年》，文物出版社 1990 年版，第 170 页。

［147］罗勋章《田齐王陵初探》，《齐文化丛书·考古卷》，齐鲁书社 1997 年版，第 423～436 页；山东省文物考古研究所《山东省文物考古工作五十年》，《新中国考古五十年》，文物出版社 1999 年版，第 240～241 页。

［148］山东省文物考古研究所《山东淄博市临淄区淄河店二号战国墓》，《考古》2000 年第 10 期。

［149］齐故城博物馆、临淄市博物馆《临淄商王墓地》，齐鲁书社 1997 年版。

［150］山东省文物考古研究所《齐故城五号东周墓及大型殉马坑的发掘》，《文物》1984 年第 9 期。

［151］山东省博物馆《临淄郎家庄一号东周殉人墓》，《考古学报》1977 年第 1 期。

［152］同［146］。

［153］河北省文物研究所《䗪墓——战国中山国国王之墓》，文物出版社 1995 年版。

［154］河北省文化局文物工作队《行唐县李家庄发现战国铜器》，《文物》1963 年第 4 期；河北省博物馆、文管处《河北平山县访驾庄发现战国前期青铜器》，《文物》1978 年第 2 期；河北省博物馆文管处《满城唐县发现战国时代青铜器》，《光明日报》1972 年 7 月 16 日；河北省文物研究所《河北新乐中同村发现战国墓》，《文物》1985 年第 6 期。

［155］焦南峰、段清波《陕西秦汉考古四十年纪要》，《考古与文物》1998 年第 5 期。

［156］陕西省雍城考古队吴镇烽、尚志儒《陕西凤翔高庄秦墓地发掘简报》，《考古与文物》1981 年第 1 期；陕西省雍城考古队吴镇烽、尚志儒《陕西凤翔八旗屯秦国墓葬发掘简报》，《文物资料丛刊》第 3 辑；雍城考古工作队《凤翔县高庄战国秦墓发掘简报》，《文物》1980 年第 9 期；陕西省雍城考

古队李自智、尚志儒《陕西凤翔西村战国秦墓发掘简报》，《考古与文物》1986 年第 1 期；陕西省雍城考古队《一九八一年凤翔八旗屯墓地发掘简报》，《考古与文物》1986 年第 5 期；陕西省雍城考古队尚志儒、赵丛苍《陕西凤翔八旗屯西沟道秦墓发掘简报》，《文博》1986 年第 3 期；田亚岐、王保平《凤翔南指挥两座小型秦墓的清理》，《考古与文物》1987 年第 6 期。

[157] 韩伟《略论陕西春秋战国秦墓》，《考古与文物》1981 年第 2 期。

[158] 杨权喜《楚文化》，文物出版社 2000 年版，第 65 页。

[159] 河南省文物研究所、周口地区文化局文物科《河南淮阳马鞍冢楚墓发掘简报》，《文物》1984 年第 10 期。

[160] 河南省文物研究所《淅川下寺春秋楚墓》，文物出版社 1991 年版。

[161] 李零《"楚叔之孙佣"究竟是谁》，《中原文物》1981 年第 4 期。

[162] 张亚初《淅川下寺二号墓的墓主、年代与一号墓编钟的名称问题》，《文物》1985 年第 4 期。

[163] 荆州博物馆《江陵天星观 1 号楚墓》，《考古学报》1982 年第 1 期。

[164] 《湖北荆州天星观 2 号墓》，《2000 中国重要考古发现》，文物出版社 2001 年版，第 62～63 页。

[165] 河南省文物研究所《信阳楚墓》，文物出版社 1986 年版。

[166] 郭沫若《信阳墓的年代与国别》，《文物》1958 年第 1 期；林巳奈夫《中国殷周时代的武器》，京都大学人文科学研究所 1972 年版，第 529～536 页。

[167] 中文系古文字研究室楚简整理小组《江陵昭固墓若干问题的探讨》，《中山大学学报》1977 年第 2 期。

[168] 宋国定等《新蔡发掘一座大型楚墓》，《中国文物报》1994 年 10 月 23 日 1 版。

[169] 荆沙铁路考古队《包山楚墓》，文物出版社 1991 年版。

[170] 湖北省文化局文物工作队《江陵三座楚墓出土大批重要文物》，《文物》1966 年第 5 期。

[171] 湖北省宜昌地区博物馆、北京大学考古系《当阳赵家湖楚墓》，文物出版社 1992 年版。

[172] 随县擂鼓堆一号墓考古发掘队《湖北随县曾侯乙墓发掘简报》，《文物》1979 年第 7 期；湖北省博物馆《曾侯乙墓》，文物出版社 1989 年版。

[173] 李治益《寿县蔡侯墓》，载宿白主编《中华人民共和国重大考古发现》，文物出版社 1999 年版，第 214 页。

[174] 浙江省文物考古研究所、绍兴县文物保护管理所《浙江绍兴印山大墓发掘简报》,《文物》1999 年第 11 期。

[175] 浙江省文物管理委员会等《绍兴 306 号战国墓发掘简报》,《文物》1984 年第 1 期。

[176] 牟永抗《绍兴 306 号越墓刍议》,《文物》1984 年第 1 期。

[177] 引自谷建祥、林留根《江南大型土墩墓形制之研究》,《东南文化》1998 年第 1 期;《丹徒县青龙山春秋大墓》,《中国考古学年鉴》(1988 年),文物出版社 1989 年版,第 155 页。

[178] 江苏丹徒考古队《江苏丹徒北山顶春秋墓发掘报告》,《东南文化》1988 年第 3、4 期;张敏《吴王余昧墓的发现及其意义》,《东南文化》1988 年第 3、4 期。

[179] 朱江《吴县五峰山烽燧墩清理简报》,《考古通讯》1955 年第 4 期。

[180] 苏州博物馆《真山东周墓地、吴楚贵族墓地的发掘与研究》,文物出版社 1999 年版。

[181] 苏州博物馆《江苏苏州浒墅关真山大墓的发掘》,《文物》1996 年第 2 期。

[182] 《四川成都出土大型船棺独木棺墓葬》,《2000 中国重要考古发现》,文物出版社 2001 年版,第 51~56 页。

[183] 四川省博物馆、新都县文物管理所《四川新都战国木椁墓》,《文物》1981 年第 6 期。

[184] 山西省文物工作委员会《侯马盟书》,文物出版社 1976 年版。

[185] 河南省文物研究所《河南温县东周盟誓遗址一号坎发掘简报》,《文物》1983 年第 3 期。

[186] 郭德维《楚国的"士"墓辨析》,《楚文化研究论集》第 1 集,荆楚书社 1987 年版。

[187] 滕壬生《楚系简帛文字编·序言》,湖北教育出版社 1995 年版。

[188] 河南省文物研究所《信阳楚墓》,文物出版社 1986 年版。

[189] 荆沙铁路考古队《包山楚墓》,文物出版社 1991 年版,第 265~277 页。

[190] 湖北省荆门市博物馆《荆门郭店 1 号楚墓》,《文物》1997 年第 7 期;荆门市博物馆《郭店楚墓竹简》,文物出版社 1998 年版;李学勤《先秦儒家著作的重大发现》,《中国哲学》第 20 辑。

[191] 夏鼐、殷玮璋《湖北铜绿山古铜矿》,《考古学报》1982 年第 1 期;中国社会科学院考古研究所铜绿山工作队《湖北铜绿山东周铜矿遗址发掘》,《考古》1981 年第 1 期;湖北省博物馆《湖北古矿冶遗址调查》,《考古》1974

年第 4 期；安徽省文物考古研究所、铜陵市文物管理所《安徽铜陵市古代铜矿遗址调查》，《考古》1993 年第 6 期。

[192] 刘诗中、卢本珊《江西铜岭铜矿遗址的发掘与研究》，《考古学报》1998 年第 4 期。

[193] 山西省考古研究所《侯马铸铜遗址》，文物出版社 1993 年版；山西省考古研究所《山西省考古工作五十年》，《新中国考古五十年》，文物出版社 1999 年版，第 74 页；《洛阳发现西周前期铸铜铸造遗址》，《文物特刊》(35)，文物出版社 1977 年 8 月；洛阳博物馆《洛阳北窑村西周遗址 1974 年度发掘简报》，《文物》1981 年第 7 期；洛阳文物工作队《1975~1979 年洛阳北窑西周铸造遗址的发掘》，《考古》1983 年第 5 期；河南省博物馆新郑工作站《河南新郑郑韩故城的钻探和试掘》，《文物资料丛刊》第 3 集；山东省文物考古研究所等《曲阜鲁国故城》，齐鲁书社 1982 年版，第 50 页；安徽省文物局《五十年来安徽省文物考古工作》，《新中国考古五十年》，文物出版社 1999 年版，第 186 页；殷玮璋《东周矿冶遗址和铸铜工艺》，《新中国的考古发现和研究》，文物出版社 1984 年版，第 337 页。

[194] 张万钟《侯马东周陶范的造型工艺》，《文物》1962 年第 4、5 期。

[195] 雷从云《30 年来春秋战国铁器发现述略》，《中国历史博物馆馆刊》1980 年第 2 期。

[196] 中国科学院考古研究所《辉县发掘报告》，科学出版社 1956 年版，第 69~108 页。

[197] 郑绍宗《热河兴隆发现的战国生产工具铸范》，《考古通讯》1956 年第 1 期；山西省考古研究所《山西省考古工作五十年》，《新中国考古五十年》，文物出版社 1999 年版，第 74 页；中国历史博物馆考古调查组等《河南登封阳城遗址的调查与铸铁遗址的试掘》，《文物》1977 年第 12 期。

[198] 河南省文物研究所《近十年河南文物考古工作的新进展》，《文物考古工作十年》，文物出版社 1990 年版。

三 主要研究成果

两周考古所取得的研究成果十分丰富，其中有的为长期以来的基础性研究，有的则为集中性的课题研究。这里主要介绍以下几方面的成果。

（一）两周陶器分期研究

陶器是考古遗物中变化最快，并最能反映人们生活状况的一种代表性器物。两周陶器的分期研究，一直受到学者们的重视。

1. 西周陶器分期

在不少西周时期的遗址和墓葬中，都发现大量的陶器（包括陶片），代表性的如沣西西周居址和墓葬、洛阳中州路西周遗址和墓葬、洛阳北窑西周遗址、洛阳北窑庞家沟西周墓地、陕县上村岭虢国墓地、曲沃晋侯墓地、琉璃河西周燕国遗址和墓地、浚县辛村西周墓地、邢台西关外西周遗址、磁县下潘汪西周遗址等。学者们对这些遗址出土的陶器，基本都做了分期研究工作，如沣西陶器就有五期分法[1]和六期[2]、七期分法[3]。

统观西周遗址、墓葬陶器的发现及其分期研究成果，可以从中看出一些共同的特征，如典型器物组合基本为鬲、罐、簋、豆、盂，各种器物的演变规律基本相似。从总的情况看，可将西周陶器概分为早、中、晚三大期。

西周早期陶器包括从西周初年到康昭时期的陶器。主要器形有瘪裆鬲、分裆鬲、斜腹绳纹簋（周式簋）、云纹印纹簋（殷式簋）、泥钉旋纹簋、敞口甗、素面粗柄豆、泥钉旋纹罐、绳纹盆、小口折肩罐、大口罐、小口长颈罐、双立耳罐以及敛口钵、瓮。其中陶鬲大多形体矮宽，足裆较低，无足根或有乳足根和柱足；陶簋多为大口或敞口，圈足较低且斜直；罐类器体肥胖，圆肩鼓腹。陶器有灰陶、红陶，纹饰以绳纹为主，少见横纹和绳纹；鬲、罐顶部绳纹常有抹去的习惯。在远离宗周的其他地区如燕国、中原各地，瘪裆鬲少见而分裆鬲常见，殷式簋多而周式簋少。

西周中期陶器指周穆王到夷王时期的陶器。流行的器类有圆裆联裆鬲、足根呈柱状的分裆鬲、仿铜陶鬲、斜腹绳纹簋、敛口瓦纹簋、泥钉绳纹簋、敞口甗、粗柄豆、直口罐、圆腹旋纹盆、细弦纹盆、旋纹或弦纹罐、盂、豆等。联裆鬲裆低矮，簋圈足较高，盂开始流行，豆柄变细，陶质中泥质陶不断增加，纹饰以绳纹、旋纹和弦纹为主。

西周晚期指厉、宣、幽时期。这一时期陶器中鬲较少，联裆鬲数量不多，分裆鬲和仿铜鬲多见，有大量的折腹弦纹盆、凸棱细柄豆、旋纹罐和少量的瓦纹敛口簋。陶鬲裆部低矮，素面平底盂基本取代圈足簋，豆柄变得很细，陶罐深腹斜肩或深腹垂肩。这时期泥质陶多于夹砂陶，灰陶多于红陶，多见素面陶。绳纹少见且以中粗绳纹为主。旋纹、弦纹具一定数量。

2．东周陶器分期

东周时期，"天子微，诸侯僭；大夫强，诸侯胁"，动乱的局势加之各地生产力的不平衡发展，物质文化面貌逐渐形成区域性特征，大体可分为三晋中原地区、以关中为中心的秦国地区、南方楚国地区和以土墩墓为特点的吴越地区等。

（1）三晋中原地区

以洛阳中州路、陕县东周墓、王湾春秋墓、新郑大墓、临淄齐侯大墓等遗址和墓地为代表。所出的陶器分为春秋、战国两大段，每段各为早、中、晚三期共六期。

春秋时期，陶器组合以日用器为主，仍沿袭西周配置。春秋早期，陶器组合为鬲、盆、罐，特征与西周晚期接近，春秋中期组合为鬲、盆、豆、罐，春秋晚期陶器组合为鼎、豆、罐，或有盆，有些以釜代鼎，盖豆多于盘豆。

春秋陶器的变化规律为：鬲足根逐渐消失，发展为圜底的陶釜；豆逐渐向浅盘高细柄带盖豆演变；陶罐颈部逐渐增高，最终向壶发展；陶鼎数量逐渐增多。三晋地区的陶器，盖豆相对较早，出现于春秋中期，并流行一种直颈折肩陶壶，晚期流行连盖壶。

春秋时期的陶器盛行轮制，陶质细腻，以灰陶为主，春秋早中期夹砂粗陶较普遍存在。陶器以素面或磨光者居多，纹饰有绳纹、弦纹、暗纹，鬲、釜等器物上多施绳纹、弦纹，暗纹多施于豆、盆类。

战国时期，陶器出现新的组合，形制仿当时的铜器，战国早期组合为鼎、豆、壶，有些伴出罐、盘、杯、鬲。战国中期流行鼎、豆、壶、盘、匜、细把豆。豆多为无盖豆，有些伴出小杯、罐、杯。战国中期晚段或加小壶、鸟柱盆、筒形器。战国晚期陶器组合为鼎、盒、壶、盘、匜，有些伴出豆、罐、小壶、杯，但豆、盒不同出。

战国时期，陶鼎的耳由方直平立式耳到椭圆形斜出耳，再到半环形横耳，蹄足越来越明显，越来越低矮；豆分无盖豆和有盖豆，无盖豆的豆盘越来越浅，柄逐渐变细高，有盖豆柄部逐渐变矮；壶由高颈变为低颈，腹部则越来越浑圆，最大径由腹部上升至肩部；盒盛行于战国晚期，代替豆。

战国陶器陶质细腻，大多数为灰陶。陶器上暗纹盛行，多见山字形、锯齿状、兽角纹，弦纹次之，绳纹少见，彩绘陶逐渐增多。

（2）以关中地区为代表的秦国陶器

秦国陶器有两个系统，一个是以陶日用器为代表；另一个以仿铜陶礼器为代表，多见于中型以上贵族墓，战国时期无论大、中、小型墓皆见。

陶日用器的组合在春秋时期的早、中、晚三期和战国早期基本相同，以鬲、豆、盆（盂）、罐为常见组合。鬲体逐渐变扁，肩部越来越明显，瘪裆较高发展到低平裆；豆由深盘变浅盘，豆柄由粗矮向细高发展；罐的喇叭由小变大，由折肩到圆肩，颈部越来越高；盆（盂）底逐渐变小，颈肩部日渐变矮。春秋中晚期和战国早期，在秦国中型以上墓中，除日用陶器外，还共出仿铜陶礼器，组合为鼎、簋、方壶、瓶、匜，器表多施彩绘图案，演变规律与同时期铜器相同。春秋晚期和战国早期出现困。战国早期的陶礼器仿铜器而出现微型化。

战国中期以后，秦墓中出土的陶器风格巨变，陶日用器和陶礼器在大、中、小型墓中均出现了。战国中期，日用器以鬲、盂、罐为组合，新出现了小口圆肩罐，有些墓还出现釜。战国中期的陶礼器为附耳圆腹鼎、有盖豆、锤式圆壶。有些墓中还见蒜头壶、茧形壶。战国晚期直到秦代的日用陶器组合为釜、盂、罐，或并出茧形壶。而陶礼器则为鼎、盒、壶，或伴出蒜头壶。

(3) 楚国陶器

楚遗址中出土的陶器火候较高，以夹砂或泥质灰陶为主，纹饰有绳纹、弦纹、附加堆纹。以楚式鬲为代表的典型器物组合为鬲、盆（盂）、罐、长颈壶、豆、瓮等。鬲最具特点，高足、足窝浅，与当地传统的罐形鼎和盆形鼎相似，被称为鼎式鬲或楚式鬲。春秋时期楚式鬲普遍取代了当地的陶鼎，其形制为中口、圆肩、三高足大而稳当；战国时期，鬲口变大，其宽度基本与最大径的肩部相当，三高足逐渐内收变小，战国中期偏晚的楚式鬲呈现头重脚轻之感。盆（或盂）为宽扁形，束颈、内凹底，素面或腹部饰绳纹。豆分细柄豆和盖豆，多饰暗纹。细柄豆的盘壁呈弧形，柄较细高；盖豆为子母口，盖纽呈凸棱圈形。高领罐直口鼓肩，肩腹饰绳纹。矮领瓮广肩、尖圜底，腹部饰间断绳纹。长颈壶颈粗长，喇叭形口。此外，遗址中还出有高锥足罐形鼎、釜、甗、甑、缸等。

楚墓中出土的陶器，除日用陶器外，大量的是火候较低的泥质陶明器。陶明器大多数是仿铜礼器，少数为日用陶明器。春秋时期的平民墓流行随葬日用陶器，基本组合为鬲、盂、罐或鬲、盂、豆、罐，有些贵族墓随葬暗纹磨光日用陶器。随葬日用陶器的葬俗一直延续至战国中晚期。仿铜陶礼器出现于春秋中期，组合为鼎、簋、豆、壶。战国时期，仿铜陶礼器在小型墓中也占了大部分。仿铜陶礼器主要有两种组合，一种基本组合为鼎、簋、缶、盘、匜、斗（或加豆、盂、小口鼎），这种组合主要流行于江陵地区；另一种完整组合为鼎、敦、壶、盘、匜、斗（或加豆、盂、小口鼎、勺），该组合多见于鄂北地区。陶敦经历了由椭圆形到球形，从蹄足变为纽形足的过程。战国晚期，楚墓流行鼎、盆、钫、盘、匜、勺陶礼器组合。

（二）两周城邑的研究

两周城邑的研究一直受到学术界的关注。由于作为西周都城的丰、镐两京至今未能发现城墙，使学者们在探讨西周城邑情况时感到困惑。东周城市方面的考古发现颇丰，研究也取得了丰富的成果。

1．西周城邑的特点

（1）具有较大的规模。西周丰镐遗址的面积共约10平方公里，西周洛邑计6平方公里。作为西周封国的曲阜鲁城和琉璃河燕都遗址面积皆为5平方公里，显然与都邑有等级差距。而且封国地处王朝势力边缘地带，往往注重军事防御设施，多具王朝对外军事殖民和领土扩张的功能[4]。

（2）有一定的布局。大型夯土建筑为代表的宫室、宗庙和贵族居址，位于城内地势较高的中部或北部，宫殿一般由一个或若干个自成单位的殿堂群体所组成，单元之间或左右并列或前后对称。每个单元四周基本有围墙，而整个宫城则不一定有围墙[5]。大型夯土基址周围分布着各种手工业作坊和居址，贵族墓地离居址不远。这与一些学者根据历史文献推断的结论相近[6]。如周原的总体布局，作为宫殿、宗庙的大型建筑分布在遗址中部，西周时期诸姓贵族聚居于此，周围散布着为之服务的手工业作坊。大型建筑北为高级贵族墓（或者说为西周王陵），其他中小型建筑或居址分布在大型建筑附近。

（3）政治功能的强化与多元化。丰、镐两京分居沣水东西两岸，隔河相望，大型夯土建筑群均在遗址北部。在某种程度上，丰、镐两京为一个城市先后形成的两部分。终西周王朝，丰、镐两京并为诸王重用。丰京为宗庙陵寝区，镐京为宫室所在[7]。岐邑周原虽是周朝灭商前的旧都，但西周时期仍是重要的政治活动中心。这里仍有王室的宫殿、宗庙和西周贵族的采地。西周甲骨文和金文也反映出周代在此经常举行一些祭祀和册命等重要活动。

西周洛邑在瀍河两岸发现西周贵族墓、殷顽民墓、大型铸铜作坊、祭祀坑、道路，在汉魏故城发现了西周时期的城垣，在一定程度上证实了洛邑两城说。

2．东周城市的特征

东周时期，王室衰微，列强纷起，诸侯争霸，大规模的筑城运动开始。国无大小，都有城垣，列国纷纷筑起高大的城墙加强防御措施。一些诸侯国都城的面积在 10～30 平方公里之间，等于或超过了洛阳东周王朝的规模。战国时期的都城较春秋时期强国的国都更加巨大，而且城墙逐渐增高加厚，护城坡的附加使城墙更厚，更难以破坏，城墙的军事机能被强化了[8]。此外，中小型城郭骤然增加，这些城址大多平面呈方形，少数为不规则形，面积多为 1 平方公里或更小，具有突出的军事防御功能，有些城址内还发现夯土基址和手工业作坊遗址。这些城址可细分为郡县城和军事城堡[9]，而东周楚城则分为都城、陪都、县邑、军事城堡等[10]。

因战争等形势所逼迫，各诸侯国不断迁都，或求扩张，或求保存，如晋国六次迁徙七次定都。有些都邑只是在一些小县城基础上稍加修整，如陈楚故城。而绝大多数城址，经数次改造或扩建，在两周时期一直使用，甚至延用到汉代。

东周城址有一定的选择，即选择在地理条件相对较好的地方，一般是在沿河的高地上或两河交汇处，充分体现了"凡立国都，非于大山之下，必于广川之上，高毋近旱而水用足，下毋近水而沟防省"（《管子·立政篇》）的设计思想。位于制高点是出于安全防御的考虑，近河解决了用水问题。如齐临淄城紧靠淄河和系水，郑韩故城位于双洎河和黄水河交汇处。

城址的规模扩大，平面长、宽都在 3 公里左右或更大。城墙不断加厚复修，均为版筑夯成。城垣外皆有城壕，或者利用自然河流与人工城壕相连。城内也有排水设施。由于利用了自然条件，各国城址并非规整的形状，"因天材，近地利，故城郭不必中规矩，道路不必中准绳"（《管子·立政篇》）。所以，在高地平原地带，城址大多呈规整的长方形或方形。在丘陵地带的城址不完全规整，因地势或河流走向建城垣。

城郭区分明显。《管子》云："内为之城，外为之郭。"《吴越春秋》："鲧筑城以卫君，造郭以守民。"筑城是为了保护统治者，内住国君和大臣；建郭是为了守城，城外郭内住平民老百姓。宫城与郭城之间有高大的城墙相隔，大部分夯土台基集中在宫城内，每个宫城与郭城之间有门相通。宫城的面积扩大了，主要建筑分布在中轴线上，一般位于全城制高点上[11]。依据城郭的形制，东周城可分为两大类型[12]。

春秋时期宫城多位于郭城中，形成内城与外城环套的格式。这类城有鲁故城、魏安邑故城、楚纪南城、洛阳东周王城。其中鲁故城、魏安邑故城的宫城均位于郭城中部；楚纪南城位于郭城东南部。洛阳东周王城瀍河两岸的王城宫殿建筑集中于西南隅较高处。此外，春秋时期还发现有宫城而无郭城或有若干宫城的城郭形态，前者以侯马晋城为代表，其宫城由三个小城呈品字形排列；后者以秦雍城为典型，共有五个宫殿区，每个宫殿区内由一组或两组以上的建筑群构成，并自成单元，各自筑宫墙，而无统一的宫墙。

战国时期，城郭流行西城连东郭式[13]，具体分为两类。一类是宫城与郭城两部分毗连，齐故城、郑韩故城、燕下都、中山灵寿故城均属此类。除齐故城的宫城相连于郭城的西南隅外，其余几城都是城郭东西相连。另一类为宫城与郭城相依，赵邯郸城，宫城相依于郭城西南隅，互不相连。宫城亦由三个小城呈品字形排列。

也就是说，从春秋型城郭到战国型城郭的转变是由宫城位于郭城之中转变为宫城置于郭城之一侧或一隅呈封闭式。这种转变是出于加强王室安全的原因。

东周城址的分布除城郭分明外，城内各种遗存连成一片，少见空白处。宫城内有规模宏大的各种建筑，包括国君的宗庙、宫室和王室控制的手工业作坊，有些贵族墓地也在宫城内。郭城内分布着众多的官署、居民区、手工业和商业，部分王陵和贵族墓地分布在郭城内。春秋时期诸侯陵墓较多地集中于城内，而战国时期，相当多的列国墓葬远离都城，且分布范围扩大。城外近郊分布着祭祀遗址、离宫以及贵族室邸和中小型墓葬，但一般居民点少见。

此外，伴随铁器的发明和使用，传统周礼的松弛，城市中工商业经济逐步发达。在城内有大量手工业，在宫城或宫殿区附近，一般是王室的官府手工业。如临淄宫城的铸铁、冶铁和青铜器制作都在齐王控制下。郭城内的手工业作坊，一部分为官府，另一部分为私营。郑韩故城小吴楼出土的青铜器铭文，表明当时有大官（韩王管辖）的手工业和郑令（官府）管辖的手工业[14]。战国时期的城内往往还发现大量漆器铭文和陶文，上有"咸亭"、"成亭"、"市亭"等具有手工业作坊特征的文字，反映当时工商业的发达。

（三）两周墓葬的研究

1.西周墓葬研究

就西周墓葬总的特征来看，可分为两大体系：北方地区的竖穴土坑墓，随葬品以青铜礼器和陶器为主；长江下游的土墩墓，随葬品以原始瓷器和印纹硬陶为主，青铜器数量少而富有特征（置于东周墓葬部分一起论述）。

（1）北方地区西周墓葬的基本特征

北方地区的西周墓表现出强烈的共性。分封诸国如燕国、晋国、卫国墓葬主要特征与陕西周文化特征一致。墓葬形制以长方形竖穴土坑为主，相当一些墓的墓底中央有腰坑，内或殉狗。墓室规模、形状、随葬品等方面的等级区分明显。

西周王陵目前尚未发现。诸侯、宗室贵族的大型墓，墓室面积一般在 20 平方米以上。墓葬形制沿袭了殷商时的形制和结构，大多数有墓道，平面呈甲字形或中字形，琉璃河 M1193 为带四条墓道的大型墓葬，有些在近墓室处还填以青膏泥。墓室和墓道填土多经夯打，多有二层台，有些二层台上有殉人。墓主为仰身直肢葬。大型墓往往棺椁数重，葬具上下裹以席子等。随葬品包括青铜礼器、兵器、乐器、车马器、容器，以及陶器和原始瓷。早期酒器较多，中晚期酒器渐少、食器增多。乐器在诸侯墓中可见到，有编钟、编磬。兵器流行有意折断的做法。车马器多拆散，放在墓道或墓室二层台上。

陶器与中小型墓一致。大型墓附近往往有随葬的车马坑。大型墓出现夫妻异穴合葬，如强伯及其夫人邢姬墓、卫侯和夫人墓。

中型墓一般为大夫、上士级的，墓葬为竖穴土坑，少见墓道，二层台较流行。单人仰身直肢葬，葬具为一棺一椁，随葬品为一定数量的青铜礼器或铅质、陶质仿铜礼器，以及兵器、车马器和陶器等。一部分中型墓有车马坑随葬，无车马坑的以车马器随葬。

小型墓为长方形竖穴土坑，多有棺无椁，无棺或有棺有椁者占少数。随葬品以陶器为主，有些小型墓还出仿铜陶礼器或一两件铜礼器，以及少量的车马器和兵器，其身份可能是末流贵族或自由民。小型墓主大多数是平民。

（2）西周墓葬的地域性

西周王朝建立后，在全国范围内分封诸侯和宗族，各诸侯在封邑采地替周王朝维持秩序，死后他们便葬在生活过的土地上。他们的埋葬制度和习俗自然遵循国人传统，但其统治下的臣民却不完全效仿，死后仍依当地风俗埋葬。

在西周王朝的京畿或近郊范围内，除存在大量的周人墓地外，也埋葬着其他族人，这些人应是当时在周王朝做官的外来贵族。宝鸡强国墓地的埋葬制度、墓葬习俗和出土器物，一方面具有西周文化的典型特征，如青铜礼器基本与周文化面貌相同，另一方面也含有其他文化因素，如马鞍形口双耳罐具有寺洼文化的典型特征，而尖底罐、各种平底罐和兵器反映出巴蜀文化的特征。在西周洛邑发现相当数量的殷顽民墓，这些殷人后裔墓底多设腰坑，内殉狗，随葬品以觚、爵、觯等酒器为主。琉璃河西周燕国墓地除了与西周王朝埋葬习俗相同的燕侯和贵族外，还有一些中小型墓，设腰坑殉狗，有些还殉人，这些人应是殷遗民。

(3) 列鼎制度及其他葬制

西周墓葬的随葬品种类较多，有青铜礼器、兵器、车马器、陶器、原始瓷器、漆器和玉石装饰品等。不同的等级使用不同的随葬品，士以上贵族用青铜礼器，庶人只能用鬲、豆、盂、罐等日用陶器。随葬陶器的组合各类墓区别不大，其演变具有时间上的差异，演变规律与分期的陶器相同。随葬的青铜礼器有严格的区别，以鼎、簋为核心，遵循列鼎制度。列鼎的使用分等级，《春秋公羊传》桓公二年何休注："礼祭，天子九鼎，诸侯七，卿大夫五，元士三也。"列鼎以三、五、七、九奇数配以二、四、六、八的簋。鼎、簋两个盛器作为宴飨的象征，遂成为贵族等级的标志，为礼器之重[15]。

西周的列鼎制度经历了一个发生、发展的过程，以昭王为界，分为前后两段。前段是列鼎制度的形成阶段，鼎的形制，纹饰尚不相同，但尺寸由大到小依次递减；后段列鼎制度逐步完善和规范化，鼎的形制、纹饰相似，大小依递减排列[16]。考古学中所见列鼎墓最早的是西周中期弭伯墓，五鼎四簋配置，鼎簋形制相同，鼎大小相次，簋大小相同。西周晚期列鼎制度盛行，以三门峡虢国墓地最为典型，有九鼎八簋的国君墓（M2009）、七鼎六簋的太子墓（M1052）、五鼎四簋（M1706）的大夫墓，也有三鼎、二鼎和一鼎墓。

西周不同等级的墓葬除列鼎的区别外，在乐器、车马坑和葬具的使用上亦有区分。弭伯墓、晋侯墓地和应国墓地中出土乐器，种类有编钟、编磬，均出于诸侯等高身份的男性墓中，他们的夫人不随葬乐器，可见当时金石之乐使用之严格。关于车马的使用，古代文献有所记载。《仪礼·士丧礼》云："其数各视其命之等者。"案《周礼·大行人》云："上公贰车九乘，侯伯贰车七乘，子男贰车五乘。"郑玄注："贰车，副车也。其数各视其命之等。"《礼记·檀弓下》云："国君七个，遣车七乘；大夫五个，遣车五乘。"而各墓地的车马坑出土车马数目与文献记载一致，张家坡9座车马坑出土的车为1～3辆，合墓主士一级身份。晋侯墓地的M9随葬了7车，其为诸侯墓。浚县辛村的3号车马坑出土12辆车三四十匹马，与为之随葬的17号和5号墓相符（即卫国国君夫妇墓）。西周晚期的虢国墓地，用车制度为：七鼎墓用10车20匹马，五鼎墓用5车10马，三鼎墓用3车6马陪葬，一鼎墓用1车2马陪葬[17]。也就是说，西周时期墓主随葬的车马数与其身份密切相关，从诸侯至士，随葬车数由7乘到1～3乘，驾车马数一般由驾4马、骖2马递减至驾2马[18]。关于西周的棺椁，《荀子·礼论》、《庄子·杂篇·天下》记载相同，即天子棺椁十重或七重，诸侯五重，大夫三重，士再重。郑玄在《礼记·檀弓上》注中解释道："诸公三重，诸侯再重，大夫一重，士不重。"尽管说法不一，但身份不同当使用不同的棺椁是肯定的，这在考古发现中得到印证，凡大型墓棺椁数重，中型墓一棺一椁，小型墓多有棺无椁。

（4）族墓葬

西周墓葬，一般离住地较近，考古发现的西周墓葬多见于城之近郊，有的还在城内。

据《周礼》等文献记载，周代实行族葬制，墓地分公墓与邦墓，由专人管理。这种族葬制实际上是商代墓地制度的发展[19]。

《周礼·春官·冢人》云冢人"掌公墓之地，辨其兆域而为之图，先王之葬居中，以昭穆为左右。凡诸侯居左右以前，卿大夫士居后，各以其族。凡死于兵者，不入兆域。凡有功者居前。以爵等为丘封之度与其树数"。即将不同身份的人同葬一地，且排列有序。西周时期的"公墓"已发现多处，重要者有平顶山应国墓地、琉璃河燕国墓地、辛村卫国墓地、北赵晋侯墓地、洛阳北窑西周墓地、三门峡虢国墓地等。

琉璃河燕国墓地反映了周代早期的丧葬制度。整个墓地分为南北两区，南区位于京广线东侧（即发掘报告中的Ⅱ区），北区位于京广线西侧面（即Ⅰ区）。南北两区墓葬分布有一定规律，即各区墓又分成若干小区，小区与小区间有一段空白地带。南区既有大型燕侯墓，又有中小型墓。大型墓集中于同一小区，本小区与其他小区有明显分界。大型墓所在的小区内有少量小型墓，时代与大型墓相同，均属西周早期。北区均为中小型墓，未见大型墓，且各小区时代不一。北窑西周贵族墓亦呈现"公墓"特征。根据墓葬的间距和时代早晚关系情况，整个墓地可划分为左（西）、中、右（东）三大组，每大组还可划分为若干小组。其中以右大组规格最高，这里有带南北墓道的两座侯伯级墓，还有不带墓道的大中型墓，还有该墓地中最大的马坑。同时，西、中部两大组同样分布有长5.6米以上的大型墓和贵族墓以及数座马坑。每小组中或早、中、晚三期墓葬皆有，或仅有早中期墓葬。墓葬排列大体是数墓东西成排、南北成行，不少是两座或三座墓葬东西并列，也有的呈三角形排列。马坑大致排列在大墓之西、东、南2米左右或数十米处不等。整个墓地除极个别墓葬外，很少见有打破现象。由此可知，这批墓葬在埋葬之前应是经过规划和安排的，并设专人进行管理。

上村岭虢国墓地是公认的两周之际的"公墓"典范。墓地两次发掘的 200 多座墓分布较为密集，除两座墓有打破关系外，其他绝无互相打破的现象。墓地分为四个区域。最北边濒临黄河河岸断崖的一个区，应为虢国国君的兆域，其中 M2001 为国君虢季墓，M2009 为国君虢仲墓。国君兆域往南又分三个区：北区葬者的身份较低，其中身份最高者随葬品仅为一鼎，当是有较近亲缘关系的一处士和庶人的兆域；中区葬者的身份要高些，多见三鼎四簋墓，也有几十座不出青铜礼器的墓葬，当为一处大夫、士及庶人的兆域；南区葬者的身份更高一些，但仍有 60 余座不出青铜礼器的墓葬，故此区当为卿、大夫、士和庶人的一个兆域。上村岭墓地大体合于虢君"居中"，卿、大夫、士"居后"这种依葬者身份依次渐低之制。同时，墓地内大夫、士、庶人的身份相混杂的情况，与《冢人》所谓"各以其族"的制度符合。

《周礼·墓大夫》云："（墓大夫）掌凡邦墓之地域为之图，令国民族葬，而掌其禁令，正其位掌其度数，使皆有私地域。"

西周时期的"邦墓"也发现不少。典型的有沣西张家坡墓地、晋侯墓地的中小型墓、鲁故城西周墓（乙组）。张家坡西周墓地已发掘了近 400 座墓葬，除井叔家族墓外，其余墓葬打破现象较少，是中小型竖穴土坑墓，随葬器物绝大多数为陶器，只有少数墓出铜器。鲁故城发现的 39 座西周墓，也都是竖穴土坑墓，除个别被晚期墓打破外，都未经扰乱，而且全部随葬了陶明器鬲、罐。很显然这是一处经过规划的中小型国民墓葬。

除了公墓与邦墓外，作为家庭单位的夫妇合葬在西周时期开始流行。夫妇并穴合葬，不论墓主身份高低。大型墓以晋侯墓地为代表，九组 19 座大墓，每组两个大型墓葬形制、规格相同的墓并行排列，为两两成对的夫妻并穴合葬，还发现一夫二妻并列合葬。在虢国墓地中，虢伯除与妻子并穴合葬外，其妾还为之同穴殉葬。张家坡西周墓地不仅井叔家族墓为并穴合葬，其他中小型墓也往往两墓聚葬，其规模、随葬器物大都相仿，属于同一时期，可能为夫妇合葬。

2. 东周墓葬研究

春秋时期，诸侯们还基本遵守周礼的规定，至战国时期尤其是战国晚期则发生了根本性的动摇和变化。反映在埋葬制度上，表现为对周礼明目张胆的僭越。同时，各地文化面貌的地方性特色较为突出。

（1）墓葬的地域性

由于列国国别、地域、势力强弱等原因，墓葬制度方面存在明显的地域性差别。根据现有考古资料，东周墓葬可分为中原地区、秦、楚、土墩墓四大块。

1）中原地区东周墓葬的基本特征

中原地区主要指黄河中下游地区，包括河南省大部、山西省和河北省的北部以及山东省大部，这些地区是当时的三晋（韩、赵、魏）、周、卫、郑、宋、齐鲁等国。中原地区是东周时期的政治、经济、文化中心，其墓葬习俗继承西周制度。重要的墓地如山西上马墓地、后川墓地、长子墓地、长治分水岭墓地、洛阳中州路墓地、中山王陵园、齐故城墓地、鲁故城墓地。

中原地区东周墓葬的形制，主流为竖穴土坑墓，战国晚期出现土洞墓和砖室墓，但仅流行于河南洛阳、郑州地区。

墓葬的等级区分更加明显。特大型墓长宽在 20 多米，深 16 米以上。大型墓一般都有墓道，平面呈甲字形、中字形，如辉县魏王墓、晋侯墓地、寿县蔡侯墓等。一些大墓上有封土，有的发现墓上建筑。诸侯大墓出现陵园设置，并有陪葬墓。大墓流行积石积炭防潮防盗措施，与《吕氏春秋·节葬篇》说的"棺椁数袭，积石积炭以环其外"（高诱注"石以坚，炭以御湿"）一致。辉县魏王墓还在墓圹内大量屯沙。墓主为仰身直肢葬，葬具多为一椁重棺或一椁一棺，随葬品丰富，陈放有序，有成组数套铜礼器或铜与陶礼器、数组成套乐器编钟和石磬、兵器、工具、车马器、漆器、玉石器、陶器等。许多大型墓中有大量殓玉，包括玉面罩（玉瞑目）、玉片玉衣。相当一部分墓仍有殉人现象，殉者身份不同，处理方式不同。在椁内或主棺周围或二层台上的殉人，大都有薄棺，随葬装饰品或简单的几件器物，多为女性，他们是墓主生前的宠爱妾婢或是近幸、侍从、御者。在墓主脚端、填土或棺顶上发现一些肢骨不全或身首分离，非正常死亡的人，他们是奴隶。大墓周围往往随葬车马，或在墓道内设车室。这类墓墓主为诸侯国君、上层贵族。

中型墓一般长 3～4.6 米，无墓道。葬具为一棺一椁，少数为重棺或重椁，随葬成组的陶礼器、车马器、兵器、工具、玉石器，也有少量铜礼器。有个别墓有一两个殉人。墓主多为仰身直肢葬，其身份为一般贵族。

小型墓主要是长方形竖穴土坑墓，坑狭小，有的头端有壁龛，内放随葬品，葬具为一棺一椁或一棺。随葬品一般为数件陶礼器、玉石器、剑、镞等兵器，这些人是当时的下层贵族或平民。有些墓坑特别狭小，仅能容身，只随葬几件玉石器和铜带钩，它们是最底层的贫民墓。此外，小型墓还发现土洞墓和空心砖墓。土洞墓仅在洛阳地区发现，形制仿秦墓。空心砖墓是在长方形竖穴坑内构筑空心砖椁室，仅发现于郑州地区。这两种墓的葬具为单棺，随葬品与竖穴土坑墓相同。

东周墓葬中，各类墓都随葬礼器，反映出当时"无田衣禄者，不设祭器"（《礼记·曲礼下》）之制度已不为人们所遵守，尤其是下层贵族和庶民的上层分子用陶礼器随葬成风。到战国中期后，大墓中亦往往以成套的陶器代替部分铜礼器，形成铜陶礼器组合群，有的大墓到战国晚期全部以陶礼器随葬[20]。

2）东周楚墓[21]

东周时期，楚国强大，在华南广大地区、西南地区和华北南部都发现楚人墓葬。

春秋楚墓的发掘地点主要有河南淅川和湖北当阳、襄阳、江陵及湖南澧县、常德等地。其特点是：墓葬形制皆为竖穴土坑墓，无墓道，墓向以南北向为主，分布有一定规律，不同等级的人葬于不同的墓地；贵族墓规模较大，多为长方形宽坑，长约5米，宽约4米，有棺有椁，椁四周均填塞青膏泥或白膏泥，墓坑填土经夯实；上层贵族墓有陪葬墓，随葬品有青铜礼器、乐器、车马器、兵器和装饰品等，椁室平面呈"II"型，盖板横置，底板竖铺，底板下有横垫木，棺为长方形悬底，盖分上下两层；墓主身份不高的墓，墓坑多为长方形窄坑，墓坑浅小，或有棺，或无棺，或填一薄层青膏泥，有的有头龛，内置少量随葬品，有的有二层台，随葬品以铜礼器为主。其他地区的春秋楚墓除铜礼器外，还出土精美的磨光黑陶和陶日用品，车马器、兵器少见，个别墓出漆木器。春秋早中期楚墓青铜礼器为鼎、簋，并伴出不成套的仿铜陶礼器。春秋晚期，成套的仿铜陶礼器流行。一般的平民墓，只随葬陶日用器，绝不见陶礼器。

战国楚墓在湖北、湖南、河南、安徽、江西、江苏和上海等省市都有发现，其中以湖北江陵、湖南长沙的数量最多。战国楚墓亦为竖穴土坑墓，方向很有规律。高级贵族墓墓向多向东或向南，一般贵族墓与平民墓，江陵地区多向南，长沙地区多向东。中级以上的贵族墓有封土，墓越大封土越大。大型封土墓旁，一般有一至数个封土陪葬墓。大中型墓和极少数小型墓有墓道，多为一条长斜坡墓道，少数为两条墓道。大中型楚墓的墓道一律朝东，小型墓一律朝南。时间愈晚，墓道愈长愈宽。战国楚国贵族墓的墓圹，往往由于设多级台阶而内收，即墓葬的台阶层数及其墓道长短与宽窄，取决于墓坑口的面积大小。大型墓台阶多，墓道长而宽，中型墓次之，小型墓再次[22]。大型墓多有随葬的车马坑。一般平民墓无封土、墓道、台阶。封土和填土均经夯打，棺椁周围多填青膏泥或白膏泥。

楚国高级贵族墓，椁分多室，棺有多重。椁一般用长枋木垒成，外形呈"Ⅱ"型，因分室而出现隔墙、隔板、门窗、立柱、分板。小型墓一般以隔板分成头箱和边箱，椁木板上，往往铺竹席或芦席。棺的形状因时因地而异。总的来讲，战国楚墓木棺由悬底方棺发展到悬底弧棺，再发展到长方盒状棺，每种棺的使用各地有所不同。

战国楚墓的随葬品特征更加明显。上层贵族仍以随葬青铜礼器、乐器、车马器、兵器以及玉石器为主，但增加了仿铜陶礼器和一些实用陶器。仿铜陶礼器的使用，如同中原地区一样，楚墓的各类墓都使用，但有等级差别。战国楚墓的兵器相当多，用剑非常普遍，从上层贵族到平民百姓，都喜欢用剑，江陵天星观 1 号墓出土 32 把剑，一般平民只要是男性，几乎一人一剑。战国楚墓还出数量多而精美的漆木器，几乎每墓必出，因身份高低而多寡不同。漆木器中以头插双鹿角、下为一怪兽的镇墓兽及双伏虎上立双凤的悬鼓座、虎座飞鸟等最具楚文化风格。此外，楚墓中还出土了大量丝织品。

3）秦人墓葬

东周秦墓主要发现于陕西、甘肃、河南、湖北、四川、内蒙几个省和自治区。以陕西关中发掘的数量最多。其他省份的秦人墓葬，主导因素为秦文化，但也融入了一定外来因素，反映出与各地文化的交流。

雍城的 14 个秦公陵园均坐西向东，中字形大墓为主墓居右，甲字形、刀把形祔葬墓依次在左下方排列，目字形和凸字形墓实为陪葬的车马坑，位于主墓右前方。发掘的秦公 1 号墓显示，陵园内的主墓上有"享堂"建筑，椁室内外积炭，再用青膏泥封闭。填土全部夯实，椁室结构为"黄肠题凑"，内有主、副二棺。大墓历经盗劫，但仍有金、玉、铜、铁、骨、石、陶、漆器及乐器 3000 多件。

关中秦墓的等级区分明显，一些学者对之进行了分类研究[23]，甲类墓为铜礼器墓，墓圹长度在 4 米以上，有殉人，一椁单棺或双棺；乙类墓为陶礼器墓，墓圹长 3 米左右，一棺一椁；丙类墓略小，主要出日用陶器或无随葬品，一椁一棺或单棺。甲、乙类墓主为中、小贵族，丙类墓主主要是平民。

春秋时期的秦人墓葬，主要分布在陕西凤翔、宝鸡、陇县、户县以及甘肃灵台等地。流行狭长式的长方形竖穴土坑墓，墓壁倾斜，时代越晚收分越大，墓底有熟土二层台，椁室用木板堆垒。葬式以蜷屈特甚的屈肢葬为主，也有直肢葬。春秋时期相当多的秦人墓有殉人，殉人亦为屈肢葬，盛殓在木匣中放于小龛，称为龛殉。有些墓发现车马坑，在主墓的右下方，埋一车二马至三车六马不等。随葬品种类较多，有铜礼容器、兵器、工具、生活用具和陶器以及玉石器。春秋早期随葬品以铜礼器为主，伴出陶器和兵器。春秋中晚期以陶质彩绘仿铜陶礼器为主。

战国时期的秦人墓在陕、甘、川、豫、鄂等地都有发现。战国早期秦墓流行宽敞式竖穴土坑墓。随葬铜器均为明器化、微型化，有些成套的铜礼器可握于一掌中，作风粗糙草率，陶器新出现陶囷、陶牛、陶车。战国中期以后，洞室墓在秦人墓葬中广为流行，无论墓主级别高低，依洞室和竖穴墓道中轴线位置可分为平行式、垂直式、直线式三种，直到战国晚期，三种洞室墓并存，并有一些宽敞式的竖穴。葬式流行单人屈肢葬（蜷屈特甚）。战国中期，陶礼器数量减少，为附耳圆腹鼎、盖豆、圆壶这种三晋式的组合。陶日用器出现茧形壶。战国晚期，铜器以鼎、鎏、蒜头壶这些实用器为主，陶礼器数量更少，实用器相对增多。

4）土墩墓

土墩墓指夏商周时期江南地区流行的以封土成墩为特征的墓葬，从其外形看，呈圆丘状或椭圆丘状，故名土墩墓。主要分布于苏南宁镇、皖南、浙江南部（新安江上游）等地，以及赣东北和闽西北的一小部分地区。土墩墓相对集中地分布在丘陵山背或岗阜高地上，平地也有，大多成群排列，也有少数散布的情况。

土墩墓一般平地掩埋，封土成堆，也有一些带墓坑的土墩。土墩墓往往一墩一墓，也有一墩多墓。年代早的墓居于墩底部中央，年代晚的墓多在早期墓封土面上稍加平整或挖浅坑后掩埋，多靠近土墩边缘，有学者认为这是"借墩葬"（贫穷者依托原有土墩下葬）[24]。土墩墓基本都有简单葬具，可分为无石结构的土坑墓和有石结构的石棺、石椁墓（有些仅在墓底铺石块）。石室包括墓室和墓道两部分，平面呈长条形，断面呈梯形，墓壁用石块筑成，用条石或巨石盖顶，墓底铺石片或砂砾土，墓道内有1～3道封门墙，有的还再用石块加以封墙。

土墩墓形制的演变过程是，从流行一墩一墓（个别带浅坑或石床）到一墩一墓和一墩多墓并行，盛行大量石室墓，最后又流行一墩一墓，墩内普遍有墓坑[25]。

墓中常有一定数量的随葬品，器物常成组配套出土，有印纹硬陶坛、瓿、瓮或罐以及原始瓷豆、碗，或伴出陶器和玉器。

土墩墓大多聚集成群，以中小型数量最多。大型土墩墓往往居中，小的依次环绕，显示出明显的等级差别，可分为三类。第一类以磨盘墩、烟墩山、乔麦山、粮山、青龙山、北山顶等土墩墓为代表。这些墓封土高大，均为一墩一墓。多有石床结构，或设竖穴浅坑，时代愈晚，竖穴愈深。而且墓坑上大下小，年代愈晚收分愈大。战国后期发展为凿山为穴，将墓坑建于基岩上，平面为甲字形或刀形，墓道为长斜坡或长条形，出现二层台和祭祀台，并有殉人和袝葬墓。随葬青铜礼器、原始瓷器、车马器和生产工具、玉器，青铜礼器与中原地区的风格相同，但数目不合周礼。这类墓墓主身份极高，几件有铭铜器如烟墩山一号墓的宜侯矢簋、母子墩墓出伯簋、北山顶墓出余昧矛等铭文说明墓主应属王侯一级。也有人认为墓主可能与

"太伯奔吴"有关，系中原迁来的高级贵族[26]。第二类墓始终是竖穴土坑，西周时期或有石床，或设竖穴浅坑，东周时期为竖穴深坑。随葬品比第一类墓数量明显减少，西周时只随葬原始硬陶礼器，春秋战国时逐渐出现铜礼器、兵器、车马器、乐器、生产工具等。墓主为当时的大贵族。第三类墓封土较小，竖穴土坑，有椁室。随葬品较少，仅为一两件铜器（小型兵器、生产工具及车马器）和原始青瓷器，其墓主为中小贵族[27]。

土墩墓到了春秋晚期开始衰落，虽然仍封土成堆，但长方形竖穴土坑墓取代了平地或挖浅坑掩埋的葬式；随葬品以泥质灰（黑）陶为主，印纹硬陶和原始瓷器少见，流行楚式和中原式器物组合。这是楚文化扩张的结果，也受到中原文化的影响。

关于土墩墓的族属和国别，有不同看法，一种认为土墩墓是吴、越国的遗存[28]，其间又以土墩墓为吴国墓葬，以土墩石室墓为古越人墓葬[29]；或者细分宁镇区为吴文化，黄山——天台山以南区和太湖——杭州湾区大体属于越建国前后及不同分支的越人遗存[30]。另一种意见认为土墩墓是夷人文化南迁的结果[31]，宁镇区土墩墓是东夷族的遗存[32]。

（2）东周时期的用鼎制度[33]

西周时期形成的列鼎制在东周时期遭受了两次破坏[34]，发生了新的变化。春秋时期的用鼎制度与东周文献记载的基本一致，即诸侯开始用九鼎、卿上大夫用七鼎、下大夫用五鼎。春秋中晚期铜礼器的基本组合反映出清晰的等级序列。九鼎墓与七鼎墓在礼器种类上一致，除鼎、簋数量有别外，鬲、甗、簠、豆等重要食器的数量相同或相近，九鼎墓的酒器、水器略多于七鼎墓。由此反映出这两个等级的差别在逐渐缩小，从侧面反映出当时公室没落，卿上大夫"政在家门"，势力上升。七鼎墓与五鼎墓，在铜礼器组合上差异较大，七鼎墓礼器组合中的簠、甒、豆、罍、铜不见于五鼎墓，后者中的敦也不见于前者，七鼎墓的鼎、簠、鬲、鉴也比五鼎墓多。七鼎墓与五鼎墓的差距暗示出下大夫一级与上大夫、卿权势相差甚大。三鼎墓与五鼎墓比，酒器类中以铜代壶，缺少鬲、簠等食器和鉴类水器。春秋中晚期的非列鼎墓，主要是含有一鼎或二鼎，以鼎、盘、匜为组合的墓，反映了中士、下士一级的末流贵族正在逐渐缩小他们与三鼎墓的元士（上士）之差距，因为时势的缘故，他们超越礼制的随葬器物也无人加以阻止。中原地区，春秋中晚期随葬仿铜陶礼器成风，其组合为鼎、豆、罐（或壶），陶礼器不分性别，男女同量。

春秋时期乐器的使用经历了一个由男性专用到男女都可随葬的过程。金石之乐的种类、数量与墓主身份成正比，包括编镈、甬钟、钮钟、编磬。春秋大型墓均有车马坑，依主墓规模车马数目不等。

战国时期列鼎制度在逐步瓦解，列鼎制度日趋淡化。诸侯王常用太牢九鼎，非列鼎代替列鼎，有些墓虽合列鼎之数，但根本就是形制、纹饰各不相同的不成套的鼎拼凑而成。战国早期，列鼎制度还算完备，但已经松动。列鼎不再成为区分等级的重要标志，铜礼器中食器、酒器、水器种类大减，日用器却逐渐增加，流行鼎、豆、壶组合。战国中期，随葬的列鼎与墓主身份不相称现象加剧。战国中期偏晚到战国晚期，列鼎数目与墓主身份极不相符的现象司空见惯。战国中晚期的礼器组合中，增加了盆、盒、钵等与日常生活密切相关的器物，有些水器根本不成套。在铜礼器衰退的同时，陶礼器大量出现在各类墓中，形成铜陶共出或全为陶礼器随葬的状况。有意思的是，陶礼器的盛行和取代铜礼器的过程是由小型墓逐渐到中大型墓，反映了一种自下而上的礼制变革。陶礼器组合经历了一个鼎、豆、壶到鼎、盒、壶的演变过程。

与列鼎制度相关的乐器的使用在战国时期也发生了很大变化，金石之乐的数目与墓主身份极不相称，中下层墓葬中的编钟、编磬数量大增，有些超过诸侯、卿大夫一级。如无列鼎的长治分水岭 126 号墓乐器种类齐全，其中编磬达 16 件以上，比洛阳西工段 131 号五鼎墓的编磬多一倍有余。战国时期随葬车马也发生了巨大变化，琉璃阁 131 号车马坑和淄河店 2 号大墓的随葬车数分别为 19、20 辆，远远超过中山王 1 号墓的随葬车辆。另外，战国中期以后随葬车马开始明器化，有些墓的车马坑随意处置，车马杂乱无章。

（3）东周时期的族墓制

春秋时期，族坟墓仍然盛行，"公墓"和"邦墓"墓地有些则延续到战国时期。

"公墓"以齐临淄故城大城东北的姜齐贵族墓地、太原金胜村墓地、后川墓地、长子县东周墓、长治分水岭墓地为代表。齐国故城大城东北，发现春秋时期大中型贵族墓 20 余座，为姜齐贵族墓[35]。长治分水岭共发掘 32 座东周墓葬和 2 座马坑，分布密集，排列整齐，相互间未发现叠压和打破关系，分为大、中、小型三类墓，年代从春秋晚期到战国晚期。这是一处韩国贵族墓地，大墓皆积石积炭，多数东西并列。该墓地中两墓并列者有六对，每对墓虽然规模和随葬品不尽一致，但彼此间相距甚近，每对又总是一墓出兵器而少有装饰品，一墓无兵器而多有装饰品，应为夫妇异穴合葬。

春秋时期的"邦墓"以侯马上马墓地为代表，也包括郑州碧沙岗、禹县白沙墓地。上马墓地共发掘 1383 座墓，其年代从西周晚期到春秋战国之际，根据墓葬间的空白地带，可划分为若干（六个）大的群块；各大群块中又可按墓葬方向、随葬品情况以及小空隙等分成若干小墓群；有的小墓群中，又存在若干个年代相当、性别相同或相异的并列墓。上马墓地这些不同的群块、群组，反映出死者生前分属不同的群体。大的群块是属于不同族群的划分，每一个群块内的人们关系密切，每一大群块下的小墓群反映出同一族体中的亲疏关系，他们显然比大群块人之间的关系密切。而且在这些小墓群中多见晚期墓葬插入早期墓葬内埋葬，但极少有打破的现象，说明这些小墓群具有较强的延续性和稳固性，小墓群中若干并列的墓应是同一家族内的家庭墓。上马墓地的铜礼器墓与陶器墓交错杂处，六个大的墓群中北部的 I、II 区墓群多见铜器墓，在整个墓地中属于较有地位的家族墓，而与此属同一时期却出土陶器的小墓群代表较穷的家庭。其余四个墓群以随葬陶器或无随葬品者为多，应是平民墓。此外，上马墓地有三种埋葬顺序：早期墓居于一端，晚期墓依次向另一端埋葬；早期墓居中，晚期墓依次向四周埋葬；早期墓居于四周，晚期墓居于中心。

战国时期，族墓地的情况较前发生大的变化，主要表现在：

有些墓地还在延续着"公墓"和"邦墓"。琉璃阁墓地仍显现"公墓"性质，整个墓地分为东区、中区和西区，各区的相对年代为东早西晚。以中区为例，在一座大墓的周围，分布着四座中型墓和车马坑。该墓地总体上来说是按顺序依次埋葬的族墓地。

在传统的族墓制逐步瓦解的同时，新的葬制正在形成。不同等级的人葬于不同的墓地，国君一级的墓开始修设单独的陵园，不再与贵族共处同一墓地；贵族们也有专门的墓地；平民墓地中少见那些富有的中型墓。

陵园开始出现。已发掘的有平山县中山王墓、邯郸赵王陵、固围村魏王陵、秦公陵园以及各地的楚王墓，使我们了解到列国陵园的基本情况。中山王墓出土的"兆域图"是当时陵园规划的设计图，赵王陵发现的五组大墓，其上各筑有封土、台基（即陵台）。

平民墓以东周王畿附近的洛阳烧沟战国墓地和郑州二里岗战国墓地为代表，两墓地皆分区，墓葬分布密集，排列整齐，战国墓间未见打破现象，墓葬以随葬陶器为主，未见铜容器、车马器，偶见铜镞等小件兵器，有相当一部分墓无随葬品或葬小件器物，说明这时平民墓的地位、财力相当。

夫妇并穴合葬的家庭墓大量盛行。尊贵者如中山王与王后的合葬陵园，普通人如二里岗 M421 仅以一土梁隔开两具骨架的墓葬。

总之，两周墓地制度有其明显的族葬性质，西周初期，"邦墓"与"公墓"开始形成，西周晚期到春秋晚期是"公墓"和"邦墓"的兴盛阶段，战国早期，这种制度逐渐松弛，到战国中期后，伴随陵园的出现（陵寝制度创始于战国中期[36]），传统的族葬制瓦解，代表着新的经济势力的各阶层置于不同的墓地的新制度形成，以血缘为纽带的族群体让位于以经济势力划分群体。与此同时，以家庭为单位的并穴合葬与族墓制此消彼长，同一个大家族下的"家墓地"开始形成。

（四） 两周青铜器研究

1. 青铜器的分期断代

（1）青铜器的分期断代方法

青铜器的分期断代研究，始于郭沫若先生，他在 20 世纪
30 年代编撰的《两周金文辞大系》、《两周金文辞大系图录》，
创立了标准器比较法，即"先选定了彝铭中已经自行把年代表
明了的作为标准器或联络站，其次就这些彝铭里面的人名事迹
以为线索，再参证以文辞的体裁、文字的风格和器物本身的花
纹形制，由已知年的标准器便把许多未知年的贯穿了起来"
（《西周金文辞大系》序）。这对青铜器研究具有划时代的开拓
性意义。

20 世纪五六十年代，陈梦家在收集了流散欧美各地和考
古出土的青铜器基础上，分析了西周铜器与商器的区别，将西
周青铜器分为早、中、晚三期[37]。在研究方法上，陈氏认为
"铜器内部的联系在断代上是最要紧的"。他不仅详尽考释铭
文，联系铭文中同人、同族、同地、同事件、同时诸因素，而
且注意辑录出土地点与组合关系，特别是对考古发掘所得的成
组器群及其花纹、形制的演变，将若干孤立的铜器彼此串联起
来，在综合考察基础上推出结论。陈氏的研究方法是建立在郭
氏标准器比较法的基础上，结合考古新资料具体地应用和发展
了该法。

随着许多西周高级贵族墓葬和青铜器窖藏的不断发现，许
多学者根据新的资料，对铜器断代作出了新的贡献。唐兰在青
铜器断代的标尺方面作了探索，他认为西周金文中"康宫"指

周康王的宗庙，该器应为周康王时期的，以其作为西周青铜器分期的一个标尺，可以解决一大批铜器的标尺[38]；他希望通过解决争议较多的昭王时器来进一步解决西周铜器的断代，同时还主张"西周时代的青铜器铭刻，很可以把它们从内在联系连贯起来，和文献资料结合在一起来作全面的、综合的研究"[39]。

李学勤从新的角度寻找西周铜器断代的标准器，"最好能找到一批青铜器群，其各器不仅有横的联系（同器主时代的器物），也有纵的联系（器主家族几个世纪的器物）。这样的青铜器群可以当作一种标尺，用来检验我们排定的青铜器年代序列是否正确，告诉我们各王时的器物究竟有哪些特征"[40]。他利用庄白、强家两处窖藏铜器，从器形与铭文的内涵、字体纹饰几方面对昭王至孝王时的铜器作了推定，指出这时期青铜器各方面的演变特征。李氏这种用特定的器群兼顾器物间纵横的联系，在比较中建立成序列的研究，又是对标准器法的一个重要发展。

刘启益对青铜器的研究又较前人有所发展[41]。他对出土的器物和传世青铜器进行了器型学研究，先将铭文可考定年代的西周有铭铜器分类，每一类分型定式，再按铭文内容排定式别之先后，最后在排比中观察形制随时代变化之特征，进而了解诸型式的发展序列。

上述诸家，基本点是根据铭文内涵的分析来确定断代的标准器，并根据铭文内容联系同时期器物，虽顾及了类型学方法，但与铭文的功用相比，是放在第二位的。

另外一种方法是以田野考古发掘资料为主要研究对象，通过对器物形制、纹饰以及共存陶器的分析来分期断代。此法首推郭宝钧，他"先选出几个地点可靠、时代明确的分群，定为划定时代的界标，作为进一步比较其他器群器物类型的尺度"[42]。应用此法，他将商至战国时的铜器分为六大界标，大体论述了每一时代铜器的种类、形制、铸造技术、花纹和铭文特征等，著成《商周青铜器综合研究》一书。该书虽以考古学研究方法为框架，实质上"仍是郭沫若标准器法的扩大应用"（该书《整理后记》）。

近年来，有许多学者用考古学和器铭研究相结合的方法对青铜器进行了更加详细的研究。如李丰分析了黄河流域西周时期 137 座墓中 96 座墓的青铜器群组合和器物形制，用共存的陶器群检验铜器群的分期序列，参照金文中有年代的铜器，推断所分各期大致的年代[43]。卢连成、胡智生通过对陕西地区 136 座西周墓铜器型式划分、发展序列及其出土陶器的分期序列比较，将这些墓分为五期七段[44]。

在长期的研究中，学者们摸索出，用墓葬中出土的陶器群分期结果，来确定与其共出的典型青铜器群的年代发展序列，再参照形制、纹饰等特征相同的有铭铜器来推断青铜器的王世，是一种比较科学可靠的办法。朱凤瀚用此法对西周铜器进行分期，将关中、洛阳西周青铜容器分为五期，并对每期进行论证和特征的描述[45]。

"夏商周断代工程"利用多种学科交叉研究三代年代，其中对西周铜器的分期断代是一个新的突破和创新，见后述。

（2）西周青铜器特征

西周青铜器以中原地区的为主流因素，周边地区的青铜器虽各有一些特点，但以王畿青铜器为典范，总体面貌仍接近京畿地区，这也是周礼贯彻实施的表现。

西周青铜器依其特征的变化可分为早、中、晚三期。

西周早期的青铜器，在器形、纹饰、组合方面，基本沿袭商人作风，但在铭文方面与商人不同。就器类而言，食器有鼎、簋、甗、盨、豆，但后两种器物少见。酒器有尊、卣、爵、觚、盉、觯、觥、斝、方彝、鸟兽尊、壶、罍、斗、角，水器有盘、壶，乐器中甬钟多见，兵器有戈、矛、镞、勾戟、短剑。铜器中酒器的数量较商代大为减少，墓葬中随葬品的铜器组合是以鼎、簋为核心的食器组合，少数墓中见有尊、卣或觚、爵。本期后段，盨、甗作为重要的礼器加入食器组合，一些高级贵族墓也开始使用食器、酒器、水器和乐器共存的组合。

铜器花纹大体沿用商代晚期的种类，有兽面纹、乳丁纹、龙纹、凤鸟纹、联珠纹以及蝉、蛇、象等纹样。兽面纹线条疏朗，伸长呈带状。凤鸟纹数量多，从过去的条带状配饰，转变为主题花纹，新出现了花冠大凤鸟、分尾大凤鸟，两两相对，回首顾盼，夔龙纹也比较流行。西周早期铜器纹饰总的来说较商代简单，但昭王时的兽面纹、凤鸟纹显得华丽。

该时期铜器的另一个特点是大量长篇铭文出现，一般铸数十字，内容多以克商建邦、平乱、分封、征伐方国为多。铭文书体为典雅秀美的波磔体。

西周中期青铜器，在穆王时期有一个巨变过程，完成了新的交替，形成了周式青铜器风格。酒器数量急剧减少，觚、卣、爵、觯、觚和方彝相继消失，鸟兽尊突然大量出现，食器新出现了簠、盨，水器新出现匜。青铜器组合固定，鼎、簋成组成套，盨、甗比例增大，一般都有水器，高级贵族墓有编钟。

西周中期纹饰以条带状的二方连续为最多，平雕为主。兽面纹逐渐减少，新出现窃曲纹、重环纹，流行长冠分尾式长体鸟纹、回顾式花冠分尾大凤鸟纹、回顾式花冠龙纹。中期后段，凤鸟纹显著减少，流行回顾式花冠龙纹、变形兽面纹、波曲纹等。

西周中期的铭文，除穆王时记一些作战内容外，多为册命的记录，有固定格式，内容为封官、世袭等事，其他内容如换田、诉讼、追考等内容金文都有一定规范。记录事件的时间、地点、人物，都有固定程序。这时期纪年铭器比西周早期多，前段还见波磔体，后段流行玉箸体。

西周晚期青铜器是中期的延续，形制变化不大，品种少，造型纹饰简化定型。流行立耳球腹蹄足鼎、附耳球腹蹄足鼎、平沿平裆鬲、双耳三足簋、双耳圈足盨、上下对称式的簠、束颈高沿鬲、圆鼓腹壶、椭方壶、扁圆体盉、折耳圈足盘、双耳三足盘、夔龙纹钟、浅盘细柄豆，水器盘、匜极为常见，新出现了瓶等。

西周晚期纹饰流行环带纹、窃曲纹、垂鳞纹、重环纹、瓦纹等抽象纹饰和几何纹饰，有相当一部分器物素面不施纹饰。

西周晚期长篇铭文特多、特长，内容除一般册命外，对外的征伐（如对玁狁入侵的抵御、对淮夷的控制）增多。但总体仍为祖考自作礼器的铭记，书体仍为大篆最成熟的形态，字体优美，结构和谐。

（3）春秋青铜器及其特征

春秋时期，王室衰微，各诸侯国开始发展自己的势力，在诸侯国内，卿大夫权力亦开始上升。在这种形势下，作为贵族等级制与权力象征的青铜器发生了相应变化。各诸侯国及卿大夫，甚至卿大夫家臣都有青铜铸造作坊。当时的青铜作坊分布广泛，产品增加，这与考古发掘和传世品统计一致。春秋时期王室与王臣重器少见，反而各诸侯国及各卿大夫铜器大量涌现，到春秋中晚期，青铜器造型别致，纹饰精美，逐渐形成了各自的青铜文化风格。中原地区各诸侯国如晋、虞、虢、郑、卫、鲁等姬姓诸侯，距王都甚近，交流密切，其文化面貌比较接近。中原以外的地区各自面貌不同，可分为以秦国为代表的陕西地区，以楚国为代表的汉水流域、江淮地区和长江中游地区，以吴越为代表的长江下游地区。

1）中原地区青铜器

春秋早期青铜器发现少，且风格与西周晚期接近，一些地区如新郑出土的铜器新旧相杂，出现了新的器形，铜器搭配仍是以鼎、簋为中心的食器组合或食器加水器组合，尤其在中下层墓中反映明显，大型墓还有酒器、乐器。

春秋中期青铜器呈现出西周向春秋型过渡的特征。青铜器组合以鼎、敦、盘、匜为主，较大的墓还出甗、鬲、簋、簠、壶、鉴。春秋中期纹饰流行蟠螭纹、三角形涡纹，后段还出现蟠虺纹，西周型纹饰基本消失。

春秋晚期青铜器食器中的豆比例上升，大小墓皆有。大型墓（三鼎以上）皆有敦，三鼎以下的墓敦少见。主要器类为鼎、鬲、敦、簠、鉴。此期纹饰流行蟠虺纹、蟠螭纹、波带纹。

2）楚式青铜器

楚式青铜器主要出自墓葬。除见于楚国高级贵族墓外，还包括江淮地区的蔡器、徐器、黄器等诸国铜器。这些自铭国别的铜器多具楚文化特征，研究者一般将其归入到楚式青铜器或楚系青铜器。楚式青铜器按用途可分为礼器、乐器、兵器、车马器、工具、构件、生活器具、货币和度量衡等类。

铜礼器数量多，基本组合为鼎、簠、浴缶、盘、匜、斗，簠在春秋晚期偏早以前还使用，之后基本不见，鼎的类型较多[46]。总的看楚式铜器不如中原地区的种类丰富，有与中原地区形制近似的类型（圆鼓腹蹄足鼎、簠）和自己独创的类型（平底束腰的升鼎、扁椭圆球体敦）。典型的楚式器显示出若干独特的风格，如楚式鼎的蹄足由直立粗短发展到细长、外撇，楚式簠腹部极度外凸。

楚式铜器纹饰以细密的蟠螭纹、蟠虺纹为主，盖顶、颈部、腹部还多见三角形或叶形带纹。其纹饰比中原更繁缛精细，往往在鼎足根部、耳部、器物的錾、豆柄、匜流部之盖顶等部位堆砌浮雕状纹饰或在器壁上堆垛立雕式扉棱。

3）吴越青铜器

吴越青铜器大多出于墓葬中。春秋早中期的铜器资料缺乏，其基本组合及面貌尚不清楚。春秋晚期的基本组合为鼎、簠、豆（瓶）、尊缶、鉴、镳、罍、盘、匜。

吴越青铜器可分为三个系统。一类是中原型铜器，如春秋早期的浅腹立耳高蹄足鼎，春秋晚期的带拱形盖的附耳深腹鼎以及簠、豆、鉴等。第二类是仿中原式铜器，形状酷似中原之器，但其部分特征甚至很微小的特征如器形的细部或纹饰，可显出其是吴越匠师们的摹古之作[47]。第三类是吴越特有的土著型铜器，如春秋早期的浅腹束颈簠、双附耳不高出口沿的深腹盘、扁圆腹的双环耳瓶，春秋晚期的越式鼎（浅腹、三扁足外撇）、附耳高弧裆细长蹄足鬲、深腹无颈三小蹄足罍、平底环耳衔环盘、平底横长带环形錾匜等。

此外，吴越的兵器以铸工精良而久负盛名。吴王夫差剑、吴王光剑、夫差矛、越王者旨剑、戈、矛以及王子午戈坚韧锋利，光华逼人。春秋早期的剑为柱脊式，春秋晚期剑身茎分明，有倒凹字形宽格，刀口作狭前锷式。铜矛为窄叶形叶，长骹口部有方形凹口。

吴越青铜器纹饰与中原的基本相同且同步变化，自身特色不明显，但也具有一些特点，如春秋早期所见小龙纹勾连夹 S 形曲线、云形夔纹即是。

4）秦国青铜器

秦国铜器多见于墓葬中，资料比较零散。

春秋时期秦国铜器组合为鼎、簋、方甗、方壶、匜、盘（偶出盉）。鼎为典型的秦式鼎，即立耳浅腹，蹄足根在上腹部，未见附耳鼎。簋为浅腹，双兽首半环耳。方甗为瘦长体。

此外，秦兵器也颇具特色。常见的三角锋短援中胡二穿戈，窄刃长骹，圆銎孔，还有中脊无血槽的柳叶形矛，宽扁柄兽面格的柱脊短剑[48]。

春秋秦铜器上流行勾连兽纹、简化的窃曲纹、变形蟠螭纹、蟠虺纹以及一种纤细的波带纹。

（3）战国时期青铜器

战国时期，列国铜器大放异彩，与前代青铜器相比，呈现出耳目一新的面貌。

1）中原诸国青铜器

主要指周和三晋地区所出的青铜器，包括与之面貌相近的燕国。常见的器形有圜底蹄足鼎、平裆鬲鼎、豆、盖豆、敦、分体甗、圆壶、方壶、匜、鉴。

战国早期的基本组合为鼎、豆、甗、壶、盘、匜。纹饰流行粗体蟠螭纹，一般作为主纹饰于鼎、簋、壶、鉴等器的腹部，小龙躯干中间填以云纹、雷纹等几何纹饰。此外，绚纹、变形蝉纹、贝纹、三角云纹也常见。新出现人物画像，如山彪镇 M1 鉴上铸水陆攻战纹。

战国中期铜器组合为鼎、敦、豆、壶、盘、匜、鉴，或伴有鬲、簠，纹饰与早期相比变化不大。

战国晚期基本组合为鼎、敦、壶，大墓中伴出甗、簠、簋、钫、铆、盘、匜、鉴。相当一部分铜器为素面，纹饰有植物纹、几何形纹，错金银装饰比较普遍。

2）秦国青铜器

今所见战国时期秦国青铜器，主要出土于中小型墓中，这与国君及高级贵族大型墓葬尚未发现有关。

战国早期，铜器基本组合为鼎、甗、壶、盘、匜，绝大多数为明器，器形小，制作粗率，器物风格仍沿袭春秋风格，故一般将战国早期铜器归入春秋群。常见器形有三足外撇立耳鼎，束腰大盖帽壶，瘦体甗。纹饰流行勾连蟠虺纹、绚带纹、波带纹，间以花朵纹。

战国中期，秦铜器面貌大变，以中原式与三晋式铜器为主，组合为鼎、敦、豆、壶、盘、匜（敦、豆不共出），均为实用器。春秋群风格的一些铜器仍伴出，出现了中原风格和秦风格相融合的器形，如附耳、浅腹、三蹄足鼓出开张的实用铜鼎、长颈圆腹壶等，纹饰流行绚索纹、卷云纹、图像纹等。

战国晚期，秦铜器多见鼎、壶、鍪、蒜头壶，或伴出釜，其中鍪与蒜头壶为新出现的器形，铜器以素面为主。

3）楚国青铜器

战国早期，楚铜器基本组合为鼎、簠、敦、壶、盘、匜，一些大墓中还伴出尊缶、镶、罍，器物多成双成对出现。

战国中期铜器组合变化不大，但盘、匜数目减少。战国晚期流行鼎、盒、壶的组合，有些伴出盘、匜。战国早期铜器特征有些与春秋晚期类似，如器盖合成椭圆形的鼎和球形敦。战国中晚期流行楚式鼎（一种为扁腹、平底、多棱形长足，一种为有盖、扁直腹、附耳、长蹄足）和类"越式鼎"（浅垂腹、腹壁斜直、底微圈，三扁足较长、盖隆起）。

4）鄂尔多斯式青铜器

鄂尔多斯式青铜器早在商时期就已出现，一直延续到东汉时期。其分布地域相当广泛，内蒙古、陕西和山西北部、宁夏、河北北部、北京、辽宁等省市都有发现。分布范围因时代而有所不同。西周至春秋时期，主要分布在内蒙古鄂尔多斯、夏家店上层文化分布区以及米努辛斯克盆地。春秋晚期至战国时期，多分布于战国秦、赵长城沿线，东部不超过承德至张家口一线[49]。

西周时期，鄂尔多斯式青铜器的种类不丰富，依用途可分为兵器、工具、生活用器等类，常见器型有短剑、刀、镞、斧、锥、匕、匙、镜，以及以联珠状铜饰、铃形和双珠兽头为代表的小件装饰品。短剑和刀流行蘑菇状首，短剑的格和刀的栏成舌状突起。铜斧以单耳为主，双耳少见。铜器的花纹有鹿头纹、马头纹、山羊纹、兽纹、鸟头纹、鸟纹、变形蛇纹和折线纹、叶脉纹、长方点状纹等。

春秋时期，鄂尔多斯式青铜器相当发达，到春秋晚期达到鼎盛。新出现了独具特征的鹤嘴斧、棍棒头、带扣、扣饰、长方形饰牌、鸟兽形饰、长方形动物纹牌及由这些饰件组成的腰带饰，出现了以马衔、马镳、马面饰、节约等为主要内容的马具，中原或仿中原式的铜器增多。短剑的剑首开始出现了双鸟头触角式造型，剑格为椭圆形或翼状格；刀以环首为主。在短剑和刀的柄部出现了繁缛多变的装饰花纹。铜器花纹，除流行西周时期的纹饰外，新出现了虎纹、鹿纹、鸟纹的变体，尤以S形双鸟纹饰牌具有特点。写实的题材增多，虎咬羊等动物争斗图案和身体反转造型动物颇为新颖。

战国早中期，鄂尔多斯式青铜器的器类基本未变。短剑大多为变形触角式，并进一步向环首演变，出现了造型相同的铁短剑。剑格呈规整的翼状。装饰品中，小型动物纹饰牌增多，出现了P形饰牌。除马具外，新出现了车具零件。

战国晚期，鄂尔多斯式青铜器发生很大变化。兵器、工具、马具类，除刀、镞和斧外，其余大多被铁器取代。车具零件增多，出现了动物造型的竿头饰件。装饰品以大型长方形牌饰为主。以动物纹（包括鹿、马、山羊、绵羊、牛、虎、豹、狼）为特征的装饰品工艺精致，写实手法盛行，鸟形、兽头形以及蹲踞、伫立、争斗、咬噬的造型折射出强烈的草原气息。

2. 青铜器铭文及其历史研究价值

中国青铜文明与世界其他古文明不同，青铜器不仅用来铸造工具、用具、装饰品、兵器，更重要的是，青铜容器中的一部分专用于各种礼仪活动，一般称之为礼器。礼器不仅用于宗庙祭礼一类重大活动，而且成为统治者中的一种等级标志。从某种程度上说，"青铜便是政治的权力"[50]，同时，贵族们要将重大的事件"书之竹帛，镂之金石，琢之盘盂"（《墨子·非命》），"铭其功烈，以示子孙"（《左传·襄公十九年》臧武仲对季孙氏言）。正是由于"论撰其先祖之德善、功烈、勋劳、庆赏，声名列于天下，而酌之祭器自成其名焉，以祀其先祖"（《礼记·祭统》），西周铜器铸铭成风，如同殷商注重甲骨文一样。

　　青铜器铭文习称金文，战国以前多铸铭，战国以后多刻铭。这些铭文具有重要的史料价值，它们作为当时人的真实手迹，体现了当时的社会生活和习俗，因而具有真实性、可靠性，成为证史补史的重要资料依据。

　　青铜器铭文反映了西周的许多重要史实，按铭文内容可分为：（1）祭祀类。西周早中期许多青铜器铭文就反映了作为周人祭百神和祖先的性质，如天亡簋、何尊、剌鼎等。常见的金文内容为作器者"用作朕皇考尊殷（彝）"，"用祈眉寿"，"子子孙孙永宝用"等。（2）戎事类。西周时期，周王朝对周边地区战争征伐不断，有许多伐商、戎、东夷、楚、鬼方等记载。如利簋记载了牧野之战，录𢔡卣记载了对淮夷的征伐，小盂鼎、多友鼎记载了对鬼方的战争，史墙盘记录了昭王南征伐楚事件。（3）策命类。西周初年，周王分封诸侯，并赏赐给土地、山川、物品、奴隶等。宜侯夨簋记录了周康王改封虞侯夨为宜侯，并赏给器物、土地和奴隶。大盂鼎和大克鼎铭记载了周王赏给贵族盂和克奴隶。此外，侯伯们也对下属进行命赐。由策命类金文可以了解西周的职官制度。（4）土地制度类。金文中除有大量的周王赏赐给诸侯、臣下土地外，还有一些反映土地交换的记录，裘卫四器记录着裘卫与矩伯、矩、邦君厉用物品交换土地的事。（5）历法类。金文中常有"唯王某年某月某日"的记时法和"初吉"、"既生霸"、"既望"、"既死霸"的月相记时法，这对于研究当时的天文、历法，甚至断定年代都有很重要的意义。（6）其他类。有训诰的记录（如大盂鼎铭记周康王对盂昭告周朝立国经验和殷丧国的教训），有籍田、骑射活动的记录（如令鼎铭"王大耤农于其田"），有些则"物勒工名"（×库，相邦、工师、丞、工等铭），有为媵器者（如吴王光鉴铭为"吴王光为叔姬作媵器"），律令、诏令类（秦诏版、子禾子釜为量值和度量衡的法令，符节为免税物件和调兵军令），有兆域图铭（中山王墓的铜版）。

金文作为一种文字，对于古文字学意义重大。从金文阶段之字形特点、语句、修辞文法习惯，可以分析其演化过程。由波磔体到玉箸体，再到大篆而后小篆，金文显示出其在发展过程中朝着简便、规整的方向演进，为秦统一文字奠定了基础。东周时期，瘦长体、鸟虫书和随意的手写体或俗体，显示出当时文化开放、多姿多彩的特点。此外，对金文字体、布局、内容的分析，可作为断代的一个重要手段。每个阶段基本都有其规律可寻，如西周长铭，多记事册命，早期尚无统一格式，穆王以后便基本格式化了；东周则多反映列国之间联系、活动与其典章制度，铭文比较单调，记述也较自由；战国末年流行物勒工名，言简意赅。

铭文也可作为辨别铜器真伪的一个手段。商周青铜器铸铭，是另做一块范趁湿嵌入主范中，阳文字的上口大些，因而铸成的金文往往是字的笔划口小底大。西周铸长铭时，有些要划好格子，使得金文行列规整，技工书写很流利，字体笔划转折处非常自然，字口内有磨砂玻璃般均匀的无光感。而现在用翻砂法铸的铜器，铭文各行粗细不一。东周时的铭文有刻成的，一般是用玉质类的小轮子琢磨出来，字口光洁，有琢磨痕，而用刀刻的铭文一定会留下刀痕。

3. 青铜器的工艺

（1）铸造工艺

西周铜器的铸造同商代一样，采用块范法。其工序是：先制出模范或母范（器物的模型）；再用泥土敷在模型上做出外范，并将之分割成数块；同时还要用泥土做一个内范，再套合外范和内范，中间的空隙为型腔，相当于欲铸器物的厚度；从浇口铸铜液，待冷却后，打碎外范，取出青铜器，并换出内范，最后修整加工。西周许多遗址中出土了熔炉、陶范、铜渣、红烧土块等铸铜遗物。如洛阳北窑村发现的外范还分为内外两层，内层为浇铸面和分型面，陶质细腻坚硬；外层质地松软，含有较大颗粒砂子。每块外范均有榫眼（多为楔形）、榫卯和长方形子母口。比较复杂的器物，用合范浇铸。在整个过程中，陶模的阴干和熔烧至关重要。当时多用一模一范。

东周时期，块范法有所改进，出现分模制范法，如侯马新田古城铸铜遗址中发现许多陶母模，一模可翻多块外范和内范，提高了生产效率。更重要的是，根据铸件的形制、纹饰将陶模分成若干组，再反复印制在范上，合成整器的陶范。这种分工提高了生产效率，适合大批量的铜器生产。对于那些小的器件，不宜分范的，用完整的实体模，母模的制作大多为手工直接雕刻，也有从器物上复制的。侯马陶范的泥质较纯且坚硬，烧成温度较高，这样的陶模可反复使用，不易受损。东周时期，为了固定内外范，除使用各种形状的子母榫外，还垫小铜片，以加固并保证器壁的均匀，小铜片在浇铸后就固定在器壁上。

上面介绍的块范法系一次浇注成形，称为浑铸法。对于那些复杂的器物，铸工们采用分铸法，又称多次铸造法，即分别铸出欲铸器物的各部位，再用连接法联结在一起。如弽国墓地所出的四耳簋，耳与簋体错离，在两者的结合部，腹部叠压着耳根部，说明耳部是先铸的。铸耳时，耳部的近根部预留出横向孔洞，待耳铸成后，掏出与簋体相接的两端一部分泥芯，并打通预留孔，与簋体铸接时，铜液注入耳部两端，同时流入预留孔中，便使簋体与耳部铸合。春秋时期，分铸法得到进一步发展。

焊接法在春秋中期以后普遍使用，即用熔化的金属焊料将各铸体连接在一起。洛阳中州路春秋中晚期与战国时期的青铜器、尉氏春秋中晚期铜器、新郑李家楼大墓的春秋铜器、曾侯乙墓的战国铜器等就是用焊接法分铸的。尉氏出土的鼎系榫卯焊接，器身与耳、足先分别铸好，铸器身时在耳、足的位置预先铸出顶端较大的乳突，耳、足焊接部位铸成敛口状。焊接时，挖去耳、足焊接部位的部分泥范，形成小口孔腔，注入铜锡合金焊料，接着立即将耳、足安到器身预铸好的乳突上，待焊料冷却后，鼎身便与耳、足牢固连接[51]。淅川下寺一号春秋墓出土的铜器采用了两种焊接法，即榫卯焊接法和利用在铸造过程中有意留出来的铸孔焊接附件的方法。同墓出土的 55号鼎采用焊接与铸合相结合的工艺，即先铸好鼎耳，再用一种特制的构件"耳垫"为媒介与鼎体连接。这种耳垫为实心青铜，本身带三个榫头[52]。

此外，春秋中晚期之后普遍采用器身与附件单独作模的方法。这种母范可多次使用，使批量生产成为可能，促进了商品生产的发展。如在侯马晋城中出土不少鼎足、鼎耳与甬钟等附件的单独模型和一些鼎腹、钟腹的模型，而这些模型本身也是用模子翻出来的[53]。

分铸法提高了生产效率，也促进了某些复杂工艺的产生。铜铁合铸件在东周一些大型墓中不断出土，虢国墓地 M2009出土铜内铁援戈、铜骹铁叶矛、铜銎铁锛、铜柄铁剑，中山王墓、寿县李三孤堆楚王墓以及江陵雨台山、广西平乐银山岭都出土过铁足铜鼎。当时的铜铁合铸件仅见于大型墓中的随葬品，在社会上并未流行。

失蜡法是东周时期铸铜技术的一个新创举。失蜡法，又称出蜡法、走蜡法、拨蜡法、退蜡法。具体制作程序是：先用手将黄蜡、动物油等易熔材料做出蜡模；再用细泥浆反复浇淋蜡模，使蜡模表面形成一层泥壳；再在泥壳外涂以耐火材料；然后用火烘烤此模型，蜡熔化流出，蜡模遂成泥模；最后在泥模内浇注铜液，便可铸成产品。蜡模法的优点在于，用整模而无需分块，铸出的铜器不用打磨加工而器表光滑精致，适合于铸造复杂精美的铜器。

东周铜器使用失蜡法的代表是淅川下寺一号墓所出的铜盏、二号墓出土的铜禁与随县曾侯乙墓出土的盘尊。淅川下寺楚墓时代为春秋晚期，这是我国目前发现的最早用失蜡法铸造的铜器。下寺二号墓的铜禁模型由25块蜡模构成，禁面正中的长方形平面系一块蜡模制成，禁面与禁两侧五层铜梗连接支撑的卷曲勾连纹各由12块蜡模构成，附兽与禁体用铝锡合金焊接[54]。曾侯乙墓的尊盘口沿、颈部的透空装饰风格一致，用蜡模制成。全部附件由四部分组成，各部分以铜焊接，花纹相同，其中的透空纹饰均由其下分为三层的铜梗支撑并连接为一个整体，显示出其工艺的进步[55]。

（2）装饰工艺

两周铜器的风格一反商时凝重典雅的特征，特别是到了东周时期，铜器造型、纹饰呈现出写实、活泼的风格，这个时期的装饰工艺大为发展。

西周时期，铜器的纹饰仍是在范模上先画好花纹，用刀雕出花纹的凹入部分，凸起部分用泥琢好后再加贴上去。这样雕琢花纹费时费工。春秋中期以后，发明了模印法，可以节约人力物力，方法是用事先制好的刻有花纹的陶质或木质的拍子在范模上拍打，可以拍打出连续的花纹，形成若干组连续反复的图案。东周时期的蟠虺纹、蟠螭纹等就是用拍印法做出的。

两周时期，青铜器的镶嵌工艺发达，而且应用逐渐普遍。其制作方法是：先在器物上铸成纹饰沟槽，再将镶嵌物质做成或捶打成薄片或长条形，压入沟槽中，再用错石在铜器表面加以磨错即成。镶嵌物此时有绿松石、红铜、金和银。镶嵌后的铜器色彩对比明显，纹饰华丽清晰。两周时期的镶嵌工艺在战国时期达到顶峰。有镶嵌绿松石的，如山彪镇战国墓出土的方豆，用绿松石镶嵌成精细的云纹；中山王墓出土牺尊的首、身由绿松石与银丝相配镶嵌而成，精美异常。在一些小件和兵器、车马器上也用绿松石镶嵌装饰。春秋战国时期，镶嵌红铜技艺普遍流行，如辉县甲乙墓中出土的扁圆壶、下寺二号墓出土的两件浴缶、曾侯乙墓出土的甬钟、固始侯古堆 M1 的方豆、寿县蔡侯墓出土的蔡侯方鉴和尊缶、贾各庄 M5 出土的铜壶、浑源李峪村东周墓地的铜豆等。最为著名的嵌红铜作品，是汲县山彪镇一号墓出土的一对水陆攻战图铜鉴，是用红铜镶错出各种写实的战争场面。

金银错工艺是两周铜器的又一大发明。金银错，又称错金银。其方法是在青铜器表面预铸出浅凹的纹饰或字形，精细的纹饰铸好后在铜器表面还用墨笔绘出纹样，按纹样用硬度较大的工具錾刻浅槽，然后在浅槽内嵌入细薄的金银片或丝，用错石磨错，使嵌入的金银片（丝）与铜器表面相平，最后用木炭加清水进一步打磨即成[56]。

青铜器上施金银错工艺始于春秋中期，盛行于战国中晚期至西汉。春秋中晚期和战国早期，多用于金错铭文，如传世的晋栾书缶、青铜鸟尊等。到战国时期，纹饰也采用金银错，而且是错金、错银，并常与嵌绿松石共施。典型的器物有：长治分水岭 M126 出土的有盖豆、辉县固围村 M1 的车马器、洛阳金村大墓出土的铜容器和车马器及其他杂器、洛阳中州路车马坑出土的一套车马器、中山墓出土的各种动物、安徽寿县发现的五件鄂君启节、四川羊子山 M172 出土的铜兵器等。

两周铜器铸造工艺中还有包金银、贴金与鎏金和髹漆工艺。包金银是在铜器表面包一层极薄的金银箔，在浚县辛村卫国墓地 M42 出土了西周时期包金兽头和包铜矛柄的金叶。东周时期，仍用包金银装饰小件铜器，琉璃阁 M60 甲墓出土数千枚包金铜贝，寿县蔡侯墓出土有包金辔饰、临淄郎家庄 M1 出土包金贝形铜泡，洛阳金村大墓出土有包金的铜圆饰，辉县固围村 M2、M3 出土有包银椭圆形箍、铜泡。贴金是用粘着物将极薄的金箔粘贴在器物上。东周时期贴金亦为小件铜器，辉县琉璃阁 M60 的铜剑上贴金，寿县蔡侯墓侯古堆 M1 铜泡均贴金，曾侯乙墓、山彪镇 M1、分水岭 M126 均见贴金车马饰。战国中期，鎏金技术开始出现。鎏金就是将金汞合剂涂抹在铜器表面再烘烤之，汞即蒸发，金就附着在铜器表面。曲阜鲁城 M3 出土有鎏金铜泡两件、M58 出土鎏金镶玉带钩一件，洛阳中州路战国中期车马坑出有鎏金银的马络饰 22 件，烧沟战国墓 M651 出有鎏金铜带钩一件，固围村 M1 的大玉璜上有鎏金，长沙楚墓、信阳长台关一号和二号楚墓出有鎏金带钩、铜环、铜削等小件。战国中期，南方楚地盛行铜器上髹漆，其工艺与鎏金类似，信阳长台关二号墓出土了两件髹漆铜镜，曾侯乙墓的铜架下三铜人均髹漆着色。

（五）夏商周断代工程中西周年代学的研究

1996 年 5 月 16 日，夏商周断代工程会议召开，标志着夏商周断代工程全面启动。这一工程集中了中国历史学、考古学、天文学和科技测年等学科的 200 多位老中青专家学者。工程分设 9 个课题 44 个专题[57]，从不同角度，不同侧面，以不同方法、不同方式对三代年代学进行了全面、全新的研究。2000 年 11 月发布了阶段性成果。夏商周年表填补了我国古代纪年中的空白，把我国的历史纪年由公元前 841 年向前延伸了1200 多年，为三代年代学建立了标尺。与两周考古有关的是西周年代学和武王克商年代的研究。

1．西周年代学的研究

西周的历史，各史书记载基本一致，从武王灭商到幽王亡国，共历 11 世 12 王。《史记·十二诸侯年表》中，司马迁已给出了共和元年（公元前 841 年）以下的纪年。司马迁治学严谨，古今公认，因此夏商周断代工程以共和元年（公元前 841年）为基点，向前追溯。

西周年代学的研究过程是：以文献研究为基础，通过考古学文化的分期与测年，建立年代学的基本框架，同时构建金文历谱，并计算有关天文材料，排列出西周列王的年代。

1）文献资料的梳理和研究[58]

古代文献中，关于夏商周三代年代的记载模糊，有些甚至自相矛盾。针对这种情况，工程组的专家对相关文献资料进行了全面的梳理，整个工程调查了与三代相关的资料 400 多种，建立了完整的"夏商周年代与天象文献资料库"。在此基础上，对种种说法进行综合研究，借助于多学科结合的方法，提出倾向性意见。

文献学研究中，重点是对于文献资料（尤其是关键文献）的可信性和有关天象资料的可信性进行鉴别。经过深入研究，涉及西周纪年的重要资料有：《逸周书·小开解》中武王伐纣时的"月食"记录；古本《竹书纪年》中"懿王元年天再旦"的天象记录；今古本《竹书纪年》中有关夏商周总积年和各王年的年代记录。此外，可靠文献记载的天象是否可靠，需要研究。如利簋是武王克商的重要资料，但其中的"岁鼎克闻夙又商"句中的岁是否岁星，学术界意见不统一，通过讨论，专家们认为岁星解释可信，可用作天文推算。

2）西周考古学文化序列的研究与测年

对西周年代学研究有价值的遗址主要是北京琉璃河燕国遗址和山西天马—曲村晋国遗址。两个遗址的分期代表了西周燕文化和晋文化的编年序列，通过对这两个文化序列的样品作^{14}C测年，可能建立自周初开始的西周年代框架，并作为确定西周始年的重要佐证。对晋侯墓地的研究确认了晋侯的世系，并对之进行测年，同时结合《史记·晋世家》等文献，对各代晋侯与西周列王的年代作横向比较。

①西周琉璃河遗址的年代

考古学家通过对琉璃河遗址以往资料的整理和对城址、宫殿区附近祭祀遗存的补充发掘，证明燕都的所有堆积、遗存都是召公封燕后形成的。再结合城墙基础和城外护城河的遗物，可断定燕都始建于召公封燕之后。

专家们通过考古学分析，将琉璃河燕国墓地分为三期六段，即早、中、晚三期，每期各两段，同时从典型墓葬的人骨中取样，进行 ^{14}C 测年。琉璃河遗址的居址也分为早、中、晚三期，并进行 AMS 测年。琉璃河遗址的分期基本上与中原地区诸侯国的文化进程相同，为西周列王年代的构建提供了重要依据。

②天马—曲村遗址的年代

天马—曲村遗址内涵丰富，包括了西周早、中、晚三期遗存，而且该遗址距离丰镐较近，两地文化面貌十分相近，可比性较强。依据器物形制变化，专家们将天马—曲村西周遗存分为三期六段，并进行了 AMS 测年。

位于遗址中心的晋国高级贵族墓，分布集中，排列有序。20 世纪 90 年代发掘的八组 17 座墓葬（分属于八代晋侯及其夫人之墓），其中 M93、M102 组墓中的 M93 打破西周晚期灰坑，表明该墓上限不可能早于西周晚期。整个墓地其他各组，均未发现墓葬与文化层、墓葬与墓葬间的相互叠压打破关系，所以不可能从地层上确定这些墓的早晚序列，只能依赖其他有关遗迹现象和对墓葬随葬品形制、组合的研究来解决，因而以类型学方法对演变规律清楚的陶鬲等随葬器物组合进行分析排比，据此排列出墓葬的顺序，然后与其他已知年代的墓葬出土器物进行对比，从而推定出各组墓葬的年代。结果，将整个墓地的年代卡在西周中期偏早到东周初年。

根据八组墓的先后顺序，结合铜器铭文中晋侯名讳的考释与《史记·晋世家》及先秦古籍有关记载作了对比研究，推定出八组晋侯墓的墓主，并对墓地中部分墓葬进行 AMS 测定，以作进一步验证。由于在成侯、靖侯、釐侯的相应墓葬中未能采集到测年样品，所以用 OxCal 拟合该系列时在相应分期中插入了空事件，这样 OxCal 可按同样的抽样原则计算出各侯的年代范围。对样品 SA98094 和 SA98096 均分别作了三次制样和测量，所测结果在误差范围内相符合，因此在拟合时加以合并处理，每个样品都得到一个年代范围。

需要指出的是，2000 年在晋侯墓地又发现一组晋侯墓 M114、M113[59]。根据两墓的墓葬形制及随葬器物特征，简报将其定在西周早中期之际，并认为这组墓葬和先前的 M9、M13 墓组年代接近，应为晋侯墓地中目前所见最早的两组墓葬。但无论这两组墓葬孰晚，整个墓地的排序不会有大的改变[60]。"14C 年代测定结果，会补充和进一步丰富晋侯墓地和西周14C 年代框架体系，但不可能根本动摇原来做出的晋侯墓地14C 年代总体框架"[61]。李伯谦先生认为 M114、M113 组排在 M9、M13 之前，墓主是晋侯燮及其夫人[62]。

3）西周金文历谱的排定

以青铜器类型学为基础对其进行分期断代，结合西周历法的特点，寻找到七个推定王年的支点，以此为框架，通过西周晚期 66 条年、月纪时词语和日干确定的文献和金文材料，排出西周金文历谱。

①西周青铜器的类型学研究

西周青铜器的分期断代必须收集典型资料，工作中尽可能搜集了铭文中王年、月序、日相、干支四要素俱全（即可供西周历谱研究）的铜器。搜集的资料包括：A. 考古发掘的重要西周墓葬，如北京琉琉河燕国墓地、丰镐井叔墓地和其他墓葬、山西曲沃晋侯墓地、河南三门峡虢国墓地、陕西宝鸡强国墓地等资料。这些西周大墓，随葬成套的青铜礼器、乐器、车马器，有一定组合的陶器伴出，且随葬陶器皆已被作过缜密的分期，年代序列明确。B. 出土情况明确的西周青铜器窖藏，如庄白微史家族铜器、裘卫四器、长安张家坡窖藏等。C. 传世品中的成组铜器，如颂器、史颂器、克器、梁其器、函皇父器等。这些同组、同坑铜器，共存关系清楚，作器时间相近或相关。D. 零星出土和传世品中的标准器，如利簋、天亡簋、何尊、盂鼎、鲜簋、趞曹鼎、楚钟、楚簋、毛公鼎等。这类铜器均自铭王世。E. 其他有重要铭文的铜器，尤其是年月日辰俱全者[63]。

学者们从收集的所有铜器资料中选取了300多件标本，属于11类常见的器物，有鼎、簋、鬲、簠、尊、卣、壶、方彝、盂、盘、钟，以鼎、簋数量最多，占标本总数的一半。对标本进行了详细的形制分析，同时对西周铜器的常见纹饰进行系统排比，再根据这些铜器铭文、纹饰间的关系，以及同坑、同组关系等，综合考察其发展谱系，将西周铜器分为早、中、晚三期，每期大约八九十年，早期相当于武、成、康、昭，中期为穆、恭、懿、孝、夷，晚期为厉、宣、幽诸王。

②西周历法的几个特点

通过对《春秋》、《左传》中数百条历法资料的研究以及西周有关文献的分析，推知西周历法有如下特点：

西周历法的岁首多为建子、建丑。依据所归纳春秋时期历法建正的具体情况，上推西周建正情况，认为周正建子与建丑游移。

西周月相采用四分法，即“初吉”、“既生霸”、“既望”、“既死霸”，而且以“朔”、“朏”为月首。认识朔以前，当以“朏”为月首，朏指新月初见，在初二、初三。

西周历法一般采用年终置闰。

西周有两种改元方法,即当年改元(新王即位的当年)和逾年改元(新王即位的次年)。

③西周王年推定的七个支点

青铜器的断代结果,排出了西周王年的总体框架,还不能排出具体的年代。专家们在此基础上,寻找出推断西周年代的七个支点。

西周晚期:吴虎鼎与宣王十八年;晋侯苏钟与厉王三十三年。

西周中期:"天再旦"与懿王元年;虎簋盖与穆王三十年;鲜簋与穆王三十四年。

西周早期:静方鼎与古本《竹书纪年》昭王之年;《召诰》、《毕命》历日与成、康之年。

④西周金文历谱的排定

以西周青铜器的类型学研究为基础,以上述七个支点为框架,排出金文历谱。

由对七个支点的研究可知,在历谱中,只有懿、孝、夷三王的在位年不能确定。但知懿王元年为公元前899年,夷王之后的厉王元年为公元前877年,计懿、孝、夷三王共22年。属于这一阶段的青铜器可排出三王年数不同的几种方案,结合文献记载和青铜器铭文中的人物关系,以懿、孝、夷分别在位八年、六年、八年为最佳方案,则孝、夷元年分别为公元前891年和公元前885年。

上述历谱方案中有三处不合:师殳簋、克盨和伊簋。专家们对其进行了分析和修正。

最后,将金文历谱王年与测年相参照,排出西周各王在位年数。

2. 武王克商年的研究

武王克商之年是商、周的分界，只有这个年代确定了，才可以安排西周元年，并上推商年和夏年，它是三代年代学的关键。关于武王克商之年，自西汉刘歆起至 20 世纪，至少有 44 种说法，其中最早的为公元前 1130 年，最晚的为公元前 1018 年，相差有 112 年之多。他们的研究方法是，或者用各种古历来推定，或者以文献与金文、卜辞互证，或者据古本《竹书纪年》立论。

断代工程主要通过两条途径推定武王克商的年代。一是通过关键性考古遗址的 ^{14}C 测年、甲骨文日月食以及文献记载的综合研究，缩小武王克商年的范围；二是在以上范围内，通过金文的排谱和对武王克商的天文学推算，寻找克商的可能年代，最后加以整合而选定最佳年代。

（1）文献所见的武王克商年代

用古历推求武王克商之年，是古今皆用的方法。如刘歆用三统历推得的公元前 1122 年（西周积年为 352 年），汉代学者用殷历推得的公元前 1070 年（西周积年为 300 年），清代学者以颛顼历推得的公元前 1066 年（西周积年为 296 年）等。但是，这些人推算时用的古历都不早于战国，非三代真实历法，其可信度较小。

先秦文献所载西周积年在 270 年至 290 年之间。《左传·宣公三年》记载："成王定鼎于郏鄏，卜世三十，卜年七百。"《左传》预言多为作者根据既有事实而造设，所以较为可信。从周显王卒年上溯 700 年，为公元前 1020 年，再加上定鼎以前的成王、武王之年，则西周积年约 270 年。据《孟子·公孙丑下》，孟子去齐时说："由周而来，七百有余年矣。"孟子去

齐在周赧王三年（公元前 312 年），则西周始年在公元前 1020
年以前。

古本《竹书纪年》记载："自武王灭殷，以至于幽王，凡
二百五十七年。"依此从公元前 770 年平王东迁上推 257 年，
则武王克商当在公元前 1027 年。

（2）沣西 H18 的发现及相关考古资料的测年

丰京是周人长期居住的地方，其遗址堆积丰富。自 20 世
纪 50 年代以来，经多次发掘，确立了以张家坡遗址为代表的
沣西考古年代序列：早期居住遗址→第一期墓葬→第二期墓葬
→第三期墓葬→晚期居住遗址和第四期墓葬→第五期墓葬。依
青铜器等器物特征，第一期墓葬的年代相当于成康时期，而以
张家坡早期居住遗址为代表的遗存，其起始年代可能在文王作
邑于丰之时。

1997 年发掘的沣西 97CMT1 探方，地层单位明确。其中
最底层的 H18，由四个小层构成，包含内容丰富，所出遗物有
木炭、兽骨和炭化小米等可供测年的标本。叠压在 H18 之上
的 T1④，时代相当于西周初期，而叠压或打破 T1④和 H18 的
有 H16、H11、H8、H3、T1③等。其中 H16、H11 属西周早
期，H8、H3、T1③属西周中期。以上单位均出土具有各时期
典型特征的陶器群。作为先周文化晚期即商代末期典型单位的
H18 和作为灭商后西周初期文化典型单位的 T1④，为从考古
学上划分商周界限提供了理想的地层依据，武王克商之年应该
包含在这一年代范围内。

用常规法和 AMS 法对从这组地层中采集的系列含碳样
品，作了 ^{14}C 年代测定。常规法和树轮校正曲线拟合后，武王
克商年的年代为公元前 1050～前 1010 年。AMS 法的测年结

果为公元前 1060～前 995 年。

除上述沣西系列外，还对相关的商后期的殷墟系列、西周的琉璃河系列和天马—曲村系列进行了^{14}C 年代测定。其年代范围分别为：殷墟四期，公元前 1080～前 1040 年左右；琉璃河一期一段墓，公元前 1040～前 1006 年左右；曲村一期一段，公元前 1020～前 970 年左右。

考虑到殷墟文化四期的年代有可能延续到西周初，故克商年范围的上限为公元前 1050 年。琉璃河遗址一期 H108 出土有"成周"甲骨，其年代不得早于成王，因此，其上界可作为克商年范围的下限。该遗址第一期墓葬中最早年代数据的中值为公元前 1020 年，由此得出克商年的范围为公元前1050～前 1020 年。

（3）由甲骨月食推定克商年的范围

经多学科合作，对宾组卜辞中五次月食的年代进行认证，并计算出五次月食的绝对年代，参照文献所见商代积年和武丁及其后诸王年代的记载，以及由周祭卜辞对商末三王年祀的研究，得出的克商年范围也在公元前 1050～前 1020 年之间。

沣西等遗址分期与^{14}C 测年和由甲骨月食推断的克商年范围，是各自独立进行的，但所测年代都集中在公元前 1050～前 1020 年，当是可信的。这一结果，将克商年的范围从 112年缩短到 30 年。

（4）克商年的天文学研究

关于武王克商时的天象记载的资料包括：

利簋铭文记载克商在甲子日，这天岁星正当其位或岁星上中天。

《逸周书·世俘》、《汉书·律历志》引《尚书·武成》、《史记·周本记》等书对武王克商有记录，涉及伐商前后的月份、干支、月相，与《召诰》、《洛诰》、《顾命》、《毕命》、《国语·周语下》记载有周公营洛、反政以及成王临终诸大事的月日干支及月相以及武王克商"岁在鹑火"等前后呼应，是公认的检验克商年的主要依据。

天文学家通过现代天文方法回推克商天象，在克商年的可能范围之内，得到公元前 1046 年、公元前 1044 年、公元前 1027 年等三个克商年的方案。

（5）武王克商年的选定

天文推算的三个克商年，各自独立，都与相关系列^{14}C 测年以及由甲骨月食推定的克商年的范围相符，但都无法满足文献所给出的全部条件，因而与金文历谱匹配，选定最优解。

公元前 1027 年说与甲骨月食年代的推算以及古本《竹书纪年》西周积年为 257 年等记载配合最好，但与工程所定金文历谱难以整合，也不能与天象记录相合。

公元前 1044 年说对《国语·周语》伶州鸠语、《荀子·儒效》等文献作了较为顺畅的解释，所得甲子克商之日清晨岁星上中天。但于金文纪时词语的理解，与断代工程金文历谱研究所得结果难以整合。

断代工程所定金文历谱，成王元年在公元前 1042 年，目前尚未发现四要素俱全的武王时铜器，难以直接推定克商之年。据统计，武王克商后的在位年数有 2 年、3 年、4 年、6 年、7 年、8 年等异说。但文献记述武王史事，无超过四年以上者。取此说则克商年为公元前 1046 年，天文推算的公元前 1046 年说与此正相符合。此说与金文历谱衔接较好，与《武成》、《召诰》、《洛诰》历日、《国语·周语》伶州鸠语等也能相容，是三说中符合条件最多的一种，故将此定为武王克商的首选之年。

（六）先周文化研究

寻找周人建立西周王朝以前的文化遗存，探索其文化面貌与内涵并追溯其源流，是考古学界、史学界一直关注的课题，学者们为此付出了巨大的努力。

1．先周文化的概念

先周文化指武王灭殷以前周人所创造的文化。学术界曾出现过"早周文化"的提法[64]，其概念易与西周早期混淆，因此大多数人接受"先周文化"[65]的概念。

作为一个考古学文化，先周文化有其特定的年代（下限为武王灭殷前，上限尚待探索）、特定的分布地域及特定的文化特征。

据史书记载，周人的祖先是后稷，"尔后稷，播时百谷，封弃于邰"（《史记·周本纪》）。到了不窋时代，周人"自窜于戎狄之间"（《国语·周语上》）。至古公亶父时迁于岐下，乃"贬戎狄之俗"（《史记·周本纪》）。之后的周族历史史书记载明白，周先公先王的世系基本清楚。由于文献记载的简单、模糊，许多人怀疑不窋以前周人历史的真实性。从公刘到古公亶父时段的周族历史也应该可信，只是我们对其文化面貌以及分布区域目前还不确知，处于探索中，不少人所言"先周文化的渊源"指的正是这一段，甚至往前。

先周文化的族属无疑是周族。但周族、周人的历史有一个不断吸收、接纳、融合其他部族文化的过程，邹衡先生曾生动地描述为姬周文化—姬姜文化—西周文化[66]。也就是说，先周文化在不同时间吸收融汇了许多外来因素，其文化具有多元性，包括周边文化的因素，尤其在一些重大的历史事件发生前后，先周文化的某些方面可能会发生较大变化，需要充分注意。但作为一种考古学文化，它一定有自己的主流因素，准确认识这种主流因素，则是最根本的。

2. 先周文化的主要遗存及其年代

据目前所知，先周文化遗存集中发现于渭水下游及其支流，即今陕西宝鸡、咸阳、西安地区。

（1）沣西地区的有关遗存

在沣西地区已发掘了相当多的先周时期房屋基址、灰坑、窖穴、陶窑等遗迹和墓葬。重要的考古收获有：1959～1960年马王村试掘时发现 H10 打破 H11[67]，1967 年张家坡发掘的 M89（即 67SCCM89 和 M54）[68]，1983 年在客省庄和张家坡发掘的 83SKM1 和 83 沣区 M1[69]，沣西毛坊厂东发掘的以沣西 H18 为代表（包括 H18、F1、H12 等）的遗存[70]。

上述沣西诸遗存属先周晚期，即文王迁丰到武王伐纣期间的典型先周遗存，基本得到学术界公认。

（2）宝鸡斗鸡台墓地

20 世纪 30 年代，在宝鸡斗鸡台发掘 45 座瓦鬲墓，发掘之后苏秉琦先生将其分为三期，其中初期 9 座，中期 29 座，晚期 7 座墓[71]。先周时期墓葬除初期 9 墓外，还包括中期出联裆鬲的一些墓，如 C1、D36、E6、N1、E9，年代相当于殷墟四期，对此学术界争议不大。

（3）碾子坡遗址

遗址位于今陕西长武县境内，1980～1986 年进行了大规模发掘，揭露面积数千平方米，发现房址、灰坑、陶窑等遗迹和 365 座墓葬，出土大量陶器、石器以及卜骨。碾子坡遗存被分为早、晚两期：早期包含居住遗存和墓葬，时间略早于古公亶父时期，大致相当于殷墟二期；晚期 139 座墓葬，年代相当于周人迁岐前后，具有一定先周晚期的文化特征，两期遗存的时代特征明显[72]。

（4）郑家坡遗址

位于武功县境内漆水东岸。20 世纪 80 年代，发掘 2000平方米，发现房址 17 座、灰坑 15 个以及窖穴、陶窑多处[73]，发现大量陶器、石器、骨器、铜器等，后来又发掘了近 200 座墓葬。

关于郑家坡遗址的年代，该遗址发掘简报将其分为三期，早期相当于二里头文化晚期到二里岗下层时期，中期相当于太王迁岐前后，晚期约为文王作丰时。刘军社还对此作了进一步的论述[74]。胡谦盈、张长寿、梁星彭认为郑家坡遗址接近西周早期遗存[75]。邹衡、卢连成、王占奎、李峰等认为郑家坡遗址不超过殷墟二期[76]。孙华、王巍、徐良高认为郑家坡的三期分别相当于殷墟二、三、四期[77]。张天恩等人认为郑家坡早期相当于殷墟一期左右[78]。

（5）北吕墓地

1977～1981 年，扶风县博物馆在北吕的北山、东山、窑院等地发掘了从商到西周时的 283 座墓，其中周墓 238 座，从先周一直延续到西周中期。发掘报告将其分为六期[79]，属先周文化的是一、二、三期。一期相当于王季时，即殷墟三期，二期为文王作丰前，约相当于殷墟四期，三期为文王作丰到成王时期。墓地附近的陶窑也被认定为先周时期。

(6) 西村先周墓葬

位于凤翔南指挥西村,墓葬分布密集,但无打破现象。其年代为先周到西周中期,发掘简报分为四期,认为一、二期相当于先周文化中、晚期[80],共 95 座墓。孙华、李峰认为其中有些墓如 79M5、M9、M21,不属于先周时期而应为西周早期墓[81]。

(7) 宝鸡纸坊头遗存

这是一处晚商至西周初期的居址及墓地[82],与先周文化有关的是④A、④B 两层。④A 层年代当不晚于沣西马王村,即殷墟三期后段至四期或略晚。出土的袋足鬲、联裆鬲、单耳罐、尊、盂等,与沣西 97SCMH18 所出同类器相似,应为同时。④B 层年代介于刘家墓地(见后叙)五、六期之间,文化面貌也接近刘家墓地。

(8) 岐邑范围内的先周遗存

在岐邑范围内,西周文化遗存十分丰富,属于先周时期的遗存目前发现较少。

在贺家村发掘了商代晚期先周文化和西周时期的墓地[83]。墓葬为中小型长方形竖穴土坑墓,以单人仰身葬为主。先周墓葬的随葬品以陶鬲、罐为主,时代属殷墟晚期。

另外在礼村附近采集到陶鬲、铜鼎、铜簋等先周文化遗物。

在刘家村发掘 20 座墓。这些墓葬排列有序,墓向一致,头向东北,没有打破现象。流行偏洞式墓;葬具为长方形木棺,无底无盖;葬式以仰身直肢葬为主,还有屈肢葬和侧身直肢葬;多有随葬品,主要是陶器(放于棺外头部)和装饰品;

不少陶器口部压有石块或石片，墓室内也普遍随葬大石块。陶器多见高领乳状袋足鬲和双耳罐、单耳罐、腹耳罐。发掘简报将墓地分为六期，认为从二里头文化晚期持续到文王作邑时。不少学者对其作了分期研究，多主张分为三期或四期，年代基本被推定在殷墟二期至殷末之时。由于该墓地所体现的文化面貌与内涵有自身特点并具一定代表性，因此"刘家文化"的命名已为大家接受。

3. 先周文化探讨的主要观点

目前关于先周文化的讨论，主要有以下几种观点：

（1）以联裆鬲为代表的郑家坡遗存是先周文化，以袋足鬲为代表的刘家文化（包括先周晚期的袋足鬲墓，如斗鸡台、沣西地区的袋足鬲墓）是姜戎文化[84]。郑家坡文化源于客省庄二期文化或该文化的双庵类型[85]。

（2）将所有遗存分为三类：以郑家坡、北吕墓地为代表的联裆鬲遗存（极少见高领袋足鬲）为第一类，是姬周文化；以刘家墓地、碾子坡、宝鸡纸坊头早期为代表的高领袋足鬲（不见或少见联裆鬲）遗存为第二类，是姜戎文化；前两类融合为第三类，两种鬲共出，分布在泾渭地区，以斗鸡台、西村、沣西等遗存为代表。认为姬周文化源于山西光社文化，姜炎文化源于辛店、寺洼文化[86]。

（3）关中商代后期主要遗存均属先周文化。并将先周文化分为三期，一期以碾子坡早期遗存为代表，二期以碾子坡晚期墓葬、刘家墓地和彬县下孟村为代表，三期以客省庄、礼村、岐邑、丰邑、斗鸡台、西村等为代表。认为先周文化源于寺洼文化，姬周属戎狄一支[87]。

（4）先周文化分为三期，早期为碾子坡期先周文化，以碾子坡居址和墓葬为代表，中期以斗鸡台、北吕、西村墓葬、郑家坡为代表，晚期先周文化以丰邑为代表。先周文化来源于当地一处未知的更古老的考古学文化[88]。

（5）先周文化的最大可能是斗鸡台瓦鬲墓初期为代表的文化遗存，早期代表性遗存是碾子坡早期居址和墓葬。对先周文化渊源未发表看法，但否定了诸源头说，同时认为郑家坡为西周早期遗存[89]。又有与此接近的认识，将先周文化分为二期，早期以碾子坡早期遗址、墓葬为代表，晚期以周原、斗鸡台、沣西地区遗存为代表。认为目前溯源不成熟，对其他渊源说进行否定[90]。

（6）先周文化分为两个类型，第一类是以姬家店、石嘴头、晁峪—刘家—斗鸡台为代表的三个发展阶段，第二类是郑家坡—北吕类型。先周文化是西北羌戎一支，辛店文化的姬家川类型及寺洼文化是先周文化的源头，再往前可推至齐家文化[91]。

以上不同看法的存在，是由于各家对先周文化界定认识的不同，对先周文化与姜戎等相关考古学文化的融合程度看法不一所致。使用的标准不同，对遗址的年代和分期也会不同，对先周文化面貌特征的认识便有差异，进而对其渊源的认识也就不同。

我们以为，探讨先周文化的基点，在于首先弄清究竟哪种遗存属于先周文化，先周文化的特点是什么。应结合文献资料，遵循从已知到未知的探索方法，循序渐进地进行追溯。周族屡次迁徙，从豳到岐，再作丰、镐，这一线索应该说基本是清楚的。那么探索先周文化，也就应当从西周早期入手，以沣西、斗鸡台这些从先周延续到西周的遗存为基点，分析先周晚期的文化内涵，再逐步前推，情况终会明了。过去，学者们都以联裆鬲、袋足鬲两种鬲的分布范围和遗存来确定先周文化，但在沣西 H18 典型的先周晚期遗址中两种鬲共存以及周原王家嘴遗址中大量袋足鬲与联裆鬲同出的现象，对于先周中期乃至早期文化遗存的确定很有启示。因而，在探索过程中，要充分考虑先周文化的多元性和关中西部商时期文化的复杂性，认真审慎地进行辨别。当对于先周文化的认识基本统一后，对于其渊源才有可能得出合乎实际、被大家所公认的结论。

（七）封国遗存与周边文化

1. 邢国遗存

西周初年，周成王分封周公旦庶子于邢，至春秋时期鲁僖公二十五年（公元前 635 年）"卫侯燬灭邢"，共立国 400 余年，是西周至春秋时期北方重要的姬姓诸侯国。

邢国遗址在今河北邢台市市区及其附近的小黄河以北和西关外一带，面积 2.8 平方公里[92]。在南小汪、葛家庄也不断有西周器物出土，可推知邢国西周遗址的面积相当可观。

葛家庄发现一处重要的西周邢国贵族墓地，目前已探明西周墓葬 500 余座、车马坑 50 余座[93]。发掘大型墓葬 5 座，中型墓葬 31 座，其余为小型墓葬。惜大型墓皆被盗。

大型墓分布在墓地中部，东西排列，其周围分布着车马坑和中小型墓葬。墓葬形制多为甲字形，墓向多为南北向；墓道均为斜坡式，甲字形墓道均在南侧，一座中字形大墓墓道在南北两侧；墓深均在 12 米以上；葬具为二椁三棺。从残存的器物痕迹看，随葬品以铜礼器为主，还有部分陶、玉、石器以及原始瓷器、玛瑙、蚌骨饰件和铜兵器、车马器。甲字形或中字形墓葬均随葬车马坑。M202不仅在墓道南部有马坑，而且在墓道内拆葬六车。从五座大墓的形制、位置和残余随葬品等级看，应为王侯墓。该墓地为邢侯墓地。

中小型墓葬均为长方形竖穴土坑墓。中型墓一般为二椁一棺，随葬品多为陶器，也有青铜器、玉器、瓷器。M116剑铭有"省命"二字，M73一件铜簋铭为"并作父宝尊彝"，还有一件带族徽铜鼎。小型墓多为一棺，少数一棺一椁，随葬品除常见鬲以外，还有鬲、豆组合，鬲、簋、罐组合，鬲、罐组合等。有的墓还出一件铜戈。

车马坑28座，均为长方形土坑。其中车马坑有一车两马、一车四马、一车六马之别。车分两种：一种为战车，四匹马以上，有青铜车马饰件；一种为家车，两匹马，无青铜饰件，以彩贝作为马饰件。马坑葬马或为6匹，或为8匹、12匹，最多达36匹。

邢侯墓地的陶器显示出三种文化因素：以大方唇、翻缘、粗绳纹、袋足、分裆近方体鬲为代表的早期当地商遗民文化因素；以瘪裆鬲为代表的关中地区周人文化因素；以联裆柱足鬲为代表的商周文化结合物。

此外，邢侯墓地还普遍存在毁墓现象，墓被挖出圆形或不规则大坑，尸骨盆骨以上被扰乱；大中型墓墓室被整个揭开，而随葬品就毁在坑中，并未拿走。这种现象可能是北方戎狄集团与邢人战争后，戎狄人所为。

南小汪西周遗址在葛家庄北边。考古发现有房屋基址、灰坑、窖穴、陶窑和水井，出土有较丰富的文化遗物，还零星发现一些小型墓葬和一座小型马坑[94]。

南小汪西周遗址最重要的收获当属 1991 年 H75 发现的一块有字卜骨[95]，为牛肩胛骨制成。卜骨正面有两组刻辞，一组残，仅剩一"其"字，另一组完整，计四行十字，为"卧曰巳四白驲駆陟其事"，字体小而纤细，与中原西周甲骨文风格完全相同。这片有字甲骨为邢台系周初邢国所在地提供了有力的证据，表明该地区在西周王朝中地位的重要。

目前已发现许多邢国及与邢有关的青铜器，不仅工艺精美，而且都有重要的铭文，如邢侯簋、麦尊、麦方彝、麦方鼎、麦盉、攸鼎、臣谏簋、叔趯文卣、邢姜太宰巳簋、龙纹象纹青铜戚[96]。其中邢侯簋、麦尊等器铭文记述了第一代邢侯受封并被任命为王官以及朝觐等活动，臣谏簋、叔趯文卣等记述了邢侯与轵国的关系。

邢国青铜器从器形、纹饰、铭文看，基本与陕西等地出土的周王室王臣器一致，具有西周时代周文化特点。同时，龙纹、象纹青铜戚以及与其他青铜器共出的一些器型明显具有北方文化因素。

此外，一些学者通过对邢国墓地、沣西井叔墓地的分析，或对青铜器的考证，分析了邢、郑井、丰井的关系，认为井侯、井伯、井叔、郑邢（郑井叔）、丰邢（丰井叔）为周初井侯不同支系后代[97]。或认为邢侯、郑邢、丰邢同属宗亲，有不同的世族[98]。

2. 黄国遗存

黄国是淮河流域诸小国中较为强盛的国家之一。春秋中期，恃睦于齐，不供楚职，于鲁僖公十二年（公元前 648 年）被楚所灭。

在黄国故城（河南潢川县西北 6 公里的隆古）西 20 公里

的光山县宝相寺，发掘了春秋早期偏晚的"黄君孟"夫妇合葬墓[99]。这是一座长方形竖穴土坑墓，地表原有高约 7～8 米的封冢，墓室东部偏南有台阶状墓道，墓口南北长 12.2 米，东西宽 7.9～9.1 米，深 4.2 米。墓内填土上层为五花土，下层填青膏泥。墓底有两级台阶下收至椁室，椁室内并列双棺。G1 遭破坏严重，残存各类随葬品 70 件。其中 14 件铜器中的 11 件铜器上铸有"黄君孟"铭文，据此知墓主应为黄君孟。

G2 为黄夫人孟姬墓。葬具单棺重椁，棺外通髹黑漆，墓主人为 40 岁左右女性。头发保存尚完好，周身遍布玉饰，右脚下置竹排箫。其棺床形制颇具特点：底先铺麻织品，再铺粗竹席，席上铺朱砂，其上又铺细竹席，再上为墓主人及随葬品。出土了铜器、玉器、漆木竹器、丝麻织品等各类遗物 172 件，其中铜器 22 件，14 件有铭铜器铭文均有"黄子作黄夫人孟姬"内容。

黄君孟夫妇合葬墓的墓葬形制颇具特色。其地面高大封冢和以青膏泥填充墓室、庞大的椁室结构和设置边箱分放器物的诸多制度，与后来的楚人墓相近；黄国铜器中分别蕴含有中原文化和楚文化因素，表明淮河流域的黄国与上述两地关系密切。

在光山城关镇砖瓦厂发现一座春秋时期黄国贵族墓[100]。该墓出土一批精致的青铜器、玉石器和俑，以及罕见的金属弹簧形器，铜戈上"黄季佗父之戈"铭文，表明了墓主身份。

黄国青铜器也发现不少。郭沫若在《西周金文辞大系图录考释》下编收集四件黄国青铜器：黄太子伯克盘、黄君簋、黄輸父盘、叔单鼎。在湖北发现的一件铜鼎、两件铜鬲，铭文表明其是嫁到曾国的黄国女子器物[101]。潢川县上油岗磨盘山出土的三件黄国青铜器[102]，其中铜鬸铭文"黄孙须颈子伯亚臣"，黄孙是黄国公族。

3. 东夷古国遗存

武王灭商后，"封尚父于营丘，曰齐。封弟周公旦于曲阜，曰鲁"（《史记·周本记》）。西周早中期，周王朝多次征伐东夷，巩固齐鲁。之后，齐鲁分居山东中部南北，莱、莒处于东方沿海，其间杂以众多的附庸小国。该地区除齐、鲁、滕等为周王朝分封外，多数为土著东夷古国。西周时期，这些东夷诸国夷人文化因素尚浓，如普遍殉人、设腰坑殉狗，尤其在胶东地区有明显反映。春秋时期，夷人文化因素迅速减少，至战国时期趋于消失[103]。

（1）邿国贵族墓

山东长清县城东南 20 公里的仙人台遗址，四周环山，南有大沙河流过。该遗址包含岳石文化和西周、东周以及汉代遗存，主要遗存集中于西周、春秋时期。周代墓葬分布于遗址的中部和西部，共六座。除 M1 早年被破坏外，其余均保存完好[104]。六座墓自东向西排列有序，除 M5 偏于西部，其余五座墓相对集中在遗址北部。其中 M1 与 M2、M4 与 M6 南北并列，为并穴合葬。墓葬仅有一组打破关系，即 M1 东南角打破 M3 西北角。

墓葬形制均为长方形竖穴土坑，面积大小不同，基本在 10～20 平方米之间。最浅的 1.3 米，最深者 6.2 米。椁室四周有二层台，上置拆散的车马器。在二层台和椁室之间用木板构成一个或两个边箱，内放随葬品。墓室中部置棺椁，一棺一椁或二棺二椁。棺多为独木棺，均以漆饰。葬具还有大量的席子，用来铺盖墓底、椁室盖板或包裹棺木。椁室底部铺数量不等的枕木。M5 不设边箱，随葬品多置棺椁间，北壁凿有专放陶礼器的壁龛，填土有拆散的舆与车轮。椁室底有椭圆形腰坑，坑内殉狗。M2、M6 棺下设棺床。葬式流行单人仰身直肢葬，头向西，面向上。棺内铺撒朱砂。

随葬品种类齐全，每墓都有铜器、玉器和陶器。除 M1 外，五座墓共出土铜礼器、乐器、兵器、车马器、玉石礼器、石磬、装饰品和陶器 320 多件（套）。随葬铜器和陶器多成对。列鼎两两相同，大小相差无几，纹饰不同。每墓都随葬陶器，少者 8 件，多者 17 件，流行黑色和深褐色陶。陶器基本组合为鬲、豆、罐，或豆、罐，或鼎、鬲、豆、罐，以素面鬲和簋较有特色。

M6 面积最大，规格最高，出土物最丰富。从配置看，铜礼器为九鼎八簋之制，应为国君之墓。M4、M1 为五鼎四簋之制，规格次之。M5 为三鼎三敦，规格再次。M2、M3 为二鼎二簋之制，规格最低。6 座墓的年代：M3 时代最早，约为西周晚期；M1、M2 为两周之际；M4、M6 为春秋早期偏晚阶段；M5 约当春秋晚期偏早阶段[105]。

在七件有铭铜器中，有四件铭文中有"郜"字，可见仙人台墓地是一处周代郜国贵族墓地。这一带应为周代郜国的封地。

周代郜国文化具有鲜明的特点，表现在墓葬形制、葬具结构、随葬品上，虽遵循周代礼制，却与中原地区有较大差别，而与山东境内的某些周代墓葬有联系，当为东夷古国[106]。

（2）薛国故城和墓葬

薛国故城位于山东滕州市城南。故城平面呈不规则长方形，面积约 7.36 平方公里。城墙基本保存较好，周长 10610

米，城垣曲折，有多处拐弯。四面墙体完整，四角为内圆外方形。城墙外 30 米处有城壕，宽 25～30 米，城门发现五座。在城东南部探出一座小城，东西约 650 米，南北约 600 米[107]。

城址中部地势隆起处，钻探出一片夯土，东西长 350 米，南北宽 250 米，为当时宫殿区。在故城内东南部和北部发现七处居住遗址，有的面积较大，可划分出若干小区；有的居住遗址和手工业作坊夹杂在一起。在城东南部的尤楼村南为东周时的制陶作坊，地面上散布残陶器、红烧土块、窑渣和残陶拍等。

故城内外发现五处墓地，发掘了其中 100 座，年代从西周晚期到战国初期，随葬器物和组合具有薛文化特征。城内发现两处东周时期墓葬。一处在故城东北部，为战国时期的积石墓。一处在故城东南部，是一处春秋早中期薛国贵族墓地。已探出大、中、小型墓 20 座，并发掘了其中的九座。发掘的九座墓均为长方形竖穴土坑，填土经夯筑。墓地西南角的四座墓，规模较大，长 6 米以上。墓坑头端设生土二层台，台上置随葬器物箱。墓室内置双棺双椁或双椁单棺。墓内有殉人，多者殉四人，殉人皆无葬具。随葬器物以铜礼器、铜车马器为主，陶器很少。铜礼器基本组合为鼎、簋、鬲、壶、簠、舟、盘、匜等。这些墓年代为春秋早中期。墓地东北角的五座墓，规模较小，长 3 米，宽 2 米左右。葬具多为一棺一椁，个别为单椁双棺或双椁单棺。墓坑内设器物台不普遍，两座墓有殉人，一座墓有殉狗。随葬品以陶器为主，铜器很少或没有。陶器基本组合有两种，一种为鬲、豆、罍、罐等，年代在春秋晚期；一种为鼎、豆、鬲、壶，为战国时期。其中 M7 墓内埋二人，头向一致，西侧为男性，有棺椁，东侧为女性，仅有棺，且东棺小于西棺，应为夫妾合葬墓。

薛人原为东夷一支，为任姓，曾随商人入主中原，后又随周人东征，重封祖地，因此，其文化特征具有浓厚的东方夷人特征，也明显带有夏夷交融痕迹。随葬的铜器器形与周文化相似，而其纹饰以及出土的平盖鼎特征既与上村岭、洛阳中州路的相近，又与曲阜鲁城以及莒国墓的铜器特征相似。

(3) 莒国遗存

史书记载，莒，嬴姓，武王时封国，初都介根（今山东胶南县境）。春秋初徙莒（今莒县），其地约在今安丘、诸城、日照、沂水、莒县、莒南一带。春秋时期，莒是山东地区除齐鲁外的一个强国，战国时期被齐（或楚）吞并，国亡。

有关春秋莒国的考古发现比较丰富，经过科学发掘的主要是莒国贵族墓。其墓葬特点是：大墓的墓道多开在东壁一旁；墓室很大，近百平方米；有腰坑、殉犬，有宽大的器物坑（库）；殉葬者数人至数十人，有从死的妾或贴身奴隶，从死者多有葬具、随葬品；殉葬者多数是一般奴隶，更有杀殉者；随葬品中礼、乐器的类别和主要器形，大致与齐鲁葬制接近，但其礼器组合，纹饰上不合周礼，自行其事[108]。

沂水县城西南的刘家店子发现两座墓葬和一座车马坑[109]。两墓相距 8.7 米，均为长方形竖穴土坑。M1 墓口现长 12.8 米，宽 8 米。墓室内有用木板构筑的椁室和两侧的两个器物库，椁室和器库物外壁敷青膏泥。墓内为五花夯土，夯层间铺垫草或竹席。葬具为二椁一棺。墓内发现 40 个殉人，其中椁室西壁填土中有一个殉人，南器物库三层殉人 39 个。随葬品共 470 余件，南库主要陈放青铜礼器，北库主要放乐器，也有部分礼、兵、杂器和一组玉佩饰。棺内放大量玉石装饰品。M2 规模略小，墓室分南北两部分，分别为器物库和椁室，在墓室北部排放的两条枕木槽间有椭圆形腰坑，内殉一狗。随葬铜器中有鼎、壶、罍、提梁罐、盘、匜和编钟。车马坑在 M1 西侧 20 米处，为长方形竖坑，内殉四马，马头朝西。坑中还出铜鼎、鬲、盆、扁壶、锛、戈、镞和车马器，为殉葬御夫的随葬品。

M1 出土的黄太子伯克盆、陈大丧史钘钟、簋、壶、戈铭文中均见"公"字，铜礼器合九鼎八簋之制，墓主应为国君。M2 与 M1 相距较近，且出太牢九鼎，应是 M1 墓主的妻子。

莒南县北部浔河南岸也发现两座墓[110]。规模次于上述两墓。有椁室和器物坑，也将礼、乐器置于器物库中，墓主随身佩带的玉石装饰品放入椁室内。两墓各有 10 个殉人，其中一墓还有殉狗腰坑。随葬品较丰富，其中一墓出 9 件一套的铜钮钟和 12 件一套的编磬，钮钟上有铭文"簠叔之仲子平"字样。从墓葬规模和随葬品看，二墓是春秋晚期和战国早期的莒国贵族墓。

莒国的埋葬制度反映出与中原文化以及周围同时期墓的联系与区别。如墓中设有器物坑；墓主头向东，殉人之风盛行；鬲、鼎并存，虽遵行列鼎，但鼎的形制、大小皆同。同时，器物形制、纹饰也均具有自身特点，表现出明显的地方性色彩。

（4）鄅国遗存

临沂市相公乡王家黑墩村凤凰岭有五个高大封土堆，发掘了最高峰的一座墓葬[111]。

该墓由三部分组成，即车马坑、器物坑与墓室。

墓室为斗形竖穴土坑。四周有熟土二层台，墓口长 11.2 米，宽 9.45 米。墓底长 10.5 米，宽 8.7 米。墓底夯 0.4 米青膏泥，在上面用木板架起，中间有一隔梁将墓室分为前、后室。前室垫以席子，放置器物，后室放墓主棺椁、四个殉人及随葬品。墓主头向东，男性，仰身直肢葬，周围有朱红色粉末，腰下有一殉狗。该墓葬从葬、殉人共 14 具，后室及隔梁内的殉人，有棺，皆仰身直肢，有随葬品；二层台上殉 8 人，均无棺，几乎不见随葬品或仅有一件铜削。

器物坑在墓室北 25 米处，长 4 米，宽 3 米，深 2 米左右。木椁尚保存较好，系柞树枋木叠筑，外围以白膏泥成积炭木椁。坑内器物放置有序，南侧面放九件一套编钟，西南角放大小两套编镈，坑北侧面放 14 件带柄长矛和一木箱铜镞，坑西半部放弓、甗、戈和铜镞。坑东部放鼎、舟、镦、盆。

车马坑在墓室西侧偏北 20 米处，仅存两车轮残痕。

根据遗物推断，该墓年代为春秋晚期。其墓葬规模之大、殉人数量之多、随葬品等级之高，说明墓主身份为诸侯国君。其墓葬后室殉人足下之凤头斤，是"王权"身份的标志。该墓的葬俗显露出东夷特色，依据地望和年代，应为东夷鄣国，妘姓。

（5）莱国遗存

在胶东半岛西北部黄县的归城，陆续发现西周到春秋时期的遗存。所发现的城址分内、外城。外城平面呈不规则形，周长 10 公里左右。内城平面呈刀形，南北长 780 米，东西宽 450 米。在内城内发现了两座墓葬及一座车马坑。墓葬形制为长方形竖穴土坑，墓底有二层台，有木棺和头箱，随葬品以陶器为主，素面鬲、绳纹鬲、簋、罐为基本组合，具有典型夷人风格。而 M1 的八件铜器，则为西周式器。马坑遭扰动，发现28 匹马[112]。

在归城附近的柳格庄发现两周时期墓葬九座[113]，形制均为土坑竖穴墓。大型墓重椁一棺，有殉人和袝葬的车马坑。随葬品一般置于棺椁间或棺内，多被盗，残存一些铜器、陶器和玉器。小型墓为单棺，仰身直肢葬。随葬品风格基本与中原一致，但一些陶器如素面鬲、素面鼎具有夷人特征。

归城和柳格庄遗存从地望上看，属东夷莱国，姜姓。

除上述外，在山东地区还发现其他一些两周时期夷人遗存，如章丘宁家埠、昌乐岳家河、新泰敦家泉、栖霞大北庄和吕家埠等周代墓地[114]。虽然其国属难定，但它们和曲阜鲁城甲组墓一样，具有浓郁的东夷土著特色，有殉人，设腰坑殉狗，流行素面褐色陶等，无疑属东夷文化范畴。

4．山戎遗存

山戎是活动于燕北的一支强大的骑马民族。自燕昭王时起，燕齐不断与山戎展开征战，战国后期，山戎逐渐销声匿迹，或迁移，或被燕、赵同化。

经考古调查和研究，发现山戎遗存主要集中于伊逊河、滦河、潮河、白河、洋河以及桑干河流域一带，大体包括了太行山脉以北，军都山和燕山周围的整个冀北山地。1985～1990年，对军都山的葫芦沟、西梁垎、玉皇庙三处墓地进行了发掘[115]，共清理500余座墓。

三处墓地基本上依山势坡度由高向低，自北而南，从早到晚依序埋葬。墓葬排列密集，但极少见打破现象。基本是聚族而葬，依家分组格局，且都有集中数十乃至数百座为一群的较大规模。墓葬均为长方形竖穴土坑，呈东西向，可分为大、中、小三类。墓底有二层台。葬具有椁无棺，椁分木椁和象征性石椁两种，有木椁者一般有较多的随葬品，也有些墓无任何葬具。绝大多数墓为单人仰身直肢葬，头东足西。不论男女老少都以麻布覆面，上多联缀小铜扣为饰，而且人人佩戴螺旋形铜丝耳环或金丝耳环、动物纹铜片饰或金牌饰，以及各类质料的项链。殉牲较为普遍，不殉全牲，以肢解的动物头和腿作象征性殉祭，大多置于墓坑东端上层填土中，牲头摆在上面，牲腿摆在下面，牲头与人头相背，所有殉牲的吻部一律朝东。葫芦沟墓地有少数墓殉牲成堆放置于圹外。殉牲数目的多少、种类和组合的繁简，与墓葬大小有关。

男性的随葬品往往多于或精于女性。成年男子多随葬青铜短剑、铜削刀、铜镞、铜带钩、带扣和骨镞以及铜锛、斧、凿等生产工具；女子多随葬锥、针之类缝纫用具和装饰品。随葬器物以陶器和青铜器为主，另外还有数量不等的骨、石、玉、蚌器。

三处墓地的陶器，普遍存在夹砂红陶或红褐陶与泥质灰陶两个系列。夹砂陶以手制、素面、火候低、陶质疏松、形制简单的罐类为其固有文化因素，在早期占绝对统治地位。泥质陶在中晚期比例逐渐上升，接近主导地位，泥质陶制作稍规整，火候相对较高，作风受中原及燕文化影响，器类多见折肩罐、高柄豆以及少量高领壶等。

青铜器是山戎墓地最富特征的随葬品，包括兵器、工具、装饰品、车马器和容器，前三种极具北方草原特色，数量居多，后两种虽少，但具有中原、燕文化作风。兵器以直刃匕首式青铜短剑和铜镞为大宗，型式多样。铜削刀共130余件，型式亦多样化。此外，还有铜戈、锛、凿、锥、针管、砺石。装饰品有耳环、牌饰、带钩、带扣、各种带饰、扣饰、铃饰。车马器有辖、镳、衔各式节约和泡饰等。铜容器大多来源于燕或中原地区，种类有鼎、豆、罍、簋、盘、铍、匜、舟、杯等。

1994年，西梁垙发现12座墓，分大、中、小三类，均无殉牲，未见木质葬具痕迹。大型墓有石椁，随葬青铜容器、金器和兵器、马具，其余随葬器物与前述同[116]。

这三处墓地大约始于两周之际或春秋初，至春秋晚期或春秋战国之际。其文化面貌虽与中原和燕文化有联系，但根本不同于中原文化和燕文化，又与辽西地区夏家店上层文化和分布于蒙古沙漠、草原地带的匈奴文化有明显差异，具有自身特点，这应是历史上山戎部族的文化遗存[117]。也有学者认为应是北狄文化圈的无终戎的遗存[118]。

5. 巴文化和蜀文化

巴蜀文化的命名，早在20世纪40年代就已提出。当时成都出土了一批器形纹饰不同于中原文化的青铜器（主要是兵器），为此提出了"巴蜀文化"[119]。之后，这个名称被一直沿用下来。"考古学所说的'巴蜀文化'，不光是指巴国和蜀国的文化，而且应包括巴蜀整个民族文化发展的全过程……（它）既包括商周杜宇族建立国家之前巴蜀民族文化形成的前期遗存，也包括公元前316年巴蜀两国被秦统一之后仍保持本民族习俗的巴蜀遗民的文化遗存"[120]。不少人还对巴蜀文化提出了分期的意见，但看法并不一致。

（1）蜀文化

两周时期的蜀文化，西周至春秋时期考古资料不多，相对重要的遗址有成都新一村遗址[121]、彭县竹瓦街遗址及窖藏[122]等。这个时期陶器的特点是，陶质以夹砂陶为主，绳纹较常见，器形有小口绳纹釜、敛口尖底盏、鼓腹尖底罐等。铜器具有突出的地方特点。

战国时期蜀文化的考古材料较多。除成都青羊宫遗址[123]、方池街、上汪家拐遗址[124]及羊子山土台遗址[125]外，主要是一批墓葬资料。大中型墓主要有成都蜀王家族墓地[126]、百花潭中学10号墓[127]、新都木椁墓[128]、绵竹清道独木棺墓[129]，以及成都西郊墓[130]、成都羊子山172号墓[131]等。这些墓一般规模较大，有木质葬具，随葬品中铜器数量多，且出土了中原文化系统和楚文化系统的青铜礼器。小型墓发现较多，在大邑五龙、蒲江东北乡以及成都中医学院、三洞桥青羊小区、金牛区和罗家碾等地均有发现。这些墓规模较小，一般无椁室或无任何葬具。随葬品以陶器为主，铜容礼器少而兵器多。

总之，蜀文化的墓葬具有地方特点：流行狭长形竖穴土坑墓，墓坑填有白膏泥。有些墓无葬具，有些有独木棺，一些大型墓和时代较晚的墓有棺椁。随葬陶器以尖底器为代表，有尖底盏以及圜底釜、无把圈足豆等。铜器中尖底盒、釜、甑以及戈、弧刃长身式钺、柳叶形无格扁茎剑、一鞘双剑舌形钺等均具有强烈的蜀文化色彩，而铜礼器鼎、豆、敦、壶、罍等表现出中原文化和楚文化的特征[132]。

（2）巴文化

目前，能够确认的西周至东周前期巴文化遗存十分有限，尚在探索之中。东周后期的巴文化遗存相对稍多。

20世纪50年代，巴县冬笋坝和昭化宝轮院的船棺葬就被认为是巴人墓葬[133]，之后涪陵小田溪的七座竖穴土坑墓也被看作是巴人遗存[134]。

近年在重庆云阳李家坝和余家坝发掘了巴文化性质的墓地[135]，时代为东周时期。墓葬的形制均为长方形竖穴土坑。

李家坝墓地分大、中、小型三类墓，一部分大中型墓填有青膏泥，葬具以单椁多见，也有单棺或单棺单椁者，相当一部分墓无葬具。一些大中型墓有殉人，是将殉人砍成数段后再放入墓内殉葬的。葬式多见仰身直肢，上肢弯曲。绝大多数墓有随葬品，一般3～8件。余家坝墓地分布稠密，规格相对较高。有2/3以上墓为一椁一棺，不少墓壁和椁室周围填塞青膏泥，有少数双人同穴合葬和并穴合葬。

巴文化富有典型特征的器物，铜兵器有扁茎柳叶形剑、圆刃折腰钺、短骹双弓形耳的矛，铜容器多以甑、釜、鍪配套。陶器中盛行小口圜底罐，乐器使用錞于。此外，铜器与印章上的"巴蜀符号"中多见虎纹符号。

要说明的是，战国时期的蜀人墓葬和遗址中往往出现一些巴文化因素，这与当时巴人开明统治蜀国有关。也正因为如此，该时期巴、蜀文化表现出不少的一致性，如柳叶形剑、"烟荷包"式钺、中胡三穿戈、殳等兵器，削、斤、锯、凿类工具，铜容器中竖环耳釜、鍪、甑；纹饰中的"巴蜀符号"以及刻有这种符号的各式铜印章，陶小口圜底罐、浅圜底釜、喇叭状矮圈足豆、盆形柱足鼎等，都是晚期巴文化和蜀文化的共同特征。这也是"巴蜀文化"这一名称长期流行于学术界的原因。但巴、蜀文化一定是两支不同的考古学文化，如何对两者进行明确的划分和界定，尚有待更多的考古发现和研究的深入。

6. 吴文化和越文化

长期以来，人们把分布于江苏、浙江及其周围地区的商周时期的古文化称之为"吴越文化"。古代文献中，也常吴越并列，如《越绝书·越绝外传记范伯第八》："吴、越二邦，同气共俗，地户之位，非吴则越。"《越绝书·越绝外传记地传第十》中亦云："吴越为邻，同俗共土。"商末周初，吴越两国相继兴起，比邻交错，互争雄长，文化交流频繁。

吴越文化面貌有相近之处，如几何印纹硬陶和原始瓷器有普遍增多的趋势，尤其是墓葬的主要随葬品比较相似，几何形印纹陶的纹饰也比较一致。但是随着越来越多的考古资料的出现，结合历史文献，有必要将吴文化与越文化区分开来。宁镇地区和太湖、浙北地区的古文化是两个不同的文化独立区[136]，应分属吴、越文化。

（1）吴文化

自商代末期，太伯、仲雍奔荆蛮，自立为吴国，到公元前473年被越所灭，吴国大约有700多年的历史。考古学意义上的吴文化，"主要指吴立国之后已经有了文字记载的历史时期荆蛮族人创造的文化"[137]。吴文化的探索始于20世纪30年代，当时对吴文化的遗迹有零星调查探掘[138]。新中国成立后，伴随古吴国及邻近地区江苏、浙江等地的考古学文化谱系的建立（即良渚文化和湖熟文化的提出和研究），以及近年来吴县草鞋山和苏南土墩墓的发现和研究的深入，吴文化的面貌越来越清楚。江苏丹徒烟墩山宜侯夨簋和共出的施彩浓厚的铜器，经唐兰等专家研究，宜侯夨就是《史记·吴太伯世家》中提到的太伯四世孙周章，宜可能在丹徒一带[139]。

吴文化主要分布在长江下游苏南、浙北、上海市以及皖南。重要的遗存早期以南京锁金村下层和大岗寺上层、镇江马迹山、丹徒癞痢墩和断山墩系列台形遗址[140]、溧水乌山一号和二号墓、丹徒大港母子墩墓[141]为代表，其年代相当于商晚期到西周前期，为吴文化的早期。吴文化中晚期遗存即西周后期到春秋中晚期的遗存，遗址以北阴阳营二层和锁金山上层为代表[142]，此时期的土墩墓有大量发现，尤其是大型贵族土墩墓不断发现，如丹徒磨盘墩、四角墩西周土墩墓、谏壁粮山墓、王家山墓，大港北山顶墓和青龙山墓、真山大墓[143]等。

综合遗址与墓葬的材料，可将吴文化的特征概括如下[144]：

1）遗址多分布于山坡脚下和平地凸起的小丘山上。

2）墓葬亦分布在低山丘陵上，流行土墩墓。

3）陶器以夹砂和泥质红陶为主，亦有灰陶、黑陶以及几何形印纹硬陶和原始瓷。尤其在墓葬中，几何印纹陶和原始瓷器在不断增多；许多墓的随葬品以二者为主，有的多达数十件。陶器有鬲、甗、鼎（鬲、鼎多有角状把手）、缶、罐、瓮、坛、瓿、豆、盆、钵、碗等。纹饰常见绳纹、曲折纹、云雷纹、方格纹、回字纹、席纹、辫形堆纹等。

4）铜礼器发现不多，制作比较粗糙，有鼎（包括方鼎）、鬲、簋、尊、卣、盉、盘等成套搭配。有的器形、纹饰与中原地区常见者相同，可能是由中原传入或仿中原式样铸造；有的则有明显的地方特色，器形与纹饰均模仿自当地流行的陶器。乐器有编钟、錞于、勾鑃，兵器有戈、矛、戟、剑、鸠杖、镞等，还有一些车马器、生产工具和乐器等，在全国各地发现的吴王夫差剑、吴王光剑证实了吴国青铜器的铸造水平。

5）生产工具中，石器锛多斧少，锛中有的有段，另有穿孔弧刃刀、半月形镰、矛、镞等；铜器主要有凹字形锸、齿镰以及锛、凿、刀、镞等；骨器不发达，蚌器亦少见。

目前，学术界普遍认为，吴文化的渊源（或称先吴文化）由当地早期青铜文化即湖熟文化演变而成或者以湖熟文化为主要来源[145]。吴文化和湖熟文化在陶器质地、主要器类、纹饰以及石器的特点等方面具有共性，但二者也存在一些差异。墓葬习俗上，湖熟文化的墓葬有的带浅坑，而吴文化以土墩墓著称。吴文化的印纹硬陶和原始瓷器明显多于湖熟文化。湖熟文化常见的细绳纹分裆鬲、刻槽盆、杯、钵等器在吴文化中少见。吴文化中的印纹硬陶罈、瓿、原始瓷豆、碗、泥质陶盆和圈足盘也不见或少见于湖熟文化。湖熟文化只有简单的铜工具和兵器，吴文化则有成组铜礼器。卜甲卜骨的使用方面，湖熟文化也显示出原始性，而吴文化已经有了钻、凿。

就整体面貌来看，湖熟文化与吴文化是一致的，二者之间虽存在缺环，但继承发展关系清楚。

（2）越文化

越文化指越立国之后一支荆蛮族人所创造的文化。《国语·越语》记载了越国的疆域，"句践之地，南至于句无，北至于御儿，东至于鄞，西至于姑蔑，广运百里"。其地望大致在今太湖东南的杭嘉湖地区、杭州湾以南的宁绍地区以及浙西南的金衢地区。在这个范围内发现了相关的考古学遗存：杭州水田畈遗址三层、上海青浦寺前中层和上层、金山亭林遗址上层、戚家墩上层[146]，以及印山大墓、绍兴306号墓、浙南沿海的石棚墓[147]等。

越文化的陶器以泥质灰陶、黑皮陶多见，几何形印纹硬陶和原始瓷器数量亦不少。器类以外撇足的鼎、卷沿球腹圜底罈、卷沿高颈平底罐、陶簋、高柄陶豆、印文陶瓿为典型。石器亦有较多发现，但铜器发现很少。

越文化的墓葬以土墩石室墓为主，也发现其他形制的墓葬。印山大墓作为允常之陵寝，墓葬开在山丘中心，用巨大枋木构建出前、中、后三室，墓坑上有高达 10 米的巨大封土堆，这种两侧斜坡式，横断面呈三角形的墓室结构形制，与土墩石室横面呈梯形的长条形墓道相近似，是越人独有的葬俗。在瑞安、平阳、苍南、三门等浙南沿海地区的石棚墓，是用未经加工的长条石或长方块石在地面构架起三面体，上盖巨石，形成棚状建筑。出土器物有印纹陶、原始瓷、青铜器和石器，包括生活用具、生产工具和兵器。其出土器物显示出与土墩墓相近似的特征，应是与土墩墓属不同的越人分支文化遗存[148]。

一般认为，越国建立前的文化（即先越文化）是马桥文化。以亭林类型为代表的越文化陶器风格和石器型式，明显表现出继承马桥文化的特征。越文化与马桥文化都具有较多的灰陶、黑皮陶，越文化流行的觯、瓠、尊、鸭形壶的器形均见于马桥文化，尤其陶鼎、镂孔硬陶豆、灰陶三足盘、石镰和三角形带柄石刀，显示出它们之间的内在联系。

7. 夏家店上层文化

夏家店上层文化的发现，最早是 1935 年日本人滨田耕作等人发掘的赤峰红山后石椁墓群，当时称为“赤峰第二期文化”[149]。20 世纪 60 年代以后，经过科学地发掘赤峰药王庙和夏家店遗址后[150]，提出夏家店下层文化和夏家店上层文化的命名。此后相继发掘的宁城南山根遗址和赤峰蜘蛛山遗址[151]，从地层关系上证明了夏家店上层文化晚于夏家店下层文化，而早于战国时期文化遗存。之后，伴随新材料的不断出现，对其认识越来越深入。

夏家店上层文化主要分布于努鲁儿虎山以西的老哈河流域和西拉木伦河流域，以老哈河及其支流为中心。北侧与白金宝文化相接，东侧与西团山文化相邻，南缘在河北省北部。关于夏家店上层文化的重要材料除上述外还有宁城南山根石椁墓[152]、宁城小黑石沟墓[153]、敖汉周家地墓地[154]、克什克腾旗龙头山遗址[155]以及林西大井铜矿遗址[156]。

夏家店上层遗址多分布在临河向阳的山坡台地上，虽然堆积不厚，但定居生活的特征非常明显。房址分为窖穴式、半地穴式和地面建筑三种。一般用石块、石板或石坯建筑并栽柱，居住面经夯打，室内西北侧有石砌炉灶，室内正中有柱洞，有的室内周围有一圈柱洞。门多在东南侧向阳处，门前或有一段甬路。房子外面有的还有围墙。

夏家店上层文化墓葬，一般选择在同类文化遗址不远处。至今已发掘130余座，墓地多呈东西向或东南—西北向，叠压打破现象少见。墓葬为长方形竖穴土坑，以石棺或石椁最具特色，绝大多数为单人仰身直肢葬，头向多朝东或东南，流行殉狗习俗。随葬品因性别不同，男性多随葬青铜短剑、铜镞、兵器、铜牌饰等，女性多见骨针、陶纺轮、装饰品等。

夏家店上层文化有明显的等级区别，大型墓如南山根M101、宁城小黑沟M9601和M8501等均为石椁墓。随葬铜器数百件，甚至上千件，包括礼器、兵器、车马器、工具等。中型墓亦为石椁墓，一般葬数十件铜器，以铜兵器、工具为主，偶见一两件铜容礼器。小型墓多为石棺墓或土坑墓，随葬简单的几件铜工具，偶有铜兵器。此外，还发现利用灰坑和窖穴式居址埋葬的，每坑埋1~3人不等，有单人葬，也有异性合葬或与儿童合葬的，头向不一，葬式不同，均无随葬品。

夏家店上层文化的器物颇具特点。陶器以夹砂红褐陶和夹砂红陶为主。手制，火候较低，流行素面，典型器物有带方形錾耳筒腹鬲和鼓腹鬲、双环耳圈底鼎、叠唇深腹盆、短颈鼓腹小罐、碗式粗柄豆、盘式喇叭口高柄豆等。青铜器相当发达，最富特色的种类如銎柄直刃和曲刃短剑、短茎式 T 形柄曲刃短剑、三翼有铤式镞、柳叶形镞、弧形带钮盔、齿柄刀、方銎斧、鹿首镳、两端伸出尖齿状的衔、双联罐、豆形器、祖柄勺、联珠饰和双尾饰，构成夏家店上层青铜器的核心[157]。林西大井大规模的采矿冶炼遗址和 3000 多铸范说明，这些青铜器是夏家店上层居民铸造的。石器多为磨制的生产工具，以有孔锤斧和弧背双孔半月形石刀最具代表性。

夏家店上层文化可分为龙头山和南山根两个类型[158]。龙头山类型文化内涵单纯，多见早期遗存。南山根类型，随葬的青铜器内涵复杂，有地域特征明显的仿铜陶容器，又有成套的中原式青铜礼器，还有草原风格的兵器、工具和各种动物牌饰。

夏家店上层文化的年代，从西周早期到春秋中晚期。夏家店上层文化居民是含有北亚人种性状特征的东亚人种[159]。关于其族属，一种意见为东胡[160]，另一种意见为山戎[161]。

8. 西团山文化

"西团山文化" 1964 年由佟柱臣先生首先提出[162]，已得到学术界普遍承认。该文化分布的地域，大致东起威虎岭以西，西至东辽河、伊通河流域，南迄浑江、辉发河上游，北到拉林河西岸，尤以第二松花江中上游为中心。其存续年代从西周早期到战国末期。

在吉林市长蛇山、猴石山、永吉杨屯、舒兰珠山等遗址发掘出近 60 座房址[163]。大体可分为三期，第一期相当于西周早、中期，第二期年代在西周中、晚期，第三期的年代下限在战国[164]。

在蛟河县西团山文化遗址附近发现十几处建筑在丘岗顶部的土垣，平面呈圆形或椭圆形，一般直径在 20～40 米，以黄土或坡土叠筑，垣基宽约 2 米，现高 1 米左右。土垣间距 0.5～1.5 公里。土垣内外除青铜时代遗物外，尚未发现其他时期遗物。有人认为这些土垣应是当年的"部界堡寨"[165]。各遗址中都有灰坑发现，主要形状有上口边缘砌石块或不加石块的圆形竖井、大口浅锅底形和椭圆竖井式等。

西团山文化的住地附近多有公共墓地。尤其是早期，居址和墓葬没有严格分开。中期以后，墓葬离住地较远，距离几十米、几百米甚至上千米。一般均发现在山地丘陵上，墓穴分布密集，往往沿山坡从山脚向山顶埋葬，有的首尾叠压，左右仅隔几十厘米。有的一个墓地墓葬则多达数百座。已经发掘了西团山、骚达沟、土城子、星星哨、猴石山、泡子沿前山、狼头山、小西山等处[166]，总计 500 余座墓葬，以石棺墓常见，还有部分简化石棺墓、竖穴土坑墓及瓮棺葬。

从随葬品及墓葬形制的演变分析，该文化墓葬的发展序列应该是石棺墓——简化石棺墓——土坑墓、瓮棺葬。

西团山文化的遗物非常丰富，陶器组合存在生活用具与墓葬随葬品分离的现象。如西团山遗址中发现鼎、鬲、罐、碗、豆等，而墓葬则以横桥耳陶壶、横桥耳陶罐、钵、碗为基本组合。尽管如此，出土物的陶质、陶色、制法等总体面貌一致[167]。陶器手制，火候不高，大部分为夹砂褐陶或黑褐陶，也有红褐陶或红陶。在壶、鼎、罐、鬲等器物腹部，流行饰对称的桥状横耳或瘤状耳。西团山文化的青铜器出于墓葬中，多为合范铸造，其中以曲刃矛、网纹扇面斧、穿孔连柄刀最具特色。石器数量大，种类较多。

根据对西团山文化与其周邻文化因素的对比分析，结合文献记载，多数学者认为其族属是古代的土著涉人[168]。也有一部分人认为其应属肃慎[169]。

9. 云南地区的青铜文化

云南境内的青铜文化遗存发现很多，具代表性的有楚雄万家坝墓群、祥云大波那墓葬。

（1）万家坝墓群

万家坝墓地发现墓葬79座[170]，其中大墓13座，小墓66座。墓葬均为土坑竖穴墓，墓室基本为长方形。大墓一般长2米，宽2米，深5米以上。有生土台、腰坑、边椁和垫木。大墓的葬具有三种：有盖复合棺、有盖独木棺和船形无盖棺。大墓随葬品丰富，如M1出土青铜器110件，其中有1面铜鼓、1套编钟、3件铜釜、28套生产工具（每套有铜斧、长条形锄、方形锄各1件）。一套编钟为6件，形制呈圆筒状，大小一致，钮作羊角状。M23出土各种铜器达577件，多为矛、戈、钺、镞、斧等兵器。这些兵器和工具形制独特，其中铜剑以剑格多作花蒂形、茎呈圆柱形并饰有缠纹者常见；少数为扁茎形剑，风格自成体系。数十件铜斧和铜锄也具有特色。该墓群年代相当于春秋中晚期到战国时代。

（2）大波那墓葬

大波那墓葬位于云南省祥云县大波那村，年代为战国时期[171]。

墓葬形制为不规则长方形竖穴墓。墓口长7.5米，宽2.35～2.55米，深4米。椁室系用长约5米的巨木叠砌而成，内长3.75米，宽1.1米，高1.85米，平面呈长方形。椁外用排列密集的木桩加固，并敷有一层厚约5厘米的白膏泥。椁内放置铜棺及随葬品。铜棺长 2 米，宽 0.62 米，顶作人字形屋脊状，棺身为长方体，以七块铜板组成，用插销扣合，可以拆卸，顶部及四壁铸出人字形带纹、云雷纹及虎、豹、猎、鹿、马、鹰、水禽等图像。

随葬品有青铜器、锡器、陶器等。青铜器的数量最多，棺、钟、杯几类器物制作较好，其余器型较粗糙。其中生活用具有尊、杯、勺、豆、釜、匕、箸、杖；乐器有鼓、葫芦笙、圆桶状钟；工具有长方形和桃形的锄、锛、靴形斧及刀形纺织工具；兵器有矛、剑、钺、鹦鹉形啄、镖等；有干栏式屋宇和牛、马、羊、猪、犬、鸡等模型；还有蟾蜍圆牌饰、半圆形空心器、小铃、环等。锡制品为手锣。陶器多残碎，器类有轮制夹砂灰陶罐、釜、橙黄色夹砂陶豆等。

以楚雄万家坝和祥云大波那墓葬为代表的青铜文化遗存，都发现数量较多的农业生产工具以及家畜与屋宇模型，应同属定居的"魋结"民族。

注　释

[1] 中国科学院考古研究所编《沣西发掘报告》，文物出版社 1962 年版，第 14
　　页；中国社会科学院考古研究所丰镐工作队《1984～1985 年沣西西周遗址、
　　墓葬发掘报告》，《考古》1987 年第 1 期；中国社会科学院考古研究所《张家
　　坡西周墓地》，中国大百科全书出版社 1999 年版。
[2] 中国社会科学院考古研究所沣西发掘队《1967 年长安张家坡西周墓葬的发
　　掘》，《考古学报》1980 年第 4 期；中国社会科学院考古研究所丰镐工作队
　　《1997 年沣西发掘报告》，《考古学报》2000 年第 2 期。
[3] 蒋祖棣《论丰镐周文化遗址陶器分期》，《考古学研究》（一），文物出版社
　　1992 年版。
[4] 许宏《先秦城市考古学研究》，北京燕山出版社 2000 年版，第 77～78 页。

［5］李锋《中国古代宫城概说》,《中原文物》1994 年第 2 期。

［6］杨宽在《中国古代都城制度史研究》(上海古籍出版社 1993 年版) 中认为:"西周国都的布局有一定的特点, 既有贵族的宫殿区, 又有国人的居住区, 更有军队的驻屯地。"

［7］石兴邦《西周考古的重要发现——镐京西周宫室》,《镐京西周宫室》, 西北大学出版社 1995 年版, 第 1 页。

［8］［日］佐原康夫撰、赵丛苍译《春秋战国时代的城郭》,《文博》1989 年第 6 期。

［9］同［4］, 第 129～130 页。

［10］陈振裕《东国楚城的类型分析》,《江汉考古》1992 年第 1 期。

［11］同［5］。

［12］李自智《东周列国都城的城郭形态》,《考古与文物》1997 年第 3 期。

［13］杨宽《中国古代都城制度史研究》, 上海古籍出版社 1993 年版。

［14］郝本性《新郑"郑韩故城"发现的一批战国铜兵器》,《文物》1972 年第 10 期。

［15］俞伟超、高明《周代用鼎制度研究》(上),《北京大学学报》(哲学社会科学版) 1978 年第 1 期。

［16］宋建《关于西周时期的用鼎制度》,《考古与文物》1983 年第 1 期。

［17］胡小龙《浅淡三门峡上村岭虢国墓地车马坑》,《华夏考古》1993 年第 4 期。

［18］印群《黄河中下游地区的东周墓葬制度》, 社会科学文献出版社 2001 年版, 第 196 页。

［19］杨锡璋在《殷墟西区墓地》(《殷墟的发现与研究》, 科学出版社 1994 年版) 中将殷墟西区发掘的 2000 多座墓分为 10 个墓区, 各墓区墓出土铜器的族徽不同, 殷墟西区应是不同的族墓地。

［20］叶小燕《中原地区战国墓初探》,《考古》1985 年第 2 期。

［21］郭德维《楚系墓葬研究》, 湖北教育出版社 1995 年版, 第 12～21 页。

［22］宋公文《论楚国墓葬形制及其与中原的区别》,《湖北大学学报》1991 年第 4 期。

［23］赵化成《寻找秦文化渊源的新线索》,《文博》1987 年第 1 期; 滕铭予《关中秦墓研究》,《考古学报》1992 年第 3 期。

［24］王根富《苏南土墩墓的初步研究》,《华夏考古》2001 年第 1 期。

［25］杨楠《商周时期江南地区土墩遗存的分区研究》,《考古学报》1999 年第 1 期。

[26] 王根富《苏南土墩墓的初步研究》,《华夏考古》2001 年第 1 期。

[27] 吕春华《宁镇地区大型土墩墓的等级问题》,《东南文化》2000 年第 3 期。

[28] 刘建国《论太湖越族石室墓》,《百越民族史论丛》,广西人民出版社 1985 年版。

[29] 商志䕶《江浙地区的土墩墓和石室墓及其与吴越文化的关系》,《人类学论文选集》第 2 辑,中山大学出版社 1987 年版。

[30] 杨楠《江南土墩遗存研究》,民族出版社 1998 年版。

[31] 董新平《吴越文化新探》,浙江人民出版社 1988 年版。

[32] 刘建国《论太湖越族石室墓》,《百越民族史论丛》,广西人民出版社 1985 年版。

[33] 同 [18],第 196～244 页。

[34] 俞伟超、高明《周代用鼎制度研究》(下),《北京大学学报》(哲学社会科学版) 1979 年第 1 期。

[35] 靳桂云《东周齐国贵族埋葬制度研究》,《管子学刊》1994 年第 3 期。

[36] 杨宽《中国古代陵寝制度史研究》,上海古籍出版社 1985 年版。

[37] 陈梦家《西周铜器断代》,《考古学报》第九、十册,1955 年;《考古学报》1956 年第 1～4 期。

[38] 唐兰《西周铜器断代的"康宫"问题》,《考古学报》1962 年第 1 期。

[39] 唐兰《论周昭王时代的青铜器铭刻》,《古文字研究》第 2 辑,1981 年。

[40] 李学勤《西周中期青铜器的重要标尺——周原庄白、强家两处青铜器窖藏的综合研究》,《中国历史博物馆馆刊》1979 年第 1 期。

[41] 转引自朱凤瀚《古代中国青铜器》,南开大学出版社 1995 年版,第 751 页。

[42] 郭宝钧《商周铜器群综合研究》,文物出版社 1981 年版。

[43] 李丰《黄河流域西周墓葬出土青铜礼器的分期与年代》,《考古学报》1988 年第 4 期。

[44] 卢连成、胡智生《陕西地区西周墓葬和窖藏出土的青铜礼器》,《宝鸡强国墓地》附录一,文物出版社 1988 年版。

[45] 朱凤瀚《古代中国青铜器》,南开大学出版社 1995 年版。

[46] 高崇文《东周楚式鼎形态分析》,《江汉考古》1983 年第 1 期;李零《楚国铜器类说》,《江汉考古》1987 年第 4 期;刘彬徽《楚系青铜器研究》,湖北教育出版社 1995 年版,第 110～131 页。

[47] 马承源《吴越文化青铜器的研究——兼论大洋州出土的青铜器》,《吴越地区青铜器研究论文集》,两木出版社 1997 年版,第 3～24 页。

［48］陈平《试论春秋型秦兵的年代及有关问题》,《考古与文物》1986 年第 5 期。

［49］田广金、郭素新《鄂尔多斯式青铜器》,文物出版社 1986 年版。

［50］张光直《中国青铜时代》,生活·读书·新知三联书店 1983 年版。

［51］陈立倍《谈谈尉氏春秋青铜器的铸造工艺和焊接技术》,《中原文物》1988 年第 1 期。

［52］汤文兴《淅川下寺一号墓青铜器的铸造技术》,《考古》1981 年第 2 期。

［53］张万钟《侯马东周陶范的造型工艺》,《文物》1962 年第 4、5 期。

［54］河南省文物研究所《淅川下寺春秋楚墓》,文物出版社 1991 年版。

［55］华觉明、贾方福《曾侯乙尊、盘和失蜡法的起源与嬗变》,第一届全国科学技术史学术会论文,1980 年 9 月。

［56］同［45］,第 547~548 页。

［57］夏商周断代工程专家组编《夏商周断代工程 1996~2000 年阶段成果报告》,世界图书出版公司 2000 年版。

［58］李学勤、江林昌《夏商周断代工程的文献学研究及其意义》,《中原文物》2001 年第 2 期。

［59］北京大学考古系、山西省考古研究所《天马—曲村遗址北赵晋侯墓地第六次发掘》,《文物》2001 年第 8 期。

［60］同［59］。

［61］李伯谦《晋侯墓地墓主推定之再思》,《古代文明通讯》(北京大学古代文明研究中心)第 9 期,2001 年 6 月。

［62］同［61］。

［63］王世民等《关于夏商周断代工程中的西周青铜器分期断代研究》,《文物》1999 年第 6 期。

［64］徐锡台《早周文化的特点及其渊源的探索》,《文物》1979 年第 10 期。

［65］邹衡《再论先周文化》,《夏商周考古学论文集》(续集),科学出版社 1998 年版。

［66］同［65］。

［67］中国科学院考古研究所沣西发掘队《陕西长安鄠县调查与试掘简报》,《考古》1962 年第 6 期。

［68］中国社会科学院考古研究所沣西发掘队《1967 年长安张家坡西周墓葬的发掘》,《考古学报》1980 年第 4 期。

［69］中国社会科学院考古研究所丰镐发掘队《长安沣西早周墓葬发掘记略》,《考古》1984 年第 9 期。

[70] 中国社会科学院考古研究所沣西发掘队《1997 年沣西发掘报告》,《考古学报》2000 年第 2 期。

[71] 苏秉琦《斗鸡台沟东区墓葬》,北平研究院史学研究所 1948 年版;苏秉琦《斗鸡台沟东区墓葬图说》,中国科学院 1954 年版。

[72] 中国社会科学院考古研究所泾渭工作队《陕西长武碾子坡先周文化遗址发掘记略》,《考古学集刊》第 6 集,中国社会科学出版社 1989 年版。

[73] 宝鸡市考古工作队《陕西武功郑家坡先周遗址发掘简报》,《文物》1984 年第 7 期。

[74] 宝鸡市考古工作队《陕西武功郑家坡先周遗址发掘简报》,《文物》1984 年第 7 期;刘军社《郑家坡文化与刘家文化的分期及其性质》,《考古学报》1994 年第 1 期;《再论郑家坡遗址的分期与年代》,《考古与文物》1996 年第 2 期。

[75] 胡谦盈《试谈先周文化及相关问题》,《中国考古学研究》(二),科学出版社 1986 年版;张长寿、梁星彭《关中先周青铜文化的类型与周文化的渊源》《考古学报》1989 年第 1 期。

[76] 邹衡《再论先周文化》,《周秦汉唐考古与文化国际学术会议论文集》,《西北大学学报》(哲学社会科学版)增刊,1988 年;卢连成《先周文化刍论》,《周秦汉唐考古与文化国际学术会议论文集》,《西北大学学报》(哲学社会科学版)增刊,1988 年;王占奎《论郑家坡先周遗存与刘家遗存》,《考古学研究》,三秦出版社 1993 年版;李峰《先周文化的内涵及其渊源探讨》,《考古学报》1991 年第 3 期。

[77] 孙华《关中商代诸遗址的新认识——壹家堡遗址发掘的意义》,《考古》1993 年第 5 期;王巍、徐良高《先周文化的考古学探索》,《考古学报》2000 年第 3 期。

[78] 张天恩《先周文化早期相关问题浅谈》,《西周史论文集》(上),陕西教育出版社 1993 年版。

[79] 罗西章《北吕周人墓地》,西北大学出版社 1995 年版。

[80] 雍城考古队韩伟、吴镇烽《凤翔南指挥西村周墓的发掘》,《考古与文物》1982 年第 4 期。

[81] 孙华《关中商代诸遗址的新认识——壹家堡遗址发掘的意义》,《考古》1993 年第 5 期;李峰《先周文化的内涵及其渊源探讨》,《考古学报》1991 年第 3 期。

[82] 宝鸡市考古队《宝鸡市纸坊头遗址试掘简报》,《文物》1989 年第 5 期。

[83] 徐锡台《岐山贺家村周墓发掘简报》，《考古与文物》1980 年创刊号；陕西省博物馆、陕西省文物管理委员会《陕西岐山贺家村西周墓葬》，《考古》1976 年第 1 期；徐锡台《早周文化的特点及其渊源的探索》，《文物》1979 年第 10 期；陕西周原考古队《扶风刘家姜戎墓葬发掘简报》，《文物》1984 年第 7 期。

[84] 陕西周原考古队《扶风刘家姜戎墓葬发掘简报》，《文物》1984 年第 7 期；刘军社《郑家坡文化与刘家文化的分期及其性质》，《考古学报》1994 年第 1 期；尹盛平、任周芳《先周文化的初步研究》，《文物》1984 年第 7 期。

[85] 牛世山《论先周文化的渊源》，《考古与文物》2000 年第 2 期；徐锡台《早周文化的特点及其渊源的探索》，《文物》1979 年第 10 期。

[86] 邹衡《论先周文化》，《夏商周考古学论文集》，文物出版社 1980 年版；《再论先周文化》，《夏商周考古学论文（续集）》，科学出版社 1998 年版。

[87] 胡谦盈《试谈先周文化及相关问题》，《考古学研究》（二），文物出版社1989 年版；《姬周族属及其文化渊源》，《亚洲文明》，四川人民出版社 1986年版；《太王以前后周史管窥》，《考古与文物》1987 年第 1 期。

[88] 李峰《先周文化的内涵及其渊源探讨》，《考古学报》1991 年第 3 期。

[89] 张长寿、梁星彭《关中先周青铜文化的类型与周文化的渊源》，《考古学报》1989 年第 1 期。

[90] 王巍、徐良高《先周文化的考古学探索》，《考古学报》2000 年第 3 期。

[91] 卢连成《扶风刘家先周墓地剖析——论先周文化》，《考古与文物》1981 年第 2 期；《先周文化及周边地区的青铜器文化》，《考古学研究》，三秦出版社1993 年版。

[92]《邢台西周邢国考古调查有重大发现》，《中国文物报》1994 年 11 月 13 日 1版。

[93] 任亚珊等《1993~1997 年邢台葛家庄先商遗址、西周贵族墓地考古工作的主要收获》，《三代文明研究》（一），科学出版社 1999 年版，第 7~25 页；郭瑞海等《河北邢台葛家庄邢侯墓地》，《中华文化画报》1997 年第 4 期。

[94] 李军等《邢台南小汪西周遗址考古新收获》，《三代文明研究》（一），科学出版社 1999 年版，第 26~31 页。

[95] 河北省文物管理处、邢台市文物管理处《邢台南小汪周代遗址西周遗存的发掘》，《文物春秋》1992 年增刊。

[96] 李先登《邢国青铜器的初步分析》，《三代文明研究》（一），科学出版社1999 年版，第 114~117 页。

[97] 徐良高《邢、郑井、丰井刍议》,《三代文明研究》(一),科学出版社 1999 年版,第 118~125 页。

[98] 尹盛平《邢国改封的原因及其与郑邢、丰邢的关系》,《三代文明研究》(一),科学出版社 1999 年版,第 126~132 页。

[99] 河南信阳地区文管会、光山县文管会《春秋早期黄君孟夫妇墓发掘报告》,《考古》1984 年第 4 期。

[100] 信阳地区文管会、潢川县文化馆《河南光山春秋黄季佗父墓发掘简报》,《考古》1989 年第 1 期。

[101] 李学勤《论江淮间的春秋青铜器》,《文物》1980 年第 1 期。

[102] 信阳地区文管会等《河南潢川县发现黄国和蔡国铜器》,《文物》1980 年第 1 期。

[103] 栾丰实《东夷考古》,山东大学出版社 1996 年版,第 354~355 页。

[104] 山东大学考古系《山东长清县仙人台周代墓地》,《考古》1998 年第 9 期。

[105] 任相宏《山东长清县仙人台周代墓地及相关问题初探》,《考古》1998 年第 9 期。

[106] 同[105]。

[107] 山东省济宁市文物管理局《薛国故城勘查和墓葬发掘报告》,《考古学报》1991 年第 4 期;山东省文物考古研究所《山东考古的世纪回顾与展望》,《考古》2000 年第 10 期。

[108] 高广仁《莒文化考古学研究》,《海岱区先秦考古论集》,科学出版社 2000 年版。

[109] 山东省文物考古研究所、沂水县文物管理站《山东沂水刘家店子春秋墓发掘简报》,《文物》1984 年第 9 期。

[110] 山东省博物馆等《莒南大店春秋时期莒国殉人墓》,《考古学报》1978 年第 3 期。

[111] 山东省兖石铁路文物考古工作队《临沂凤凰岭春秋墓》,齐鲁书社 1987 年版。

[112] 李步青、林仙庭《山东黄县归城遗址的调查与发掘》,《考古》1991 年第 10 期。

[113] 烟台市文物管理委员会《山东蓬莱县柳格庄墓群发掘简报》,《考古》1990 年第 9 期。

[114] 济青公路文物工作队《章丘宁家埠遗址发掘报告》,《济青高级公路章丘工段考古发掘报告集》,齐鲁书社 1993 年版;山东省潍坊市博物馆、山东省

昌乐县文管所《山东昌乐岳家河周墓》，《考古学报》1990 年第 1 期；山东大学历史系考古专业、山东省新泰市文化局《山东新泰郭家泉东周墓》，《考古学报》1989 年第 4 期；李元章《山东栖霞县大北庄发现东周墓》，《文物》1979 年第 5 期；栖霞县文物管理所《山东栖霞县松山乡吕家埠西周墓》，《考古》1988 年第 9 期。

[115] 北京市文物研究所山戎文化考古队《北京延庆军都山东周山戎部落墓地发掘纪略》，《文物》1989 年第 8 期。

[116] 北京市文物研究所《龙庆峡别墅工程中发现的春秋时期墓葬》，《北京文物与考古》第 4 辑，1994 年。

[117] 同 [116]。

[118] 陈平《略论"山戎文化"的族属及其相关问题》，《华夏考古》1995 年第 3 期。

[119] 卫聚贤《巴蜀文化》，《说文月刊》第三卷第四期，1941 年。

[120] 赵殿增《巴蜀文化的考古学分期》，《中国考古学会第四次年会论文集》，文物出版社 1985 年版，第 214 页。

[121] 成都市文物考古队《成都十二桥遗址新一村发掘简报》，待刊。

[122] 赵殿增《三星堆考古发现与巴蜀古史研究》，《四川文物——三星堆古蜀文化研究专集》，1992 年；马继贤《广汉月亮湾发掘追记》，《南方民族考古》第 5 辑，四川科技出版社 1993 年版；王家祐《记四川彭县竹瓦街出土的铜器》，《文物》1961 年第 11 期。

[123] 四川省博物馆《成都青羊宫遗址试掘简报》，《考古》1959 年第 8 期。

[124] 成都市文物考古队等《成都市上汪家拐街遗址发掘报告》，《南方民族考古》第 5 辑，四川科技出版社 1993 年版。

[125] 四川省文管会等《成都羊子山土台遗址清理报告》，《考古学报》1957 年第 4 期。

[126] 《四川成都出土大型船棺独木棺墓葬》，《2000 中国重要考古发现》，文物出版社 2001 年版，第 51 - 56 页。

[127] 四川省博物馆《成都百花潭中学十号墓发掘记》，《文物》1976 年第 3 期。

[128] 四川省博物馆、新都县文物管理所《四川新都战国木椁墓》，《文物》1981 年第 6 期。

[129] 四川省博物馆王有鹏《四川绵竹县船棺墓》，《文物》1987 年第 10 期。

[130] 四川省博物馆《成都西郊战国墓》，《考古》1983 年第 7 期。

[131] 四川省文物管理委员会《成都羊子山第 172 号墓发掘报告》，《考古学报》

1956 年第 4 期。

[132] 宋治民《蜀文化与巴文化》，四川大学出版社 1998 年版。

[133] 四川博物馆《四川船棺葬发掘报告》，文物出版社 1960 年版。

[134] 四川省博物馆等《四川涪陵地区小田溪战国土坑墓清理简报》，《文物》
1974 第 5 期；四川省文物管理委员会、涪陵地区文化局《四川涪陵小田溪
四座战国墓》，《考古》1985 年第 1 期。

[135] 四川大学历史文化学院考古学系等《重庆云阳李家坝东周墓地 1997 年发掘
报告》，《考古学报》2002 年第 1 期；《三峡地区又发现一大规模巴人墓
地》，《中国文物报》2002 年 4 月 12 日 1 版。

[136] 李伯谦《我国南方几何形印纹陶遗存分区、分期有关问题》，《北京大学学
报》（哲学社会科学版）1981 年第 1 期。

[137] 李伯谦《吴文化及其渊源初探》，《考古与文物》1982 年第 3 期。

[138] 卫聚贤《中国考古学史》，商务印书馆 1937 年版；《吴越文化论丛》，江苏
研究所 1937 年版。

[139] 唐兰《宜侯夨簋考释》，《考古学报》1956 年第 2 期。

[140] 尹焕章等《南京锁金山遗址第一、二次发掘报告》，《考古学报》1957 年第
3 期；南京博物馆《南京安怀村古遗址发掘简报》，《考古通讯》1957 年第
5 期；尹焕章、张正祥《宁镇山脉及秦淮河地区新石器时代遗址普查报
告》，《考古学报》1959 年第 1 期。

[141] 刘兴、吴大林《江苏溧水发现西周墓》，《考古》1976 年第 4 期；镇江市博
物馆等《江苏溧水乌山西周二号墓清理简报》，《文物资料丛刊》第 2 期；
江苏省丹徒考古队《江苏丹徒大港土墩墓发掘简报》，《文物》1987 年第 5
期。

[142] 尹焕章等《南京锁金山遗址第一、二次发掘报告》，《考古学报》1957 年第
3 期。

[143] 南京博物院、丹徒县文管会《江苏丹徒磨盘墩周墓发掘简报》，《考古》
1985 年第 11 期；镇江博物馆《丹徒镇四脚墩西周土墩墓发掘简报》，《东
南文化》1989 年第 4、5 期；《江苏丹徒出土东周铜器》，《考古》1981 年第
11 期；刘建国《江苏丹徒粮山春秋石穴墓》，《考古与文物》1987 年第 4
期；镇江博物馆《江苏镇江谏壁王家山东周墓》，《文物》1987 年第 12 期；
江苏省丹徒考古队《江苏丹徒北山顶春秋墓发掘简报》，《东南文化》1988
年第 3、4 期；肖梦龙《丹徒县青龙山春秋大墓》，《中国考古学年鉴》
(1988 年)，文物出版社 1989 年版；朱江《吴县五烽山烽燧墩清理简报》，

《考古通讯》1955 年第 4 期；苏州博物馆《真山东周墓地——吴楚贵族墓地的发掘与研究》，文物出版社 1999 年版。

[144] 李伯谦《吴文化及其渊源初探》，《考古与文物》1982 年第 3 期。

[145] 李伯谦《吴文化及其渊源初探》，《考古与文物》1982 年第 3 期；肖梦龙《初论吴文化》，《考古与文物》1985 年第 4 期。

[146] 上海市文物保管委员会《上海市金山县戚家墩遗址试掘简报》，《考古》1973 年第 1 期；浙江省文物管理委员会《杭州水田畈遗址发掘报告》，《考古学报》1960 年第 2 期。

[147] 浙江省文物考古研究所、绍兴县文物保护管理所《浙江绍兴印山大墓发掘简报》，《文物》1999 年第 11 期；浙江省文物考古管理委员会等《绍兴 306 号战国墓发掘简报》，《文物》1984 年第 1 期；浙江省文物考古研究所《瑞安岱石山"石棚"和大石盖墓发掘报告》，《浙江省文物考古研究所学刊(1997 年)》，长征出版社 1997 年版。

[148] 陈元甫《浙江石棚遗存的初步研究》，《浙江省文物考古研究所学刊》，科学出版社 1993 年版。

[149] 滨田耕作、水野清一《赤峰红山后》，《东方考古学丛刊》甲种第六册，1938 年。

[150] 中国科学院考古研究所内蒙古工作队《内蒙古赤峰药王庙、夏家店遗址试掘简报》，《考古》1961 年第 2 期；中国科学院考古研究所内蒙古工作队《赤峰药王庙、夏家店遗址试掘报告》，《考古学报》1974 年第 1 期。

[151] 中国科学院考古研究所内蒙古工作队《宁城南山根遗址发掘报告》，《考古学报》1975 年第 1 期；中国社会科学院考古研究所内蒙古工作队《赤峰蜘蛛山遗址的发掘》，《考古学报》1979 年第 2 期。

[152] 辽宁省昭乌达盟文物工作站、中国科学院考古研究所东北工作队《宁城南山根的石椁墓》，《考古学报》1973 年第 2 期；中国社会科学院考古研究所东北工作队《内蒙古宁城县南山根 102 号石椁墓》，《考古》1981 年第 4 期。

[153] 赤峰市博物馆、宁城县文物管理所《宁城小黑石沟石椁墓调查清理报告》，《文物》1995 年第 5 期。

[154] 中国社会科学院考古研究所内蒙古工作队《内蒙古敖汉旗周家地墓地发掘简报》，《考古》1984 年第 5 期。

[155] 内蒙古自治区文物考古研究所、克什克腾博物馆《内蒙古克什克腾龙头山遗址第一、二次发掘简报》，《考古》1991 年第 8 期。

[156] 辽宁省博物馆文物工作队《辽宁林西县大井古铜矿 1976 年试掘简报》,《文物资料丛刊》第 7 辑。

[157] 刘国祥《夏家店上层文化青铜器研究》,《考古学报》2000 年第 4 期。

[158] 朱永刚《东北青铜文化的发展阶段与文化区系》,《考古学报》1998 年第 2 期。

[159] 朱泓《夏家店上层文化居民的种族类型及其相关问题》,《辽海文物学报》1989 年第 1 期。

[160] 靳枫毅《夏家店上层文化及其族属问题》,《考古学报》1987 年第 2 期。

[161] 朱永刚《夏家店上层文化的初步研究》,《考古学文化论集》(1),文物出版社 1987 年版,第 99~128 页;林沄《东胡与山戎的考古学探索》,《林沄学术文集》,中国大百科全书出版社 1998 年版,第 387~396 页。

[162] 东北考古发掘团《吉林西团山石棺墓发掘报告》,《考古学报》1964 年第 1 期。

[163] 吉林省文物工作队《吉林长蛇山遗址发掘》,《考古》1980 年第 2 期;吉林地区考古短训班《吉林猴石山遗址发掘简报》,《考古》1981 年第 2 期;吉林省文物考古研究所、吉林市博物馆《吉林市猴石山遗址第二次发掘》,《考古学报》1993 年第 3 期;刘振华《永吉杨屯遗址试掘简报》,《文物》1973 年第 8 期;吉林市博物馆《吉林永吉杨屯大海猛遗址第二次发掘报告》,《考古学集刊》第 5 集,中国社会科学出版社 1987 年版;吉林市文物工作队等《吉林永吉杨屯遗址第三次发掘》,《考古学集刊》第 7 集,科学出版社 1991 年版;吉林省文物工作队《吉林舒兰黄鱼圈珠山遗址清理简报》,《考古》1985 年第 4 期。

[164] 吉林省文物考古研究所《吉林省文物考古五十年》,《新中国考古五十年》,文物出版社 1999 年版,第 112 页。

[165] 董学增《西团山文化的东界在张广才岭南端威虎岭以西的新证》,《博物馆研究》1987 年第 3 期。

[166] 吉林大学历史系文物陈列室《吉林西团山子石棺墓发掘记》,《考古》1960 年第 4 期;东北考古发掘团《吉林西团山石棺墓发掘报告》,《考古学报》1964 年第 1 期;段一平等《吉林市骚达沟石棺墓清理报告》,《考古》1985 年第 10 期;吉林省博物馆、吉林大学考古专业《吉林市骚达沟山顶大棺整理报告》,《考古》1985 年第 10 期;吉林省博物馆《吉林江北古城子古文化遗址及石棺墓》,《考古学报》1957 年第 1 期;康家兴《吉林江北土城子附近古文化遗址及石棺墓》,《考古通讯》1955 年第 1 期;吉林市文物管理

委员会、永吉县星星哨水库《永吉星星哨水库石棺墓及遗址调查》，《文物》1978 年第 3 期；吉林市博物馆《吉林永吉星星哨石棺墓第三次发掘》，《考古学集刊》第 3 集，中国社会科学出版社 1983 年版；吉林市博物馆《吉林市泡子沿前山遗址和墓葬》，《考古》1985 年第 6 期；《吉林市郊二道水库狼头山石棺墓地发掘简报》，《北方文物》1989 年第 4 期；吉林省文物工作队《吉林磐石吉昌小团山石棺墓》，《考古》1984 年第 1 期。

[167] 金旭东《西团山文化辨析》，《青果集——吉林大学考古专业成立二十周年考古论文集》，知识出版社 1993 年版，第 285～293 页。

[168] 刘景文、张志立《西团山文化及其族属》，《北方文物》1985 年第 2 期；学增、澍田《略论西团山文化的族属问题》，《史学简报》1983 年第 8 期。

[169] 薛虹《肃慎和西团山文化》，《吉林师范大学学报》1979 年第 1 期。

[170] 云南省文物工作队《楚雄万家坝古墓群发掘报告》，《考古学报》1983 年第 3 期。

[171] 张增祺《云南祥云大波那发现木椁铜棺墓》，《考古》1964 年第 7 期；大理州文管所、祥云县文化馆《云南祥云大波那木椁墓》，《文物》1986 年第 7 期。

四 对两周考古工作的展望

两周考古学在 20 世纪取得了有目共睹的成就，新时代的到来对今后工作提出了更高的要求，因此对以往的工作作客观的回顾，对将来工作进行一些思考是必要的。

（一） 已有成就的回眸

综前所述，两周考古学取得了许多成绩，主要表现在以下几方面：

1. 两周时期的都城大部分已发现，对其平面布局、形制与功能有了相当多的了解，而且探讨了其发展脉络及其在中国古代城市史中的地位和作用，同时将都城与其他小型城市进行了功能、布局方面的比较。

2. 两周时期的墓葬材料十分丰富，据此对当时的墓葬制度、丧葬习俗及其所反映的社会背景、礼仪制度等进行了较深入的研究，并且做了墓葬的分区研究工作。

3. 两周考古的分期序列逐步建立。对西周早、中、晚三期分法及各期文化面貌基本无异议，而且与青铜器的分期对应起来。东周文化分期尽管稍有不同，但春秋群和战国群、春秋中期和战国中期作为重要的变化期基本得到公认。

4. 周边考古学文化序列大多建立，一些诸侯国、列国的考古学文化特征已经轮廓清晰，对其认识逐步加深，将区域文化同族文化、国别研究相结合，而且研究重点也逐渐转向区域文化或列国文化与中原地区及周边考古学文化的关系，进而探讨其源流。可以说，诸侯国考古的研究正处于兴盛阶段。同时，一些前所未知的考古新发现，丰富了两周时期考古学文化研究内容，弥补了文献记载的不足，有助于中原地区和边远地区文化的研究。

5. 先周文化探索方兴未艾。王家嘴、贺家村的发掘加深了人们对商时期周原地区多种文化交错分布的理解；沣西毛纺厂 H18 等先周文化末期至西周时期清楚的文化层堆积，确认了先周文化同西周文化的区别，并将之串联起来，获得了基本为大家认同的分期标准，深化了对先周文化的认识。

6. 对家族组织和社会结构的探讨。大量考古资料和研究表明，西周时期，"公墓"和"邦墓"两种类型的族墓地在全国范围内流行，家族组织是当时的社会基层单位，同族人"生则相居，死则相聚"。"公墓"还反映出与家族组织紧密相关的宗法制度的有效性，周王朝依靠家族和宗法制统治着广大的疆域和人民。东周时期，列国纷起，诸侯、贵族往往僭越礼制，使用超等级身份的随葬品，反映了当时社会结构的变化，自下而上逐渐地骚动起来，但同时又无法根本超越周礼与宗法制度的约束，社会处于动荡的局势中。

7. 从宏观上对中国青铜文明进行了探讨，对其发展阶段、区域划分、本质特点有了总体性认识，逐渐勾画出中国青铜文明的轮廓。对青铜器作为礼乐制度和征伐战争的工具，有了基本共识，认识到中国青铜文明与其他地区青铜文明的不同。

8. 对各种手工业（如采矿、冶铸、琢玉、制骨、制玉、髹漆、纺织）、农业的发展有了相当的了解，对其生产工艺和生产技术有了一定认识。通过对采矿、冶炼、浇铸等一系列工序的研究，用同位素分析法分析江西、安徽、湖北等地的古铜矿的成分，探求铜料的来源，有些学者据此提出西周王朝扩张的原因是与获取铜资源有关。

9. 运用自然科学技术于考古研究日益为学者们所重视。从用遥感和物探法寻找遗址，到运用测年方法测年，用理化方法分析文物的成分和结构，用人类学、生物学、环境学等学科手段分析人类食性、聚落的发展、人与周围环境的关系，用计算机和 GPS、GIS 等地理信息系统作统计分析、聚类分析以及综合分析等，其结合点越来越多。

10. 与国际合作、交流日益增多，开阔了中国考古学者的视野，更多的新研究方法被逐渐介绍和引入，使中国青铜文明与世界范围内的青铜文明比较研究成为可能，为两周考古学的深入研究创造了条件。

11. 金文和简牍等文字、货币、青铜器、土墩墓、楚墓、秦墓等专题研究取得显著成果，为两周考古学的探讨提供了基本素材。尤其是专题研究中对文化源流的追溯，有助于研究两周文明及其在中国古代文明史上的地位和作用。

（二）今后工作的思考

我们以为，今后两周考古学的发展，在以下方面有待继续努力：

1. 考古资料的获取应更科学化、细致化。考古发掘过程中，应尽可能利用多种科技手段和方法，全面收集与人类活动有关的信息，以适应考古学术研究日益进步的需要。考古资料的公布应讲求时效性，目前已被提倡的出版年度报告的做法，当进一步重视。

2. 突出研究重点，强化课题意识。应集中于一些亟待解决且具有可行性的问题进行工作，如有选择地对某些中心聚落、重要宫殿、大型作坊遗址作全面揭露。同时，尽量将课题研究与配合基建结合起来，有效地利用人力、物力。

3. 注重对各类城址的发掘和研究。在城址发掘与研究中，应立足于弄清城址内外所有遗迹的分布及其相互关系，深入认识城址的内涵与性质。重视城与城之间的分类研究和纵、横向的比较研究，深入探索都城与一般城市的关系，揭示两周时期各类城址的发展趋向及其在中国城市发展史中的作用。

4. 注意墓葬材料的全面分析和研究。除做好墓葬形制特点、墓葬制度等方面的分析研究外，还要重视利用科技手段获得相关信息，如用DNA手段获取人骨方面的信息，了解当时人群的组成和变动，进而探求家族组织及社会结构的情况。还可利用国内外的民族学、民俗学类材料，进一步分析当时的丧葬习俗、祭祀形式以及所反映的各种宗教信仰（如生死观、祖先崇拜、鬼神信仰、人生观）等。有必要对各类墓葬做通盘的分析和比较，将两周时期墓葬与前、后代的墓葬进行比较，探讨中国古代墓葬的发展及其折射的历史信息。

5. 加强各区域文化的研究，注重周边地区文化谱系的建立。提倡跨区域的比较研究，进一步分析本区域文化与中原地区和周邻地区文化的关系，加强对中原两周文化与边疆文化的探讨，了解各种互动关系。在此基础上，区分和界定宗周文化与各诸侯国或列国文化的异同，认识其各自的发展进程、渊源（如先周文化、先吴文化、先楚文化、先秦文化、先齐文化等等）以及相互间的关系。分析和探讨区域文化与诸侯国文化的关系，因为二者并不等同。进而探讨两周时期周王的统治疆域和其统治方式，以及各大小诸侯国势力的消长和文化的交流。

6. 加强两周聚落考古研究。吸收国外聚落分析的方法，结合地质学、生物学等学科的研究方法，分析不同区域聚落的分布和变化趋势；注意了解诸侯国或各地区的中心聚落中各遗迹间的分布及功能，分析聚落群和一般聚落的异同；从大的时空角度研究聚落变迁的特点与规律，探讨城与乡、都与鄙的关系，以及当时人类的生存方式、各社会基层组织的统治机制等。

7. 诠释考古学物质文化背后折射的全部信息，做到"以物见人"，将物质文化与精神文化结合起来，加强对当时祭祀形式、宗教信仰、政体政权形式、风俗习惯等方面的研究。

8. 加强两周文化的发展模式、特点等方面的综合研究，结合历史学研究成果，分析两周考古材料与当时的社会组织、宗法制度、经济制度等方面的关系。进行三代中国青铜文明同国外青铜文明的比较研究，为中国和世界文明起源及其发展特点的研究提供范例和基础资料。

9. 加强两周时期农业、手工业、商业方面的研究。同相关学科紧密结合，探索当时生产技术、工艺流程等方面的特点和在中国古代农业、工业发展史和商业发展史上的地位和作用。探索古今工艺的异同，寻找其契合点，使考古资料的分析更有助于经济建设。

10. 加强自然科技手段的应用，多学科的参与或交叉研究，国内外不同领域的专家和学术机构交流与合作。不断扩大研究领域，全方位、多视角地研究两周考古学材料，制定可行的计划，在最少时间内争取最多的研究成果。

以上仅是作者一些粗浅的认识，不揣冒昧发表出来向学界同仁请教，诚望两周考古学研究有更深入的进展。

参 考 文 献

1. 苏秉琦《斗鸡台沟东区墓葬》，北平研究院史学研究所 1948 年版。

2. 中国科学院考古研究所《辉县发掘报告》，科学出版社 1956 年版。

3. 安徽省文物管理委员会、安徽省博物馆《寿县蔡侯墓出土遗物》，科学出版社 1956 年版。

4. 郭宝钧《山彪镇与琉璃阁》，科学出版社 1959 年版。

5. 郭宝钧《浚县辛村》，科学出版社 1964 年版。

6. 中国科学院考古研究所《上村岭虢国墓地》，科学出版社 1959 年版。

7. 中国科学院考古研究所《洛阳中州路》，科学出版社 1959 年版。

8. 中国科学院考古研究所《沣西发掘报告》，文物出版社 1963 年版。

9. 山西省文物工作委员会《侯马盟书》，文物出版社 1976 年版。

10. 湖北省荆州地区博物馆《江陵雨台山楚墓》，文物出版社 1984 年版。

11. 河南省文物考古研究所《信阳楚墓》，文物出版社 1986 年版。

12. 宝鸡市博物馆卢连成、胡智生《宝鸡𢐗国墓地》，文物出版社 1988 年版。

13. 湖北省博物馆《曾侯乙墓》，文物出版社 1989 年版。

14. 湖北省荆沙铁路考古队《包山楚墓》，文物出版社 1991 年版。

15. 河南省文物研究所《淅川下寺春秋楚墓》，文物出版社 1991 年版。

16. 湖北省宜昌地区博物馆、北京大学考古系《当阳赵家湖楚墓》，文物出版社 1992 年版。

17. 山西省考古研究所《侯马铸铜遗址》，文物出版社 1993 年版。

18. 中国社会科学院考古研究所《陕县东周秦汉墓》，科学出版社 1994 年版。

19. 河北省文物研究所《𰯞墓——战国中山国国王之墓》，文物出版社 1995 年版。

20. 北京市文物研究所《琉璃河西周燕国墓地（1973～1977)》，文物出版社 1995 年版。

21. 山西省考古研究所、太原市文物管理委员会《太原晋国赵卿墓》，文物出版社 1996 年版。

22. 陕西省考古研究所《陇县店子秦墓》，三秦出版社 1998 年版。

23. 中国社会科学院考古研究所《张家坡西周墓地》，中国大百科全书出版社 1999 年版。

24. 洛阳市文物工作队《洛阳北窑西周墓》，文物出版社 1999 年版。

25. 朱凤瀚、张荣明《西周诸王年代研究》，贵州人民出版社 1998 年版。

26. 夏商周断代工程专家组编《夏商周断代工程 1996～2000 年阶段成果报告》，世界图书出版公司 2000 年版。

27. 河南省文物考古研究所、周口市文化局《鹿邑太清宫长子口墓》，中州古籍出版社 2000 年版。

28. 北京大学历史系考古教研室商周组《商周考古》，文物出版社 1979 年版。

29. 邹衡《夏商周考古学论文集》，文物出版社 1980 年版。

30. 邹衡《夏商周考古学论文集》（续集），科学出版社 1998 年版。

31. 李伯谦《中国青铜文化结构体系研究》，科学出版社 1998 年版。

32. 李学勤《东周与秦代文明》，文物出版社 1984 年版。

33. 陈全方《周原与周文化》，上海人民出版社 1988 年版。

34. 高广仁《海岱区先秦考古论集》，科学出版社 2000 年版。

35．中国社会科学院考古研究所《新中国的考古发现和研究》，文物出版社 1984 年版。

36．文物编辑委员会《文物考古工作三十年》，文物出版社 1979 年版；《文物考古工作十年（1979～1989)》，文物出版社 1990 年版；《新中国考古五十年》，文物出版社 1999 年版。

37．国家文物局主编《1999 中国重要考古发现》，文物出版社 2001 年版；《2000 中国重要考古发现》，文物出版社 2001 年版。

38．宿白主编《中华人民共和国重大考古发现》，文物出版社 1999 年版。

39．杨育彬、袁广阔《20 世纪河南考古发现与研究》，中州古籍出版社 1997 年版。

40．《三代文明研究》编辑委员会《三代文明研究》（一），科学出版社 1999 年版。

41．中国科学院考古研究所《长安张家坡西周铜器群》，文物出版社 1965 年版。

42．郭宝钧《商周铜器群综合研究》，文物出版社 1981 年版。

43．田广金、郭素新《鄂尔多斯式青铜器》，文物出版社 1986 年版。

44．朱凤瀚《古代中国青铜器》，南开大学出版社 1995 年版。

45．郭德维《楚系墓葬研究》，湖北教育出版社 1995 年版。

46．印群《黄河中下游地区的东周墓葬制度》，社会科学文献出版社 2001 年版。

47．苏州博物馆《真山东周墓地——吴楚贵族墓地的发掘与研究》，文物出版社 1999 年版。

48．杨宽《中国古代都城制度史研究》，上海古籍出版社 1993 年版。

49．许宏《先秦城市考古学研究》，北京燕山出版社 2000 年版。

50．陈梦家《西周铜器断代》，《考古学报》第九、十册（1955 年），《考古学报》1956 年 1～4 期。

51．俞伟超、高明《周代用鼎制度研究》，《北京大学学报》（哲学社会科学版），1978 年第 1、2 期，1979 年第 1 期。

52. 王巍《夏商周考古学五十年》,《考古》1999 年第 9 期。

53. 孙华《中原青铜文化系统的几个问题》,《中国考古学的跨世纪反思》(下),商务印书馆,1999 年版,第 305～334 页。

54. 谷建祥、林留根《江南大型土墩墓形制之研究》,《东南文化》1998 年第 1 期。

55. 李锋《中国古代宫城概说》,《中原文物》1994 年第 2 期。

56. 尚志儒、赵丛苍《秦都雍城结构与布局探讨》,《考古学研究》,三秦出版社 1993 年版。

57. 〔日〕佐原康夫撰、赵丛苍译《春秋战国时代的城郭》,《文博》1989 年第 6 期。

58. 叶小燕《中原地区战国墓初探》,《考古》1985 年第 2 期。

59. 赵化成《寻找秦文化渊源的新线索》,《文博》1987 年第 1 期;滕铭予《关中秦墓研究》,《考古学报》1992 年第 3 期。

60. 杨楠《商周时期江南地区土墩遗存的分区研究》,《考古学报》1999 年第 1 期。

61. 王世民等《关于夏商周断代工程中的西周青铜器分期断代研究》,《文物》1999 年第 6 期。

62. 徐锡台《早周文化的特点及其渊源的探索》,《文物》1979 年第 10 期。

63. 王巍、徐良高《先周文化的考古学探索》,《考古学报》2000 年第 3 期。

64. 朱永刚《东北青铜文化的发展阶段与文化区系》,《考古学报》1998 年第 2 期。

后　记

接手《两周考古》一书的写作，已是在几年前了。收到《20世纪中国文物考古发现与研究丛书》编委会约稿函时，正值我主持的宝山遗址考古发掘开始启动。这是自己在汉水上游进行多年工作后争取到国家文物局重点资助的课题性项目，我很珍惜这一来之不易的机会，为集中时间和精力做好发掘和研究，想尽可能避免接受外来新任务。但《丛书》之举无疑是具有里程碑意义的大好事，承担其中的任务是我们考古人的义务，更何况组织者对自己的信任是不能辜负的，不可以推辞。我挤时间认真拟定了写作提纲，得到《丛书》编委会的认可。

而宝山发掘一干就是几年，持续未停的田野工作，再加上教学任务等，使《两周考古》的写作时断时续。等我能够集中一些时间来完成书稿时，出版期限却到了紧迫的时刻。考虑到这是一项集体行动，为不致影响丛书的整体进度，我邀了时在中国社科院研究生院读博士的郭妍利来参与写作。好在郭妍利同学在西大读硕士时我曾任指导教师，工作配合较为默契。经过一段时间的共同努力，总算按要求赶完了任务。

把书稿送交文物出版社时，像是还了一笔账，但却由于自感写作不尽如人意而难以释怀。两周考古无论在发现和研究方面，着实有许多精彩可言。在这个篇幅里，我们实在不敢自信究竟把握到了怎样的程度。惭愧之余，只有盼望学界同仁的批评指教了。

本书写作过程中，国家文物局朱启新先生、宋新潮先生曾给予多方面关心和支持。文物出版社窦旭耀先生为本书的编辑付出许多心血。中国社科院考古研究所图书室暨该所西安研究室图书室、西北大学文博学院资料室、《考古与文物》编辑部的朋友及同事为我们查阅资料提供了诸多方便和帮助。在此一并表示诚挚的谢意。

赵丛苍
2002 年 12 月

图书在版编目（CIP）数据

两周考古/赵丛苍，郭妍利著. －北京：文物出版社，2004.10

（2023.3重印）

（20世纪中国文物考古发现与研究丛书/张文彬主编）

ISBN 978-7-5010-1598-6

Ⅰ.①两… Ⅱ.①赵…②郭… Ⅲ.①周文化（考古学）－

研究 Ⅳ.①K871.34

中国版本图书馆CIP数据核字（2014）第258022号

20世纪中国文物考古发现与研究丛书

两周考古

著　　者	赵丛苍　郭妍利	
封面设计	张希广	
责任印制	张道奇	
责任编辑	窦旭耀	
出版发行	文物出版社	
社　　址	北京市东城区东直门内北小街2号楼	
网　　址	http://www.wenwu.com	
经　　销	新华书店	
制版印刷	文物出版社印刷厂有限公司	
开　　本	850mm×1168mm　　1/32	
印　　张	9.5	
版　　次	2004年10月第一版	
印　　次	2023年3月第六次印刷	
书　　号	ISBN 978-7-5010-1598-6	
定　　价	38.00元